山东青年政治学院2021年度学术专著出版基金资助

收入分配格局及其优化研究

基于行政垄断性行业与竞争性行业差距的视角

林 峰◎著

上海财经大学出版社

图书在版编目(CIP)数据

收入分配格局及其优化研究:基于行政垄断性行业与竞争性行业差距的视角/林峰著. —上海:上海财经大学出版社,2021.6

ISBN 978-7-5642-3774-5/F·3774

Ⅰ.①收… Ⅱ.①林… Ⅲ.①收入分配-分配制度-研究-中国 Ⅳ.①F124.7

中国版本图书馆 CIP 数据核字(2021)第 148076 号

□ 责任编辑 徐 超
□ 联系信箱 1050102606@qq.com
□ 封面设计 贺加贝

收入分配格局及其优化研究
——基于行政垄断性行业与竞争性行业差距的视角
林 峰 著

上海财经大学出版社出版发行
(上海市中山北一路 369 号 邮编 200083)
网 址:http://www.sufep.com
电子邮箱:webmaster @ sufep.com
全国新华书店经销
江苏凤凰数码印务有限公司印刷装订
2021 年 6 月第 1 版 2021 年 6 月第 1 次印刷

710mm×1000mm 1/16 13 印张(插页:2) 219 千字
定价:65.00 元

前　言

党的十九大报告指出，在民生领域“收入分配差距依然较大”，要求“坚持按劳分配原则，完善按要素分配的体制机制，促进收入分配更合理、更有序”，要求“履行好政府再分配调节职能，加快推进基本公共服务均等化，缩小收入分配差距”。这意味着收入分配问题在当前乃至今后一个时期仍将受到国家层面的高度重视，也意味着该问题仍将是社会科学领域的重点研究内容，而行业收入分配格局及其优化问题是其中一个重要的研究方向。在行业收入分配问题研究中，行政垄断性行业不合理的显性收入分配优势一直备受瞩目，是社会公众与学界所关注焦点之中的焦点，因为这个问题直接损害了社会的公平和正义，极易引发和激化社会矛盾，不利于解决“人民日益增长的美好生活需要与不平衡不充分的发展之间的矛盾”，极易成为引致一系列社会问题的病灶。

当前，学界既有的与收入分配相关的研究或者偏重城乡收入差距、区域收入差距，或者偏重一般的行业收入差距，较少专门针对行政垄断性行业对收入分配差距贡献度的研究，较少专门对比分析并探究行政垄断性行业与竞争性行业之间的收入差距；对行政垄断性行业内部与竞争性行业内部以及它们之间收入差距的研究也不够细致和深入；罕见对两种类型行业间非工资性收入及其差距的研究，更是鲜见对社会保险缴纳与领取差距的研究；同时，也缺少对两种类型行业间合理化差距数量标准的研究；等等。这就决定了本研究存在显著的研究价值和研究意义，而且，在中国改革步入深水区的“新常态”之下，具有时代的迫切性。

为了解决行政垄断性行业与竞争性行业之间的不合理收入分配格局问题，本书在进一步厘清两种类型行业间收入分配格局的基础上，深入细致地对比分析了行业内部收入差距和非工资性收入差距问题，分别建立了测度两种类型行业间收入差距根源问题的计量模型；根据社会保险缴纳和领取的状况考察了其对应的行业差距；讨论了混合所有制改革带来的财产性收入导致的行业收入差距情况；之后设计出测度典型竞争性行业收入大小的明瑟(Mincer)回归模型并将之用于估计行政垄断性行业的“理论收入”，进而推算得到了两种类型行业间“合理收入差距”与“不合理收入差距”的数值，那么，后者就是行业间收入分配差距优化改革的目标；然后探讨了行政垄断性行业收入分配机制的改革方案；最后，本研究认为行政垄断是造成两种类型行业间收入巨大不合理差距的制度性根源，针对于此，提出了具体系统的中观层面和微观层面的政策建议。

主要观点和创新点如下：

第一，厘清了产生行业收入分配差距的政策渊源和政策推力作用过程，认为当前的收入分配格局严重失衡正是改革开放之后中国刺激经济增长的收入调控政策标准不明确、尺度失范、力度失控所致。

第二，区分了“行政垄断性行业”与“行政垄断因素”对行业收入分配差距的贡献度，将极值法、离差法和泰尔指数(Theil index)相结合，测度出了“行政垄断性行业”对全部行业之间收入分配差距的贡献度。

第三，通过计量分析，确定了两种类型行业内部收入差距与各影响因素之间的量化关系，并将之作为评价行业内部收入差距合理与否的数量标准。

此外，本研究还明确提出，判断行政垄断性行业收入分配是否合理的参照对象是由市场经济优胜劣汰条件产生的竞争性行业中的民营“上市公司”，详细设定了选取参照对象的优化标准。

第四，本书对比测算了行政垄断性行业的非工资性收入优势情况，它对两种类型行业间总收入差距的贡献度介于36.34%至38.78%之间，对非工资性收入方程的影响程度在75%左右，同样是行业收入差距存在和扩大的重要影响因素。

第五，两种类型行业间社会保险缴纳时的差距被领取时社会保障的“劫富济贫”功能所部分冲销，但行政垄断性行业仍占优势。

第六，尝试界定了典型行政垄断性行业与参照系行业收入分配的“合理差距”，设计出了可以量化的参照标准。行政垄断性行业与其自身、交运设备制造业、纺织业和 41 个竞争性行业均值的“合理差距”分别为 42.71%、118.6%、155.97%和 87.58%，对应的“不合理差距”分别为 57.29%、157.7%、203.05%和 117.2%。

此外，本研究开展过程中有几个值得一提的发现，如笔者发现学界常用的“泰尔指数”有下限而没有上限，而且其取值过程及大小明显存在着“争议”，而利用此指数的学者尚未提及此事；如对参照指标的选取原则设定为“竞争性、私有民营企业、就业人口较多、区域分布合理、适当避免城乡差别、资产和经营均具有一定规模等”；如对行业企业非工资性收入数据的发掘、挖掘与整理；如对不合理收入差距的定量测定，等等。

需要特别说明的是，本书是在本人博士论文基础上修订增补而成的，与原博士论文相比，本书新增了第六章和第八章，其他章节基本保持不变，但语言进行了进一步的精炼。此外，有几章的部分内容已经在学术期刊发表，比如第三章的精炼内容发表在《华东经济管理》2013 年第 1 期，第四章的精炼内容发表在《软科学》2014 年第 5 期，等等，在此，本人怀着感恩和感激的心情向相关杂志社及编辑老师们致以崇高的敬意和感谢。

本人博士论文的撰写始于 2012 年，选题源自导师于良春教授的一个课题，撰写过程一直伴随着导师高屋建瓴的指导和引导。随着时间脚步的前进，在近期更新本书数据时发现，撰写博士论文时个别行政垄断性行业收入差距的上升趋势在博士毕业 7 年后已经变成了倒“U”形趋势，还有个别行业的名称在《中国劳动统计年鉴》中也出现了变化，比如 2012 年后“银行业”变更为“货币金融服务”业，尤其是样本行业的所有制属性也发生了变化，等等，尽管这些变化并不影响本书的整体结论，但这将导致各章节的表述前后出现一定的混淆，因此，在遵循学术研究科学性、公允性、继承性和创新性的原则前提下，本着保持研究过程前后一致性的思路，本书的数据更新情况是这样的：第一章和第四章更新到了 2018 年，但第三章保持在 2011 年，第五章和第七章保持在 2012 年，新增的第六章第一节截止于 2015 年，第二节截止于 2018 年。

当然，本人的研究尚需深层次理论研究的支撑和进一步具体社会实践的验证，笔者热忱欢迎学界广大同仁批评、指正，笔者也将继续深化相关研究。

目　录

第一章 绪 论

第一节 问题的提出

一、行政垄断性行业与竞争性行业收入分配格局

教育、医疗和住房问题一直是人们关注的三大焦点，而与这三大焦点直接密切相关的就是收入分配差距扩大和不公平现象。近年来，收入差距扩大化问题一直是学界和社会公众关注的焦点之一，而行业收入差距及其扩大化问题也引起了诸多学者的关注，如陈钊、万广华和陆铭（2010）的研究就发现，中国行业间收入不平等对城镇居民收入差距的贡献越来越大，而这主要是由一些收入迅速提高的垄断性行业造成的。党的十九大报告进一步明确指出，在民生领域“收入分配差距依然较大”。

（一）中国分行业工资收入变异系数[①]

2005—2018 年中国 97 个行业的平均收入的变异系数均值为 54%，变异系数最高值出现在 2008 年，为 69.25%；最低值出现在 2012 年，为 45.53%；表明离散程度较高，收入差距较大，但整体呈现出下降趋势。详见表 1－1 所示。

---

① 由于统计口径的差异，相关上市公司年报公布的收入数据远远高出《中国劳动统计年鉴》或《中国统计年鉴》公布的收入数据，本书第一和第三章使用的是统计年鉴公布的数据，第四、五、六和七章使用的是中国 A 股、H 股上市公司年报公布的数据。

表 1-1　　2005—2018 年分行业工资收入情况　　金额单位:万元

年份	2005	2006	2007	2008	2009	2010	2011	2012	2013	2014	2015	2016	2017	2018	平均
全国平均收入	1.84	2.1	2.49	2.92	3.22	3.65	4.18	4.68	5.15	5.64	6.2	6.76	7.43	8.24	4.61
全国标准差	1.02	1.24	1.68	2.02	1.98	2.06	2.09	2.27	2.65	2.92	3.43	3.39	3.57	4.42	2.48
变异系数	55.36%	59.28%	67.55%	69.25%	61.38%	56.30%	50.00%	45.53%	47.70%	48.07%	51.49%	47.40%	46.00%	50.69%	54.00%

资料来源:《中国劳动统计年鉴》2006—2019 年,"分行业就业人员和工资总额"表;自 2014 年起,年鉴中"表 3-1 分行业就业人员和工资总额"改称"表 3-1 分行业城镇单位就业人员和工资总额"。

仅看绝对收入,我们发现全国平均收入水平确实在逐年提高,由 2005 年的 1.84 万元,增长到 2018 年的 8.24 万元,平均为 4.61 万元,但是,它会掩盖收入差距,尤其是行业之间的差距,变异系数部分地揭示了这一缺陷。

(二)行政垄断性行业与竞争性行业收入分配格局

1. 与全国行业平均水平相比的差距情况

我们选取中国航空运输业,烟草制品业,银行业(货币金融服务),电信和其他信息传输服务业(电信业),石油和天然气开采业(石油业),电力、热力的生产和供应业(电力业),铁路运输业等 7 个典型的行政垄断性行业,将其年均工资收入与全国行业平均水平进行比较,结果发现全部高于全国平均水平,平均高出近 80%以上,详见表 1-2 所示。

表 1-2　2005—2018 年行政垄断性行业工资收入"高出"全国行业平均水平的情况　单位:%

年份	2005	2006	2007	2008	2009	2010	2011	2012	2013	2014	2015	2016	2017	2018	平均
航空运输	170.15	187.54	175.85	159.23	148.75	151.55	140.9	124.07	131.17	114.24	111.74	102.82	96.02	81.62	135.40
烟草制品	132.91	122.49	112.86	113.63	108.27	115.32	122.3	123.99	129.15	122.53	116.82	110.22	109.14	122.96	118.76
银行业	75.54	86.16	96.29	112.99	117.22	123.14	127.03	123.13	125.93	121.61	113.46	108.43	104.22	234.56	119.27
电信业	101.16	91.62	78.25	66.03	53.51	49.94	42.31	35.78	39.47	37.88	36.69	35.69	35.25	123.49	59.08
石油业	66.99	63.14	56.59	59.99	49.64	50.8	49.58	45.43	50.27	47.84	35	29.29	30.53	39.57	48.19
电力业	47.23	48.46	47.27	45.84	40.02	40.32	35.41	33.29	39.33	39.37	36.19	32.51	30.3	30.85	39.03
铁路运输	32.47	36.37	32.17	30.25	29.01	32.12	41.52	44.23	45.85	43.12	36.58	32.44	33.66	33.49	35.95
7 个行政垄断性行业平均	89.49	90.83	85.61	83.99	78.06	80.45	79.86	75.70	80.17	75.23	69.50	64.49	62.73	95.22	79.38
7 个行政垄断性行业平均收入(万元)	3.48	4.01	4.63	5.38	5.74	6.59	7.52	8.22	9.28	9.88	10.51	11.12	12.09	16.09	8.18
全国平均收入(万元)	1.84	2.1	2.49	2.92	3.22	3.65	4.18	4.68	5.15	5.64	6.2	6.76	7.43	8.24	4.61

资料来源:《中国劳动统计年鉴》2006—2019 年;自 2012 年起"银行业"改称"货币金融服务"。

14 年中，航空运输业高出全国平均工资水平 135.4%，是最高的；此外，烟草制品业和银行业（货币金融服务）也高出全国平均水平 100%以上；铁路运输业高出 35.95%，是 7 个行业中相对高出全国平均水平最少的。

另一个显著特点是，银行业高出全国平均水平的百分点数在 2005—2017 年间呈现倒“U”形，在 2011 年达到峰值 127.03%后下降，但却在 2018 年陡然出现了大幅上涨，达到 234.56%，导致 14 年间上升了 159.02 个百分点。其他行业在 2005—2017 年均呈现出下降趋势，但是 2018 年电信业和烟草制品业均出现了陡然上涨，尤其是电信业，尽管 13 年间稳步下降，但 2018 年上涨了 88.24 个百分点，变化趋势不再确定。

此外，我们还发现，2005—2018 年，这 7 个典型行政垄断性行业的平均收入“高出”全国平均水平 79.38%，2006 年最高，高出全国 90.83 个百分点，2017 年最低，高出全国 62.73 个百分点。7 个典型行政垄断性行业平均工资收入最低是 2005 年的 3.48 万元，最高是 2019 年的 16.09 万元，与全国平均水平一样，也在逐年提高。

2. 与工资水平最低行业相比的差距情况

我们将选取的 7 个典型行政垄断性行业年工资收入与全国最低工资行业进行比较，详见表 1－3 所示。2005—2018 年，7 个典型行政垄断性行业的工资水平全部高于全国最低工资行业，14 年平均高出 3.36 倍。航空运输业高出最低工资行业的比例最大，为 4.73 倍，其次分别为银行业（货币金融服务），烟草制品业，电信业，石油业，电力、热力的生产和供应业，铁路运输业的 4.34 倍、4.3 倍、2.87 倍、2.6 倍、2.38 倍、2.29 倍，差距非常显著。历年极值情况是，最高值是银行业 2018 年的 8.26 倍，最低值是石油业 2015 年的 1.85 倍。

表 1－3　2005—2018 年行政垄断性行业工资收入“高出”最低工资行业的情况　单位：倍

年份	2005	2006	2007	2008	2009	2010	2011	2012	2013	2014	2015	2016	2017	2018	平均
航空运输	5.84	6.32	6.22	6.01	5.21	5.48	5.05	4.16	3.87	3.52	3.47	3.60	3.50	4.03	4.73
烟草制品	4.90	4.66	4.57	4.78	4.20	4.55	4.59	4.16	3.82	3.69	3.58	3.77	3.80	5.17	4.30
银行业	3.45	3.74	4.14	4.76	4.42	4.75	4.70	4.14	3.76	3.67	3.51	3.73	3.68	8.26	4.34
电信业	4.10	3.88	3.67	3.49	2.83	2.86	2.12	2.13	1.94	1.91	1.89	2.08	2.10	5.18	2.87
石油业	3.23	3.15	3.10	3.33	2.74	2.89	2.76	2.35	2.16	2.12	1.85	1.93	1.99	2.86	2.60
电力业	2.73	2.78	2.86	2.95	2.50	2.62	2.40	2.07	1.93	1.94	1.87	2.01	1.99	2.62	2.38
铁路运输	2.36	2.47	2.46	2.52	2.22	2.41	2.56	2.32	2.07	2.02	1.88	2.00	2.07	2.69	2.29
7 个行政垄断性行业平均	3.80	3.86	3.86	3.98	3.44	3.65	3.52	3.05	2.79	2.70	2.58	2.73	2.73	4.40	3.30

续表

年份	2005	2006	2007	2008	2009	2010	2011	2012	2013	2014	2015	2016	2017	2018	平均
最低工资水平行业	林业	林业	畜牧业	畜牧业	林业	畜牧业	畜牧业	畜牧业	农业	畜牧业	农业	农业	农业	农业	/

资料来源:《中国劳动统计年鉴》2006—2019 年;不同年份最低工资水平行业有所变化,但多在林业、畜牧业和农业之间转换;自 2012 年起"银行业"改称"货币金融服务"。

(三)行政垄断性行业内部收入差距情况

以中国银行业(货币金融服务)为例,根据银监会[①]的统计数据,2012 年中国商业银行业共实现净利润 1.24 万亿元,同比增长 18.96%,其高管和员工的收入更是水涨船高,《人民日报》记者李丽辉[②] 2012 年 4 月 16 日报道:2011 年部分股份制商业银行行长的年薪如深发展银行为 869 万元、招商银为 535 万元、民生银行为 516 万元,已经超过 500 万元,同时,这三家银行员工的薪酬水平也是最高的,人均年薪超过或接近 40 万元。而中、农、工、建、交五大国有商业银行行长的年薪一般在 100 万元左右,副行长 100 万元以下,五大银行的人均薪酬最高的达到 27 万元,最低的有 11 万元。

(四)结论

可见,中国 97 个行业之间和各行业内部的收入差距是显著存在着的,前者出现了整体下降的趋势;典型行政垄断性行业的收入分配状况更是备受关注和争议,无论是与全国平均工资水平还是与最低水平相比,其优势都是非常显著的,尽管该优势在 2005—2017 年呈现出整体下降的趋势,但 2018 年该趋势出现了较大反弹,之后的趋势变化仍需进一步跟踪关注。

二、行政垄断性行业与竞争性行业收入分配格局的争论与危害

改革开放在经济领域的抓手之一就是打破平均主义、大锅饭,通过扩大差距为经济体注入动力,依靠收入的差距及其适当扩大所带来的激励效应来提高效率,这也是市场经济的基本规律与内在要求。但是从计划经济体制向市场经济体制的转变过程,也即所谓转轨经济过程,由我国"渐进式"改革的特点所决定,必然是一个漫长的过程,收入分配问题与此相适应,相应必然会经历一个从

---

① 中国银监会审慎规制局:《商业银行主要监管指标情况表(法人)》,http://www.cbrc.gov.cn/chinese/home/docView/7E1679F277BC4161982E2BCF068E5DDA.html,2013 年 3 月 1 日。

② 李丽辉:《龙年掂掂钱袋子:高管与员工薪酬"两重天"?》,《人民日报》,http://news.xinhuanet.com/edu/2012-04/16/c_122984344.htm?prolongation=1,2012 年 4 月 16 日。

平均主义到拉开差距这样一个过程，中间某些阶段和时期有可能出现一定程度的两极分化趋势，出现与共同富裕相违背的现象和趋势。郑功成(2010)认为中国收入分配差距问题是与转轨经济相伴而生的，并在经济体制改革进入攻坚阶段不断扩大。改革开放 35 年来中国经济社会各方面取得的巨大成就无须赘述，但是，在大多数人的收入水平获得大幅提高的同时，却出现了较大程度的收入分配差距，甚至部分垄断性行业的收入分配失去了应有的控制，而且在收入差距扩大的过程中由于缺乏合理的和必要的监督，超过了民众可以接受的范围，使之成为引发诸多社会问题的病灶。昱华(2010)认为我国经济生活中的一些矛盾和问题源于收入分配差距的扩大，如果收入分配问题得不到解决，就很难落实扩大内需、提振消费的目标。

孙浩进(2009)认为分配不公在经济领域会导致消费结构断层、国内总需求不足、经济发展过度倚重投资拉动、加剧产能过剩，在社会领域则会导致社会不安定风险加大；郭娜、祁怀锦(2010)认为现阶段行业收入差距的扩大会对经济的长期增长产生阻滞作用；韩建雨(2011)研究发现，收入差距是导致中国社会不稳定的重要影响因素；林毅夫(2012)认为过大的贫富差距会让低收入人群产生不平衡心理，这在当前中国的教育、医疗、卫生以及其他社会保障体系还相对滞后的背景下，极易引发和激化社会矛盾，影响社会的和谐与稳定。

(一)行政垄断性行业收入分配优势的危害

近年来行政垄断已经成为学界研究的重要问题，而该类型行业凭借其占优的市场势力导致的收入分配优势问题更是引人注目，因为这个问题直接关系到社会的公平正义，关系到社会的稳定和发展。尹恒、龚六堂、邹恒甫(2002)认为收入分配不平等可能引发社会冲突、导致产权保护薄弱，妨碍经济增长；金玉国等(2003)认为垄断性行业比市场化程度更高的行业更容易为其行业职工工资的提高创造条件，在利益分配上有更强的向个人倾斜的倾向；王锐(2007)认为中国的自然垄断和行政垄断交织在一起形成了行业垄断，它严重影响着我国行业间的收入分配格局，因为垄断性行业更易获得超额利润，其收入分配有更强的个人主义倾向，同时导致垄断企业创新动力更小；于良春、于华阳(2007)认为正是因为垄断性行业凭借着国家赋予的垄断地位获得超额利润，构成了垄断性行业与其他行业收入差距不断拉大的制度性根源，而在垄断制度的保护下，垄断企业内部的低效率运营状况又在一定程度上变相提高了垄断性行业的收入；崔荃(2010)认为垄断性行业作为利益集团则具有较强的集体行动能力，会影响收入分配差距政策的出台和实施，能够弱化该政策的有效性，最终会成为维系和扩大当代收入分配不平等乃至代际不平等的重要力量。

吴敬琏(2010)认为，中国贫富差距不断拉大的主要成因是当前的“权力腐败和行政垄断”，因此，在平衡“平等与效率”的关系问题上，应当把反对由于政府官员权力过大和不被监督造成的“机会”不平等放在“首要”位置。林毅夫(2012)认为该类型行业为保护其既得利益以及不断寻求政府额外补贴的行为和过程会创造寻租的机会和实践，进而会恶化社会风气，滋生腐败，最终必将严重威胁党和政府的生存。

(二)政府对收入分配差距危害问题的重视和解决路径

收入分配差距扩大化问题尤其是垄断性行业收入分配问题在其出现伊始，就引起了党和政府的高度重视，如 1987 年党的十三大报告就首次提到对收入分配差距的控制问题；1992 年党的十四大第一次提出兼顾效率与公平，又同时明确反对两极分化，要求走共同富裕的道路；1997 年党的十五大把防止分配领域的两极分化问题首次明确提升到了保持社会稳定的高度；2002 年党的十六大报告首次对垄断性行业收入分配问题单独提及：“规范分配秩序，合理调节少数垄断性行业的过高收入，取缔非法收入。以共同富裕为目标，扩大中等收入者比重，提高低收入者收入水平。”时任政府总理温家宝曾多次在政府工作报告和答记者问中提到要缓解收入分配差距扩大化的现象，要求严格规范金融机构高管的薪酬管理①。

2013 年 11 月 12 日十八届三中全会通过的《中共中央关于全面深化改革若干重大问题的决定》对收入分配改革进一步明确了要求②，其中最引人瞩目的就是“建立个人收入和财产信息系统”，这意味着为实现公职人员财产公开提供了政策依据，各种黑色收入、灰色收入等将有望无处遁形，这也意味着行业收入分配问题在新时期仍是深化改革的重点之一。

党的十八大报告中对收入分配差距的论述是：“要坚持社会主义基本经济

① 如在 2010 年政府工作报告中首次把“改革收入分配制度”列入当年的主要任务，并明确提出：“要深化垄断性行业收入分配制度改革，完善对垄断性行业工资总额和工资水平的双重调控政策，要严格规范国有企业、金融机构经营管理人员特别是高管的收入，完善监管办法。”此后 2011 年的政府工作报告明确提出“合理调整收入分配关系”，再次重申调控行业过高收入。

② “规范收入分配秩序，完善收入分配调控体制机制和政策体系，建立个人收入和财产信息系统，保护合法收入，调节过高收入，清理规范隐性收入，取缔非法收入，增加低收入者收入，扩大中等收入者比重，努力缩小城乡、区域、行业收入分配差距，逐步形成橄榄型分配格局。”

制度和分配制度，调整国民收入分配格局，加大再分配调节力度，着力解决收入分配差距较大问题……”并要求“多渠道增加居民财产性收入。规范收入分配秩序，保护合法收入，增加低收入者收入，调节过高收入，取缔非法收入”。

党的十九大报告再次要求：“坚持按劳分配原则，完善按要素分配的体制机制，促进收入分配更合理、更有序。鼓励勤劳守法致富，扩大中等收入群体，增加低收入者收入，调节过高收入，取缔非法收入。坚持在经济增长的同时实现居民收入同步增长、在劳动生产率提高的同时实现劳动报酬同步提高。拓宽居民劳动收入和财产性收入渠道。履行好政府再分配调节职能，加快推进基本公共服务均等化，缩小收入分配差距。”

（三）以整体理性代替个体理性与非理性的矛盾纠葛

古今中外的历次社会变革都是同时对原有收入分配制度、体制和格局进行的一次或者数次，或者全面、彻底或者局部、保守的变革，其途径或者是社会革命或者是改良、改革，最终的结果一般都是各种强势力量的均衡与再均衡，并且这种均衡会在其体系内部维持一个时期，而当有新的力量出现、成长、壮大之后，原有的均衡就可能会被打破。为了实现新的均衡，各方力量会再一次进入试探、试验阶段，直到下一个均衡的实现。这个寻找均衡的过程可能是剧烈的社会变革，也可能是温和的社会改良、改革。

总结历史的经验教训，理性的社会人应该寻找一种成本最小、效益最大化的途径，但是，这种设想往往会在个体、集体和整体理性与非理性的矛盾斗争之中徘徊不前，如若处理不当，就有可能导致最终“被”选择剧烈的社会变革这种非理性的途径，古今中外历次改朝换代、历次局部或者世界性战争都莫如是。在当今历史条件下，我们应以整体理性替代集体和个体理性与非理性的矛盾纠葛，以避免整体非理性的高昂成本选择。

第二节　相关概念的界定

一、收入与行业收入

本研究的个人收入（personal income）指的是中国城镇职工一年内从所就业的行业企业所获得的全部直接和间接劳动报酬总额，既包括企业直接支付给职工的工资、奖金、津贴、补贴等，也包括未直接支付给职工的职工福利费、社会保险费、住房公积金、工会经费和职工教育经费等。而劳动者可能从其所就业的企业以及以外获得的租金、利息、股利股息等资本收入以及继承、赠与、兼职、偶然所得和社会福利等则不在本研究范围。

也就是说，本研究所指的收入仅仅是“流量”数据，即个人或者行业企业一年内收到的收入变量变动的数值，它是在一定的时期内测度的，其大小有时间的维度；不考虑劳动者已经拥有的财富即存量①。显然，财富存量与收入流量之间具有密切的联系：收入流量的一部分来自存量，如劳动者的一部分收入来自其已经拥有的财富增值部分；财富存量的一部分又归于收入流量之中，即财富存量可以经由收入流量而发生变化，如新增加的财富存量可以通过新创造的收入流量转变来实现。作此区分是因为财富具有增值功能，其增值速度有可能超过收入增长速度，最明显的如房地产、黄金、文物与字画等资产，自 2003 年以来，其增值速度明显超过收入的增长速度。

本研究的行业收入指的是一年内行业内代表性或者全部企业职工收入的平均值，具体测算时以该行业代表性企业或者全部企业职工工资总额（或者“现金流量表”中“支付给职工以及为职工支付的现金”项目）除以相应的在职职工总人数，指职工获得的总收入，包含工资性收入和各种非工资性收入，但是不包含行业企业获得的经营性收入和资本性收入。

在具体测算比较时，或者选用历年《中国统计年鉴》和《中国劳动统计年鉴》中的相关行业收入、就业人数等数据，或者使用相关行业代表性上市公司公布的年度报告财务报表中的相应第一手数据。

二、收入分配格局②

收入分配格局一般指的是国民收入在政府部门、企业和居民之间的分布，而具体到本研究，则主要指的是收入在各行业之间、各行业内部不同层次职工之间的差距分布，或者说是行业收入差距，它包括两层含义：一是各行政垄断性行业与全部行业平均收入水平之间的差距，该“平均收入水平”或者是全国平均水平，或者是选取的一个典型代表性行业的水平；二是各行政垄断性行业与全

---

① 存量是指某一指定的时点上，劳动者过去通过劳动、单位分配或者继承、赠与甚至非法收入等各种方式积累起来的存款、房地产、保险、证券、黄金、古董、文物与字画等各类资产的结存数量。

② 2021 年 6 月 16 日，本研究参加了山东青年政治学院科研处组织的出版资助答辨，与会专家建议将“收入差距”一词更改为“收入分配格局”，会后，本人又咨询了其他相关专家，经反复探讨，最终接受了专家意见。当然，文责自负。

部行业最低收入水平之间的差距，该“最低收入水平”也是选取的一个典型代表性“最低或者次低”收入行业的水平。选取代表性行业时除考虑收入因素外，同时考虑该行业就业人数的代表性。这两个层次的收入水平差距可以反映当前中国行政垄断性行业与竞争性行业之间的收入差距情况。

此外，需要说明的是，本研究主要研究的是收入中的“流量差距”问题，也就是说研究的是“流量收入的差距”而不是“存量收入的差距”。在两种类型行业内部收入差距部分，还将研究“增量差距”问题——仅关注了增长率，以“增量”的变化研究其对收入差距的影响。

三、行政垄断性行业

行政垄断性行业主要包括石油和天然气开采业、电信和其他信息传输业、航空运输业、铁路运输业、烟草制品业、银行业、邮政业、电力热力的生产和供应业、水的生产和供应业、燃气生产和供应业、石油加工炼焦及核燃料加工业等 11 个(丁启军,2010)。这 11 个行业的行政垄断程度比较高，均借助于国家行政权力形成经济垄断，其行政垄断属性在学界也较为公认，如与岳希明、李实和史泰丽(2010)依据行业中竞争性企业个数和农民工人数的多寡为标准来划分的垄断行业与竞争行业相比，基本一致，在当前具有典型性(于良春,2011)。

在第四、五和第六章因采用上市公司数据，那么该行业内没有上市公司的烟草制品业、邮政业和石油加工炼焦及核燃料加工业等 3 个行业被剔除，地域性较强的水和燃气的生产和供应业 2 个行业也被剔除，保留的行业有石油和天然气开采业、电信和其他信息传输业、航空运输业、铁路运输业、银行业和电力热力的生产和供应业等共 6 个行业。

第三节　研究思路与研究方法

一、基本思路

按照“提出问题、分析问题、解决问题”的思路展开本研究。

(一)测度行业之间的收入分配格局，尤其是要测度“行政垄断性行业”对全部行业收入差距的贡献度

进一步厘清行政垄断性行业与国民经济其他行业近年来的收入分配具体

差距情况，测度行政垄断性行业对全部行业收入差距的贡献度，具体包括以下三个基本问题：

一是测算全国97个行业间的收入分配格局；二是测算“行政垄断性行业”对全部行业收入分配差距的贡献度；三是测算行政垄断性行业与全国平均收入水平行业之间的差距情况以及与全国最低收入水平行业之间的收入差距情况。

（二）测度代表性行业内部高管与高管、高管与员工之间的收入差距及其与运营绩效等影响因素之间的关系，同时测度不同类型行业间高管与员工之间的收入差距情况

选取具有代表性的行政垄断性行业和竞争性行业上市公司，测度各代表性行业内部收入分配差距的现状，及其与经营绩效等影响因素之间的关系，同时测度这两种类型行业之间不同层级员工之间的收入差距情况，并探究其深层次根源。

（三）测度并比较行政垄断性行业与竞争性行业及它们之间的非工资性收入差距情况

首先要分离出代表性行业中的非工资性收入，然后对行政垄断性行业与竞争性行业之间的非工资性收入进行对比分析，并与现行法定标准进行详细对比，相应测度其实际差距、与法律规范的差距以及差距贡献度等问题，最后探讨影响非工资性收入差距的直接原因和深层次根源。

其中，对于社会保险因素与收入分配差距之间的关系需要进行深入探讨，因为行政垄断因素可能间接导致了行业间社会保险缴纳和领取的差距。有别于其他学者认为社会保险并不导致收入差距的观点，本书将探讨企业社会保险的收支政策和规则，之后，抽样对比两种类型行业缴纳社会保险的相关数据，证实行业间社会保险缴纳和领取差距是否存在；然后，进一步调研前者的“负担”是否普遍高于后者，其根源是什么；最后，发现行政垄断是市场化竞争中不合理的存在，这种不合理一定程度上将被社会保险制度本身所具有的“劫富济贫”社会保障功能所冲销，劣势行业员工反而因此能有所获益。

（四）设计可以数量化的两种类型行业间收入差距的优化参照标准

合理界定行政垄断性行业与竞争性行业之间收入分配差距的适当标准。不但应将该种标准定性，而且应将该种标准定量，具体要设计出可以数量化的适度性优化参照标准。并将该优化差距标准与实际收入之间的差距进行详细对比剖析，进而为行业收入分配改革提供具有参考价值的数量化改革目标和数量化差距目标。基本思路是:对影响收入的各因素进行财务分析和计量分析,运用竞争性行业的具体数据模拟出收入决定方程,然后代入行政垄断性行业的相关具体数据,模拟测算行政垄断性行业的“理论收入”,之后将该“理论收入”与各参照对象的实际收入进行对比分析,得到“理论差距”,并将之与实际差距进行对比分析,即可得到可供参照的“不合理差距”与“合理化差距”。

(五)结论和政策建议

总结前述研究的结论,有针对性地提出解决行业收入分配格局问题的政策建议,为进一步推进与行政垄断相关的各种弊端问题的研究打下基础。

二、研究方法

根据研究的需要,本研究主要使用了实证分析法和规范分析法,而以实证分析法为主,文中不乏多种研究方法的综合运用。

作为一个实证研究,本研究需要使用大量统计调研数据说明当前中国具体的行业间收入分配差距情况,在第三章中使用了极值法、离差法和泰尔指数(Theil index);在第四章使用了比较分析法,平行和交叉对比分析两种类型行业内部收入差距情况,然后借助于竞赛理论和行为理论设计出内部收入差距计量分析方程,阐明了各类型影响因素对内部收入差距的影响,尤其是行政垄断性因素的影响;第五章使用明瑟(Mincer)工资收入方程模拟了两种类型非工资性收入方程;第六章使用了明瑟方程模拟出竞争性行业总收入方程,等等。

行业间、行业内以及非工资性收入之间等的差距必须通过对比分析才可能被发现,这就需要找寻合适的对比参照对象并进行具体、细致、全面、深入的比较分析,需要使用适当的图表对数据背后的含义进行形象的表达。而这些数据需要借助于抽样调查方法,获得行政垄断性行业与竞争性行业的相关收入数据,并进行比较分析。这些数据主要是行政垄断性行业、竞争性行业以及其他代表性行业的上市公司的数据,而由于来自上市公司年度报告,而且经过了会计师的审计,因此是第一手相对可信的资料;部分数据将借助于定向典型调查的方法,如了解石油业和银行业等行业内部收入分配结构和差距情况。

为了对规范分析提供更有力的实证支持,必须进一步使用计量分析方法,发现各影响因素之间的深层次关联程度。这就需要借助于相关计量经济模型构建行政垄断因素对行业内部收入分配差距以及对非工资性收入差距影响的相关函数,测度其影响大小及利弊;并借助于竞争性行业数据,构建收入分配模型，用以推算行政垄断性行业“理论收入”数据。

特别需要指出的是，因为本研究的主要数据来源于上市公司年报中的会计报表，因此，提取和分析数据时将会用到必要的会计学理论和知识，以确定数据的恰当性和有效性，保证各变量及其之间的经济学和管理学意义。

实证分析离不开规范分析提供的理论框架作为支撑，因此本研究需要使用相关产业组织理论、数理经济学、计量经济学、政治经济学、劳动经济学，以及管理学中的公司治理理论、人力资源管理、薪酬管理、委托代理理论等，并借此说明行政垄断性行业收入分配优势的产生机制和运行机制，为最终提出恰当的解决方案提供理论支撑和依据。

缩小两种类型行业间的收入分配差距问题可以通过劳动力在行业间的自由流动来实现，这就需要使用博弈论分析方法来分析劳动力流动的机制以及影响其流动的障碍，如序贯博弈和嵌套博弈等模型。

第四节　基本框架与主要内容

一、基本框架

基于行政垄断与竞争两部门模型，根据行业收入分配格局研究的需要，本研究按照先总后分再细化的顺序，首先，综述了行业收入分配相关理论与文献资料；之后，测度了行政垄断对全部行业收入分配差距的贡献度；然后，测度了两种类型行业各自内部的综合收入差距，探索了其根源；其后，测度了它们之间的非工资性收入差距及其根源，并对其中社会保险缴纳与领取的差距问题展开了研究；随后，界定了两种类型行业间收入分配的优化标准，并探讨了行政垄断性行业收入分配机制的优化改革；最后，进行了总结，并提出了针对性的改革建议。

本研究的基本框架通过图 1 - 1 来展示。

其中，社会保险虽然并不构成当期收入，但却能影响保险风险发生时的未来收入，所以，单独列为一章进行探讨。

二、主要内容

(一)述评行业收入分配理论与中国收入分配政策的演变

本部分首先对国内外相关行业收入分配理论进行述评，为本研究提供坚实

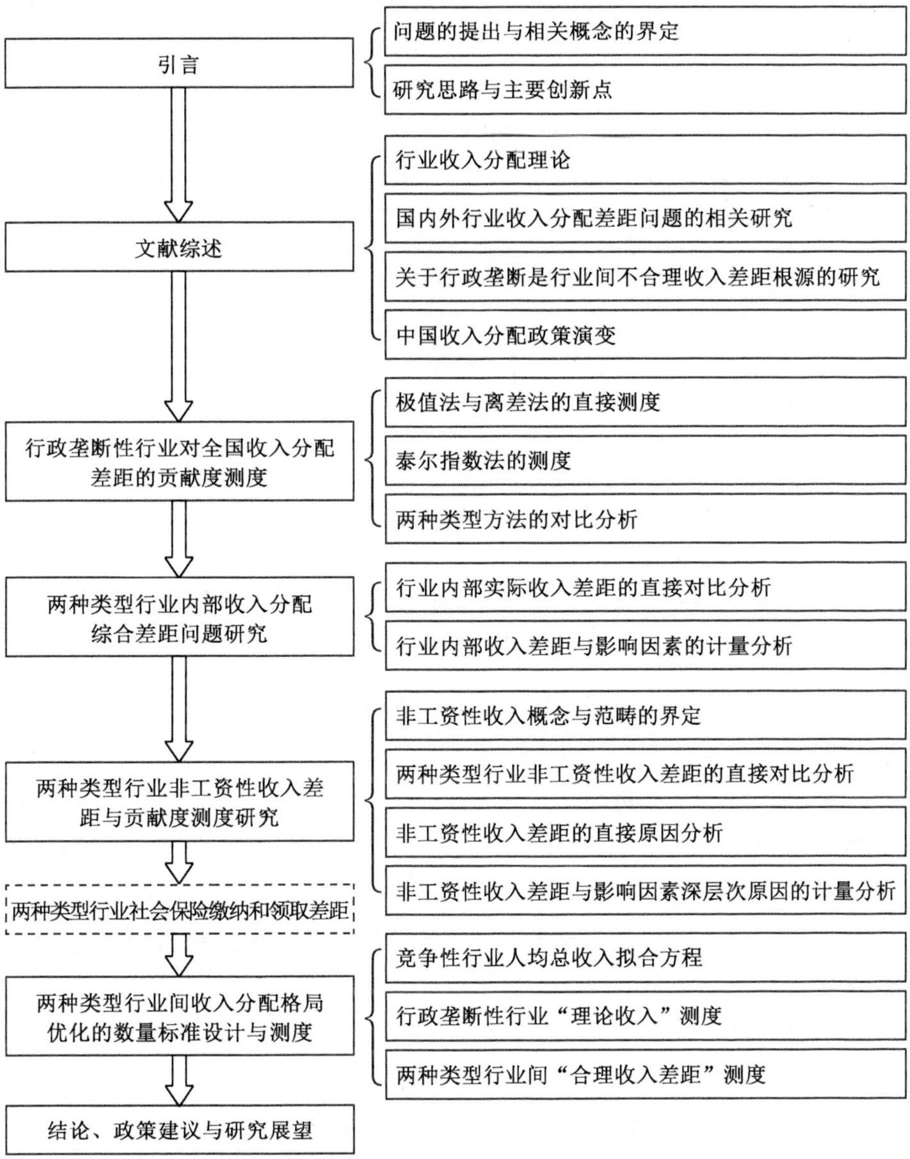

图 1－1　研究框架结构图

的理论支撑。然后，回顾和述评中国收入分配政策的演变与发展。

这部分内容涉及中国行政垄断性行业格局形成的理论、制度和历史渊源问题：中国从完成社会主义改造，照搬苏联的计划经济体制，开始执行第一个五年计划，集中力量建立健全国民经济体系，这是行政垄断性行业得以形成的时代背景和制度背景。随后的几个五年计划、历次经济政策调整都是为了完善计划经济体制，为了发挥计划经济体制的优越性。与此同时，行政垄断不断被巩固和强化，直至1992年确立社会主义市场经济体制的改革目标，正式展开市场经济体制建设，原有的国有企业先后进入改制、重组阶段。到2003年国资委成立，专管国有资产，设置该部门可视作是对行政垄断的特殊保护；2006年12月18日国资委进一步明确国有经济加强控制的7大行业，同时，国有经济对基础性和支柱性产业领域的重要骨干企业保持较强控制力。这都使得行政垄断的地位得以巩固和加强，它不但得到了政策的支持，而且还有专门的部门管理和保障。

以收入分配机制和格局的形成历程为主线，探讨形成行政垄断和行政垄断性行业的历史背景、理论依据、制度背景，厘清行政垄断和行政垄断性行业的形成渊源、改革进程、制度支持、政策保障，尤其是要厘清相关法规和政策性规定的沿革过程，同时，探讨行政垄断性行业收入分配改革应该依据的法理标准、理论标准、道德标准和其他社会标准等。

（二）测度行政垄断行业对全部行业间收入差距的贡献度

该部分主要解决的是行政垄断性行业的收入分配情况在多大程度上加剧了全国的收入分配差距问题。已有的方法主要是离差法、极值法、基尼系数、变异系数、泰尔指数、Oaxaca-Blinder方法和明瑟人力资本模型等等，本研究将筛选合适的方法和模型予以测度。

（三）比较行政垄断性行业与竞争性行业内部收入分配的格局与差距，重点关注两种类型行业不同层级之间的收入差距及其根源问题

行业内部收入差距本是我国打破“大锅饭”、打破“平均主义”、倡导效率优先、兼顾公平的成功效果，在此过程中通过引入市场经济规律以促进经济发展，但是在具体执行中，却出现了仅重视“效率”却忽视“公平”的现象，出现了行业内部尤其是企业内部收入差距急剧扩大的现象，也就是对收入差距的“度”没有找到合适的评价标准，甚至出现了两极分化现象，导致了一系列的社会后果。

本研究将重点关注行政垄断性行业高管过高收入的合理性与非合理性及其影响问题，将借助于计量模型来实证检验，主要变量是行业内部收入差距对本行业经济效率的影响，也就是建立行业内部收入差距与衡量行业发展各指标之间的关联函数，寻找其内在的经济学与管理学联系，如行业内部收入差距与营业收入、总资产收益率、行业类型、两职合一、董事会独立性、监事会规模、内部人控制率、股权集中度、员工规模、人均管理费用水平、资本结构风险和管理效率等指标之间的联系，寻找适当的影响因子及其影响大小。

(四)测度并探讨行政垄断性行业与竞争性行业非工资性收入分配格局、差距及其贡献度与根源

首先，界定“非工资性收入”的概念，以及该概念所包含的范围问题。本研究将对比政治经济学、现代管理学和人力资本理论关于工资含义的界定，恰当确定非工资性收入所涵盖的范围。其次，对比分析各行业之间非工资性收入差距的大小。然后，测算非工资性收入在职工总体收入中所占比例，对比企业提取标准和法定标准的差距等等，由此推算出非工资性收入对行业收入差距的贡献度。最后，探讨其制度性根源问题。

(五)探究行政垄断因素带来的行业间社会保险缴纳和领取差距

有别于其他学者认为社会保险并不导致收入差距的观点，首先，本成果探讨了社会保险的收支政策和规则；其次，对比行政垄断性行业和竞争性行业两种类型行业缴纳社会保险的相关数据，发现前者的“负担”普遍高于后者，这根源于行政垄断带来的收入水平优势；最后，发现行政垄断是市场化竞争中不合理的存在，这种不合理被社会保险制度本身所具有的“劫富济贫”社会保障功能所冲销，劣势行业员工就因此而有所获益。

(六)讨论混合所有制改革带来的财产性收入对行业收入分配差距的影响

首先，探讨混合所有制改革带来行业收入分配变化的理论和现实依据；其次，统计描述混合所有制改革对两种类型行业收入分配差距的具体影响；最后，探讨财产性收入差距的合理化调控措施。比如，混合所有制改革后，持有股权的员工在薪资收入之外就多了一份财产性收入，相对于那些没能持有股权的员工而言必然就拉大了差距，这种差距不但在行业内部，而且在行业之间也会发生和存在，因为行政垄断性行业通过垄断租金的耗散，能够顺利地把一部分行业利润转化为股东的财产性收入。

(七)尝试界定行政垄断性行业与竞争性行业间收入分配的合理化差距，设计可以量化的参照标准

现有理论和实践表明，行业之间适当的收入差距能够促进生产效率的提高，创造更多的社会财富，但是多大的差距是适当的呢？这一差距又是由什么以及哪些原因造成的呢？这些原因合理吗？为什么？

若差距过大首先就违背了经济规律，其次也威胁到社会公平正义与社会稳定。在本部分将研究国内外相关成熟做法，综合中国经济社会发展的历史阶段性、各行业发展的独特性、风险程度、现实困境等因素，探讨行业之间合理的收入差距标准问题。

（八）消除行政垄断对行业的不合理支持，推进行政垄断性行业进一步市场化的改革对策，实现行业收入分配改革

学界对中国的行政垄断对于收入分配的影响及其危害问题已经有了一定的共识，可以断定行政垄断是导致收入分配不公平的重要制度性根源，他们尝试提出了一些改革方案，但是，对一些关键问题的认识因比较敏感而没有被触及，其政策建议的操作性并不强，已经实施了的方案其效果也不太明显，民怨仍较大。

首先，需要在理论上明确行政垄断性行业收入分配应该参照的合理标准；其次，进一步明确该类型行业收入分配机制改革的方向；再次，科学、合理地确定行政垄断性行业管理层激励与约束制度；最后，消除该类型行业劳动力进入、退出壁垒，通过不同类型行业间劳动力的自由流动缩小全社会行业间职工的收入分配差距。

不合理的观念、制度、政策、法规等都是必须系统研究和改革的对象，需要分离出可能造成不合理分配格局的制度缺陷，并从现有相关法规、政策中找到明显的或者潜在的可能造成不合理收入差距的规定，提出解决对策。

第五节　主要创新点

本研究的创新点主要有以下三个方面：

一、区别“行政垄断性行业”与“行政垄断因素”对行业收入分配差距的贡献度；将极值法、离差法和泰尔指数相对比、相结合，灵活运用，测得 11 个“行政垄断性行业”对全国 97 个行业收入分配差距的贡献度介于 18.38%－19.35%

现有文献对行政垄断性行业收入分配差距贡献度的测算，无论是使用 Oaxaca-Blinder 分解法还是费景汉一拉尼斯分解方法或者是其他方法，所测度出的贡献度其实质是“行政垄断因素”对收入分配差距的贡献度，它与“行政垄断性行业”对全部行业之间收入差距的贡献度显然不是一个概念和范畴，有必要将之明确区别，并分别进行测度，而现有文献鲜有对后者的测度研究。

在具体测度中笔者去繁就简，将极值法、离差法和泰尔指数方法相对比、相结合，先分别将行业组内各行业与参照对象的收入差距（离差）取绝对值并加总，得到各行业组收入差距；然后再将全部行业分别与参照对象的收入差距（离差）加总，得到收入总差距；那么，二者的比值就是各行业组对收入总差距的贡献度；参照对象分别取全国最低收入行业和全国平均收入行业，所得的测算结果分别作为行政垄断性行业对全部行业收入差距贡献度的上限和下限；之后，再使用泰尔指数法进行测度以验证对比。测算结果表明，11 个代表性行政垄断性行业 2005—2011 年对全国收入分配差距的贡献度均值区间是 18.38％－19.35％，与其占行业总量的比重相比，明显偏高；泰尔指数表明这主要是由行业组内的差距不断扩大所致，行业组间的贡献度很小，而且，行业组内的差距贡献度呈现出先扩大后缩小的迹象和趋势，而行业组间的贡献度则呈现出先缩小后扩大的迹象和趋势；行业泰尔总指数也呈现出先扩大后缩小的迹象和趋势，近年来整体是缩小的；在行业组间贡献度问题上，行政垄断性行业的组间贡献度呈现出先缩小后增强的趋势，其行业组间泰尔指数是最高的，说明其收入状况扩大了与其他行业间的差距。

二、有针对性地对比分析了两种类型行业之间具体、详细的非工资性收入差距情况；测得行政垄断性行业的非工资性收入差距对两种类型行业间总收入差距的贡献度介于 36.34％－38.78％；对非工资性收入方程的影响程度在 75％左右

使用上市公司年报这样的第一手抽样调研数据[①]，首先，对非工资性收入进行了概念和范围的重新界定，避免与工资外收入、灰色收入和黑色收入等概念的混淆。其次，有针对性地对比分析了典型行政垄断性行业与最低收入水平代表行业和平均收入水平代表行业之间的非工资性收入情况，发现 2007—2012 年，以银行、航空运输、电力、石油、电信、铁路运输等 6 个行业为代表的行政垄断性行业的非工资性收入分别高出纺织业 8.28、7.06、5.20、4.36、4.20、2.49

① 通常采用的国家统计局发布的《中国统计年鉴》，以及国家统计局与人力资源和社会保障部联合发布的《中国劳动统计年鉴》等的数据针对性较差、详细度不够，而且还往往存在很大争议，因此，本书仅第三章使用该数据库，其他部分均使用第一手的上市公司年报数据（及其补充公告中的数据）。

倍,分别高出交运设备制造业 6.53、5.54、4.03、3.35、3.22、1.83 倍,差距非常显著,而且,非工资性收入在行政垄断性行业总收入中所占的比例远远大于竞争性行业相应的比例,6 年平均分别高出纺织业 14.63、6.37、17.25、11.84、12.34 和 12.22 个百分点,高出交运设备制造业 15.65、7.40、18.27、12.87、13.36 和 13.25 个百分点;发现对比对象之间非工资性收入差距的直接原因是其提取基数和提取比例的差别,行政垄断性行业都占有较大优势;深层次原因则是行政垄断产生的行业租金,随后的邹检验(Chow test)验证了这一观点,而且,经测算,行政垄断对两种类型行业间总收入差距的贡献度介于 36.34%—38.78%,对非工资性收入方程的影响程度在 75%左右。

三、尝试界定了行政垄断性行业与各参照系间收入分配的"合理差距",即理论差距;它与其自身、交运设备制造业、纺织业和 41 个竞争性行业均值的"合理差距"分别为 42.71%、118.6%、155.97%和 87.58%,对应的"不合理差距"分别为 57.29%、157.7%、203.05%和 117.2%

根据代表性竞争性行业的实际收入数据,推导出竞争性行业实际收入的明瑟方程;将各代表性行政垄断性行业的各项自变量数据代入上述方程,测算得到行政垄断性行业的"理论收入";将测算所得的行政垄断性行业"理论收入"与竞争性行业实际收入进行比较,得到"推定合理"的收入差距数量化标准,即"理论差距",这也是行业收入分配改革可以参照的行业收入差距"理论目标";将行政垄断性行业的"理论差距"与其实际收入之间的"实际差距"进行比较,其差距即为不合理部分——称之为"不合理差距",该差距也即是行业收入分配改革的"工作内容"或称努力弥合或消除的对象。

具体不合理差距的测算结果是:行政垄断性行业的"理论收入"的确"应该"高出交运设备制造业和纺织业,但是,过高了,因为两种类型行业的实际收入比值分别高出理论比值 157.7 和 203.05 个百分点——这就是"不合理差距";行政垄断性行业的"理论收入""应该"低于 41 个竞争性行业均值,但是,反而高了——实际收入均高于后者,实际收入比值高出理论比值 117.2 个百分点(不合理差距);与其自身相比,不合理差距平均为 57.29 个百分点。

第六节　对比参照对象的样本选取原则

本研究明确了判断行政垄断性行业收入分配是否合理的参照对象是由市

场经济优胜劣汰条件产生的竞争性行业中的“私有”民营上市公司①,选取参照对象的标准是:

第一,在市场结构上应是竞争性行业;

第二,在所有制性质上应是“私有”的民营上市公司;

第三,其就业人数应是最多或者比较多的;

第四,参照系企业应具有适当的地域代表性,因为行政垄断性行业多是全国范围内分布的。

之所以如此设定,首先是因为中国经济领域改革开放的目标是建立社会主义市场经济体制,让市场在资源配置中发挥“决定性”作用;其次,是因为我们比较分析的目标是行政垄断性行业,那么,参照对象就应当选取与之对比鲜明的代表性私有主导的竞争性行业;再次,作为参照对象的上市公司一般主要集中于城镇,可以有效避免城乡差别,而现有文献表明,城乡收入分配差距是导致全国收入分配差距的主要因素之一;最后,代表性上市公司一般都具有一定的资产规模和经营规模,在行业中都积累了一定的地位和影响力,这保证了我们的研究是“强者与强者”之间的“相对对称”的对比分析,而不是简单的“强者与弱者”之间的“绝对失衡”的对比分析,如此,才具有公允的可比性和公信力。

那么,依据“竞争性、民营企业、就业人数较多、区域分布合理、适当避免城乡差别、资产和经营均具有一定规模”等标准选择出来的参照对象显然更具有经济学意义和实际说服力。

① 上市公司的产权因其股权多元化而成为混合所有制,但处于主导地位股东的产权性质更具有决定意义。

第二章

理论探讨与文献述评

第一节　行业收入分配理论及其他相关收入分配理论述评

马克思主义政治经济学认为按劳分配与按生产要素分配依据的都是生产资料的所有制类型，主流西方经济学的分配理论也都包含该假设，而且，显然，无论是按照什么分配方式和分配原则进行分配，都会产生收入的差别和差距，因为不论是按劳分配所依据的“劳”，还是按资分配的“资”（包含所有生产要素），其初始禀赋、初始界定、衡量方式和方法及标准、动态变动，乃至其国别、地域、行业、市场类型、时间等条件都是有差别的，这决定了初次分配的差别具有客观必然性。而由于生产效率、资源配置效率等后天因素的差异，初次收入分配的差距是一种客观存在，古今中外，概莫如是。为保障效率能够得到有效激励，我们更应关注的是初次分配、二次分配、三次分配乃至后续其他分配的公平性、合理性、可持续性。

一、行业收入分配格局的相关理论

有关行业收入分配格局形成原因解释的有 6 种主要理论：行业垄断理论、人力资本理论、竞争性劳动力市场理论、劳动力市场分割理论、效率工资理论和工会制度理论等。值得注意的是，多数理论都是建立在完全竞争市场假设之下的，即使是行业垄断理论和工会制度理论也是建立在西方的市场经济条件之下的。

(一)行业垄断理论

国内外学者对行业垄断造成收入差距的观点已经达成共识，如托马斯·A.普格尔(Thomas A. Pugel，1980)，岳昌君、吴淑姣(2005)，姜付秀、余晖(2007)，傅娟(2008)，岳希明、李实、史泰丽(2010)，丁启军(2010)，张原(2011)等，认为垄断性行业把凭借垄断地位获得的高额利润转变成了其自身职工的高收入。

(二)人力资本理论

20 世纪 60 年代，美国经济学家舒尔茨(Theodore W. Schultz)和贝克尔(Gary S. Becker)等创立的人力资本理论认为，人力资本是体现在人身上的资本，是对职工进行教育、职业培训等的支出及其在接受教育时的机会成本等的总和，最终表现为蕴含在人身上的各种知识、技能以及健康素质的存量总和。后来，明瑟方程(Jacob Mincer，1974)对工资与人力资本各构成部分的关系进行了模型化研究。显然，人力资本不同会导致收入差距，国内外学者也把该理论运用于行业收入差距原因的研究，认为既然行业收入差异反映了行业间人力资本的差异，那么高收入行业就应该拥有更高的人力资本，反之亦然。但是，在实际研究中，学者们发现，人力资本因素并不能完全解释行业之间收入的差异，剩余不能被解释的原因可能就是行业垄断，如李晓宁(2007)，张原、陈建奇(2007、2008)，伏帅、龚志民(2008)，王忠(2011)等。

(三)竞争性劳动力市场理论

竞争性劳动力市场理论主要包括短期差异说和补偿差异说两种观点。前者认为行业收入差距是劳动力市场对产品市场上的需求变化作出反应的结果，所提供产品的需求增加的行业倾向于支付较高的工资以吸引更多的劳动力，反之亦然；在长期内，随着劳动力供给的变动，劳动力市场会重新达到均衡，收入差异减小并趋于消失。问题是，该观点没有实证研究的支持。

后者则认为行业收入差异是用货币收入来补偿某些行业的非货币特征，以满足经济人效用最大化原则。这些非货币特征如：工作的安全性、稳定性(如失业风险)、工作强度、工作时间、工作愉快程度、上下班路途上所花费的时间等，其中的部分特征会随着行业的不同而存在系统的差异。但是，对职业选择者而言，任何货币收入和非货币收入所带来的效用总和都相等的工作应是等价的，如果某些工作的非货币特征给人们带来了负效用，就应该用相对更高的货币收入予以补偿，于是，就产生了行业间收入的差异。但是，该观点也存在争议(岳昌君、吴淑姣，2005)。

(四)劳动力市场分割理论

劳动力市场分割理论(labour market segmentation theory)或称双重劳动力市场模型，是美国经济学家彼得·多林格尔(P. B. Doeringer)和迈克尔·皮奥雷(M. J. Piore)于20世纪60年代提出的。这里的"劳动力市场分割"指的是:社会和制度性因素的存在形成了劳动力市场的部门差异;而不同人群获得劳动力市场的信息以及进入劳动力市场的渠道是存在客观差别的，这就导致了不同人群在就业部门、职位以及收入模式上会具有明显差异，比较典型的比如在种族、性别、移民乃至行业之间的分层或者分割等。提出该理论是因为传统的劳动力市场理论无法很好地解释劳动者收入差距的不断扩大以及劳动力市场中存在的各种歧视现象，而该理论突出强调了劳动力市场的分割属性，强调制度和社会性因素对劳动者就业和报酬的重要影响。具体来说，就是传统的劳动力市场理论认为工资是由劳动要素的边际生产力决定的，劳动的需求曲线就是劳动的边际产量曲线，而劳动力市场分割理论则认为决定工资的因素是比较复杂的，诸如行业类型、歧视等因素都会导致劳动者的工资差异。

(五)效率工资理论

效率工资理论是研究失业问题的劳动经济学理论，是一种激励与薪酬制度，认为职工的劳动效率与其所获得的收入呈正相关关系。其基本假说就是工资与效率的双向作用机制，认为工资依赖于工人的生产效率，生产效率高的工人就理应得到较高的工资，而工人的生产效率也依赖于工资，工人的行为会受到工资高低的影响。因此，只要厂商支付给员工比其保留工资高得多的工资，就会促使员工努力工作。而厂商支付高工资就能得到职工较高效率的工作回报，从而事实上降低了生产成本，提高了厂商效益。由此，必然产生行业之间收入的差距。但是，国内部分学者如丁启军(2010)的研究证明，行政垄断性行业较高的工资不是源于其高效率，而是源于其对垄断定价的租金分享。

(六)工会制度理论

工会的主要职责是与雇主谈判工资薪水、工作时限和工作条件等。显然，强有力组织的工会可能为其会员谋取更多的利益，从而导致较大的行业间收入差异。欧美国家的工会组织就曾发挥过这种作用[①]，如通用汽车即使在面临2008年金融危机后的严重破产危机时，美国汽车工人联合会（UAW）仍迟迟不同意削减员工的协议，最后2009年6月才“忍痛”向通用做出让步，同意通用提出的削减劳动力成本协议。

二、政治经济学的相关收入分配理论

（一）古典经济学的收入分配理论

古典经济学以亚当·斯密在1776年出版的《国富论》为开创标志，主要代表人物有让·巴蒂斯特·萨伊、大卫·李嘉图、托马斯·马尔萨斯和约翰·斯图亚特·穆勒等。该学派相信经济规律决定着价格和要素的报酬，并且相信价格体系是最好的资源配置办法。其论著中包含收入分配理论的主要有斯密、萨伊和李嘉图，三者都从工资、利润和地租三个角度对收入进行了论述，也都强调了市场供求对价格的影响。不同之处在于，斯密强调劳动创造价值，因此应该参加分配；萨伊则强调了不同部门不同种类的劳动其收入大小应该有所区别——这也为行业收入差距的合理性奠定了一定的理论基础；李嘉图继承了斯密的劳动价值论，建立起以劳动价值论为基础、以分配论为中心的理论体系，从劳动的自然价格和市场价格两个角度论述了工资理论。此外，我们根据李嘉图分析的利润与工资的反比例对立关系可以解释中外企业利润挤占职工工资的问题。

（二）按劳分配和按生产要素分配的马克思主义政治经济学基础

马克思批判地继承了古典经济学，发展成马克思主义政治经济学，它是马克思主义政治经济学的重要来源。根据马克思主义政治经济学原理，按劳分配是在社会主义公有条件下进行个人消费品分配必须遵守的基本原则。而对于那些非公有制的生产资料，则按生产要素的所有权属性进行分配，即生产要素的所有者凭借着对要素的所有权，从生产要素的使用者那里获得经济报酬。这里要素所有者参与分配的依据是就是要素的所有权，分配的对象就是各种生产

---

① 如诞生于20世纪30年代的美国汽车工人联合会（UAW）是美国最大的工会，拥有政治和经济势力，它拥有9亿美元的罢工基金，能够承担得起一场持续两个多月的罢工。1998年通用汽车工人罢工，仅其两个零部件厂罢工54天就带来22亿美元的损失。2007年9月24日，通用汽车7.3万员工发动全国性罢工，最后通用汽车只得签署昂贵的劳资协议，包括建立医保信托基金、保证在美国投资等。此时美国汽车工人每小时55美元（含福利）的收入比在美国南部设厂的日本汽车企业高出25美元，而生产同样车型的中国雇工则只能获得每小时1.5美元，差距35.67倍。百度百科：《工会》，http://baike.baidu.com/view/13759.htm。

要素共同作用所创造出来的价值，分配所依据的标准涉及是按生产要素的数量、质量还是按照其贡献的大小进行分配，在市场经济条件下，具体的分配过程自然应由市场经济自身去解决。

这里无论按劳分配还是按生产要素进行分配依据的都是生产资料的所有制类型，截至 2010 年，在我国登记的就业人员中，国有和城镇集体成分所占的比例超过 54.51%；城镇固定资产投资中国有控股和集体控股的比例超过 47.92%；而在广大农村，土地等主要生产资料仍属于集体所有。这意味着我们坚持了社会主义公有制，那么，这部分所有制形式对应的社会产出符合按劳分配所依据的前提条件，而我们所研究的中国行政垄断性行业显然仍保持了公有制，自然应该实行按劳分配。当然，这同时也意味着其他分配形式存在的合理性，因为非公有制经济是社会主义市场经济的重要组成部分，相应的分配形式自然要体现这种非公有制经济属性。

显然，禀赋差异、效率差异、市场完全竞争化程度差异等不但在中国这样的转轨经济国家是客观存在的，在欧美发达国家也是存在的，收入分配差异在所难免。进而，在中国的公有制经济中，由于这些差异的存在，按劳分配本身必然也会造成收入的差距，何况中国的市场化进程仍在继续，还不很完善。实际情况是，行政垄断、行政干预的大量存在不但扭曲了按劳分配机制的正常运转，而且还影响了市场机制功能的发挥，导致不合理的行业收入差距不断扩大；而反过来，市场经济自身的盲目性、滞后性、自发性等等弊端也将本已存在的收入差距进一步拉大，甚至通过各种手段对抗国家整体收入分配政策的执行，如通过偷税漏税、骗取补贴和政策支持等。

三、传统主流西方经济学——新古典经济学相关的收入分配理论

西方主流经济学在分配问题上强调的是"功能性"分配，即按照产生收入来源的要素进行分配。新古典经济学代表性标志人物阿尔弗雷德·马歇尔(Alfred Marshall)在其"均衡价格论"的基础上，确立了按劳动、资本、土地和企业家组织管理这四种生产要素分配的理论，而该生产要素的价格也取决于其各自的均衡价格。要素的价格理论在现代西方主流经济学中被认为是其"分配"理论之一，因为要素的价格和使用量直接决定着消费者的实际收入水平，而生产要素价格决定的主要理论基础是美国经济学家 J. B. 克拉克所提出的"边际生产率分配论"，他们主张按照生产要素的贡献进行分配。生产要素主要包括土地、资

本和劳动力三种，其价格分别表示为地租、利润和工资，利润就被当作企业家才能的收益，而资本所有者的收益则被当作“利息”，这时，除去政府，参与分配的主体就由三个增加为四个了，收入分配主要发生于土地所有者（地主）、资本家、工资收入者和职业经理人之间，在供求均衡决定的均衡价格基础上，生产要素的价格理论逐步完善起来。

四、收入分配的产权理论解读

根据新制度经济学中的产权理论，产权是经济所有制关系的法律表现形式，具体包括财产的所有权、占有权、支配权、使用权、收益权和处置权。那么，国有资产的产权就是社会主义公有制的法律表现形式，根据《中华人民共和国宪法》第七条的规定：国有经济，即社会主义全民所有制，是国民经济中的主导力量。这意味着其所有权归全民所有，但是“全民”是一个虚置的概念，具体权益由国家指定相关部门或机构来实现。在理论上产权的六个方面是可以分离的，即所有权人可以委托他人或者机构行使占有、使用、支配、收益和处置的权利，问题的关键在于各个权益处置的“度”应该如何把握，以及各权益之间应该如何关联。

那么，占有、使用、支配国有资产的垄断性行业在处理收益问题时其必然的倾向就是尽可能多地获得收益份额，并将之转化为本部门或者本行业的福利，这已引起社会公众较多的关注与争论。问题是具体分配时为何以“占有”权获取“所有”权应得的利益？

公有制条件下的收入分配，当前在具体执行中出现的首要焦点问题就是在分配时，垄断性行业更有可能和动机把对资源的“占有”权与资源的“所有”权混同，因占有资源而享受“拥有”所有权的分配利益，具体表现就是部分垄断性行业依靠其获取的垄断地位将赚取的高额垄断利润中的相当一部分转化成本系统的高工资和高福利[①]。显然，它们凭借对资源的控制——占有、使用、支配和处置，攫取了一部分应归所有者所得的收益，代理人顺便“反客为主”了。

五、委托代理理论对于代理人收入分配问题的解读

委托代理理论是制度经济学中契约理论的主要内容之一，具体到中国的国

---

① 杨伟民：《垄断行业高利润大多转为高工资福利》，《扬子晚报》，转引自新浪网，http://finance.sina.com.cn/g/20091104/12016922156.shtml，2009 年 11 月 04 日。

有资产，就涉及多重委托问题：全民所有的公有制资产委托给国家，国家又委托给国务院国资委或者地方国资委，国资委又委托给具体的各行各业的国有企业。其中中央和地方各级国资委代表国家履行国有企业出资人的职责，负责国有企业资产的监督与管理。一般公众能够意识到的授权者是中央及地方政府，是委托人，但这两级政府的委托人却是全体人民，也就是说全体国民是最终委托人；被授权者是代理人，与委托相对应，有多级代理人，政府是人民的代理人，国资委是政府的代理人，而最终代理人是具体的国有企业的管理层。前者授予后者的决策权就包括占有、使用、支配、收益和处分等等的权利，随后产生的问题必然就是授予权利的过程、程度以及监督的问题，在多重委托代理层级之下，委托代理的效率、效益以及监管与调整必然会成为复杂的问题。

在市场经济中，由于委托人与代理人各自具有不同的利益诉求，这决定了他们的目标函数或者效用函数必然是不一样的。在具体的国有资产委托代理关系中，各级委托人追求的都是自己的权益或者财富更大化，如全体人民追求社会福利最大化——是广泛性与个别性的统一，国家政府以及各级国资委追求施政目标的最大化实现，而最终国有企业的代理人要追求自己的报酬、职务消费、福利乃至奢侈消费和闲暇时间最大化，这必然导致委托方与代理方的矛盾与利益冲突。如果没有有效的制度安排，代理人的行为很可能最终损害委托人的利益。国有企业的分配问题并不是激励相容理论中最终代理人偷懒的问题，而是代理人在追求自身收益最大化的过程中，利用信息的不对称性，为自己和员工攫取超额收益的问题。

六、福利经济学的相关收入分配理论

福利经济学由英国经济学家托马斯·霍布斯（Thomas Hobbes）和庇古（Arthur Cecil Pigou）于 20 世纪 20 年代创立，认为“分配越均等，社会福利就越大”，主张收入均等化，由此出现“福利国家”。

其中，庇古代表的旧福利经济学认为经济福利在相当大的程度上取决于国民收入的数量和国民收入在社会成员之间的分配情况，因此，要增加经济福利，在生产方面必须增大国民收入总量，在分配方面必须消除国民收入分配的不均等。而 N. 卡尔多、J. R. 希克斯、A. P. 勒纳所创立的新福利经济学则反对旧福利经济学的福利命题，特别是第二个命题，反对将高收入阶层的收入转移一部分给低收入群体的主张，甚至反对研究收入分配问题，主张把交换和生产的最

优条件作为福利经济学研究的中心问题。

七、库茨涅茨曲线对收入分配问题的刻画

西蒙·史密斯·库兹涅茨(Simon Smith Kuznets)以其所提出的倒“U”形库兹涅茨曲线著称,但是,该曲线仅是一种假说,尽管比较符合改革开放后中国收入分配的总体情况,可以借此理解中国出现的收入差距扩大化现象,也可以借此预期并预防可能出现的“中等收入陷阱”问题,但是,该理论缺乏其他发展中国家的实证支持。

八、适当收入差距合理性的观点

适当收入差距未必就是不合理的,如中国古代管子的相关收入分配思想就体现了这一点。尽管《管子·牧民》认为:“仓廪实而知礼节①,衣食足而知荣辱。”似乎吃得上饭、穿得上衣就天下太平了,但是,这显然是断章取义,哲学大师弗罗姆就认为:事实是这个时候,问题才真正产生。这意味着解决温饱问题并非解决社会秩序问题的充分条件,充其量只是一个必要条件,毕竟,人类的需求是无限的,而社会资源却是有限的,那么,有限的社会资源必然无法满足无限的人类需求,这就存在一个度的问题。《管子·五辅》提出通过整顿“八经”②,以教会人民懂“礼”,换言之,贫富之间应有适当的差距,正如上下、贵贱等所谓等级差别一样,应是适当存在的,以维系社会秩序。

萨伊(Jean Baptiste Say)的工资理论认为不同种类、不同生产部门的劳动收入其大小受三个因素影响:“一是工作的危险、困难和疲劳的程度,愉快或不愉快的程度;二是工作的定期性或不定期性;三是所需的技巧或才干的程度。”进一步还认为同种类、同部门的劳动工资则应由其劳动的供求关系决定。他甚至主张脑力劳动者的工资应高于体力劳动者,并应实行低工资政策,目的是通过降低劳动力成本降低商品价格,以增加社会消费能力。现代主流西方经济学的要素分配理论,其政策结果也是必然存在收入的差距。

即使马克思主义政治经济学所主张的按劳分配本身也会造成一定的收入差距。邓小平说:“要有奖有罚,奖罚分明。对干得好的、干得差的,经过考核给

---

① 管子所指的“礼”指的是维持社会秩序的约束条件或者方式方法。

② 八经指的是:“上下有义,贵贱有分,长幼有等,贫富有度,凡此八者,礼之经也。”

予不同的报酬。”[①]他还说：“一部分地区、一部分人可以先富起来，带动和帮助其他地区、其他的人，逐步达到共同富裕。”很显然，尽管要避免两极分化，但是收入差距不但应该适当存在，而且还有先后顺序。

叶林祥、李实、罗楚亮(2011)认为，如果某些企业职工因其人力资本质量更高、工作环境更艰苦或者在市场竞争中有更好的效率表现，那么，由此获得的高工资往往被认为是合理的。但是，如果这些企业的高工资仅来自其对市场的垄断，这种高工资则是不合理的，后一种情形普遍被社会公众所反对。

九、收入差距均等化的观点

庇古认为收入分配越是均等化，社会福利就越大。典型的分析是他把边际效用递减规律推广到货币上来，断言高收入者的货币边际效用小于低收入者的货币边际效用。因此，将富人的货币收入向穷人转移，就会使社会总经济效用增加，从而收入分配趋于合理，导致社会福利增加；而反过来则是不合理的。具体政策就是国家通过累进所得税政策，把从富人那里征得的税款用来举办社会福利设施，让低收入者享用。但是，显然这也有违公平原则，因为该政策具有奖懒罚勤的倾向。

另一个曾被学者们借用于论证收入分配均等化的论据是短板理论，该理论由美国管理学家彼得(Laurence J. Peter)提出，该观点的局限性在于，它仅仅强调收入最低者在衡量整个社会或者部分团体的平均收入水平时的重要性，是一种静态思考，并不能恰当表达最长的那根木板的带动作用，也无法体现大部分长度差不多的木板的作用，最关键的是它没有重视层级差距所起到的激励作用，与管理学中有关薪酬激励的主要观点并非是从同一个角度研究问题。

第二节　行业收入分配差距的相关研究

一、测度行政垄断性行业对全国收入分配差距贡献度的相关研究

(一)认为行政垄断是造成收入差距存在和扩大的重要原因

目前学界已经比较认同行政垄断是造成收入差距存在和扩大的重要原因，

① 《邓小平文选》第2卷，人民出版社，1994年第2版。

与本研究接近的研究如任重、周云波(2009)认为政府的行政性垄断是形成我国行业收入差距最主要的因素，其测算的1999—2007年垄断及部分垄断对我国行业收入差距的贡献合计达到了65%左右，而行业就业规模和人力资本水平的贡献很小，不足10%，但是该测算是基于行业大类数据，过于笼统。

(二)测量指标的选择

在测度收入分配不平等的诸多指标中，基尼系数、变异系数、泰尔指数、Oaxaca-Blinder方法和明瑟人力资本模型等的应用比较广泛。基尼系数主要用于总体情况的判断，黄泰岩、王检贵(2000)认为它不能用来测度行业间的收入差距，因为行业数量与人口数这两个指标具有质的不同，不能以累计行业数比率作为洛伦兹曲线的横轴，而为测算基尼系数就必须使用洛伦兹曲线，该曲线无法依据量纲相统一的原则画出来；但是，管晓明、李云娥(2007)和郭娜、祁怀锦(2010)都测算了行业基尼系数，其行业划分方法值得商榷。对于本书研究的行政垄断性行业收入差距情况显然也不能使用基尼系数，毕竟，行政垄断性行业之间也是有差距的，无法按照行业数或者行业人口制作洛伦兹曲线的横轴。黄泰岩、王检贵(2000)认为变异系数可以计算行业平均工资的离散程度，能够较好地反映收入的行业差距，而且数据也便于处理，但是该指标仍然只能反映总体情况，不能反映行政垄断性行业与其他行业的差距，也就是它对某个类型的行业无法单独反映。

泰尔指数由泰尔(Theil，1967)最早提出并被广泛应用于不平等情况的研究，布吉尼翁(Bourguignon，1979)认为它是唯一可分解的不平等测度方法，夏洛克斯(Shorrocks，1980)分析证明了其可加分解性及其严格假设，黄泰岩、王检贵(2000)认为泰尔指数适用于区域间、行业间收入差距情况的测度，并且认为泰尔指数是测量行业收入差距和地区收入差距最合适的指标。但是，我们发现，国内常见的引用泰尔指数的文献提供了不同的公式形式，比较典型的如黄泰岩提供的泰尔指数公式是 $T=\frac{1}{N}\sum_{i=1}^{N}\log\frac{\overline{Y}}{Y_i}$[①]；林宏、陈广汉(2003)提供的泰尔指数公式为 $T=\sum u_i\ln(nu_i)$[②]；万广华(2008)提供的泰尔指数公式为 $T_0=$

① 其中，N 是行业总个数，Y_i 是第 i 个行业的人均工资收入，$\overline{Y}$ 是 Y_i 的平均值，也就是全国平均的行业收入。

② 其中，u_i 是第 i 个行业人均收入占各行业人均总收入的比例，n 是行业总个数，并给出了一个泰尔指数的取值区间(0，log(N))。

$\sum_i p_i \ln \frac{\overline{T}}{Y_i}$ 和 $T_1 = \sum_i p_i \frac{\overline{Y}}{Y_i} \ln \frac{\overline{Y}}{Y_i}$①;等等。泰尔指数公式形式的不同源于广义熵指数或者普通熵指数(generalized entropy,GE)中常数项取值为 0、1 或者其他值的不同,以及由于推导情况不同而给出了不同的公式形式,一般常用的就是常数项取 1 时的公式,而根据研究的需要,泰尔 T 指数对于上层收入水平的变化比较敏感,而泰尔 L 指数对底层收入水平的变化敏感。

(三)泰尔指数有下限而没有上限,其取值过程及大小存在"争论"

对于泰尔指数的取值区间,多数文献仅给出了其下限,即收入绝对平等时为 0,而没有给出具体上限的数值,这主要是因为不平等的上限往往因算法不同而有不同的取值。考埃尔(Cowell,2009)给出的是 $\log(n)$,但是这将导致泰尔指数测度的收入差距受样本(即 n)大小的很大影响,因为在收入绝对不平均的情况下,泰尔指数取得最大值 $\log(n)$,显然 n 越大,泰尔指数会越大,而收入都是绝对不平均,泰尔指数数值却不同(夏华,2007);陈光金(2010)和杨骞、刘华军(2012)给出的区间是(0,1)。此外,我们还注意到,公式中使用的对数使用 log()和 ln()会产生较大的差异,因为前者默认使用的是以 10 为底取对数,后者默认以 e 为底取对数。

(四)其他测量指标的优势与局限性

另一种可满足收入贡献度测算的方法是 Oaxaca-Blinder 分解法,其测算的对象是两组人群平均工资的差异,并且以回归分析结果为基础实现。吕康银、王文静(2008)使用该方法对垄断性行业和非垄断性行业收入差距的原因进行了测算,认为差距的 51.63%不能被劳动者特征差异解释,而归结为行政垄断所致,但是其在做行业分类时把科学研究等部分事业单位划分为垄断性行业,而教育、公共管理和社会组织划分为非垄断性行业,问题是党政机关难道不是垄断的吗?显然其行业类别存在混淆嫌疑,其测算结果也就值得商榷;岳希明、李实和史泰丽(2010)对垄断性行业的划分较为合理,其测算发现垄断性行业与竞争性行业之间收入差距的 50%以上是不合理的,稳定性检验也验证了这是由该行业的垄断地位造成的,这一结论与马欣欣(2011)比较接近,但后者更强调未被解释部分中的主要因素是劳动者进入垄断性行业的机会、受教育程度、非正式就业等。该方法的缺点是对于数据的要求比较细致和苛刻,把所有行业一分

---

① 其中,p_i 为人口比例。

为二的分组模式也过于简单，而且，该方法研究的是收入差距不合理部分的构成问题，该结果并不能代表行政垄断性行业对全国收入分配差距的贡献度，因为在行政垄断性行业的收入差距中确实存在一定比例的合理因素，如石油、电力、铁路、燃气等行业普遍存在的职业风险应该得到适当的经济对价。

使用明瑟模型测度行业收入差距的有李晓宁、邱长溶（2007），余向华、陈雪娟（2010），王忠、李彩燕（2011）等，但没能给出具体的贡献度。

二、对行政垄断性行业与竞争性行业内部收入差距的相关研究

如果以公司经营绩效或者公司运营效率的提高还是降低作为评价收入差距是否合理的标准，管理学中的锦标赛理论（tournament theory）和行为理论得到了不同的结论，张正堂（2008）认为实际企业管理活动是复杂的，其实证研究证明，行为理论更适应中国企业高管团队之间的比较，但是，如果企业技术更加复杂、企业规模变大时，高管团队之间的薪酬差距如果适当拉大反而有助于提高公司的未来绩效。他同时证明，高管与员工薪酬差距整体上对公司的未来绩效影响并不显著。而国外学者如伦纳德（Leonard，1990），昂、豪泽、劳特巴赫（Ang，Hauser，Lauterbach，1998）和康尼昂、佩克、萨德勒（Conyon，Peck，Sadler，2001）等等都在研究后发现薪酬差距与企业绩效都没有关系，把两种理论都否定了。可见，两种理论在实证研究之后给出了相悖的结论。

（一）锦标赛理论

锦标赛理论（或称竞赛理论、标尺锦标赛理论，yardstick competition theory）是由拉泽尔和罗森（Edward P. Lazear & Sherwin Rosen，1981）提出的，罗森（Rosen，1986），安德鲁·亨德森和詹姆斯·弗瑞德里克森（Andrew Henderson & James W. Fredrickson，2001）等的后续的研究也一再支撑这一理论。林浚清等（2003）研究的结果就支持薪酬激励的锦标赛理论而不是行为理论。闫威（2010）认为它是一种激励机制的研究，可以减少各种不确定因素的影响以降低监督成本并提高绩效产出。张正堂（2007）认为竞赛理论不仅分析高管人员薪酬水平的决定，而且更强调高管薪酬显著高于其他管理层级人员的特殊意义。近年来，学者将之运用于公司内部高管之间的薪酬设计研究，但是，却得出了截然不同的结论，如：胥佚萱（2010）研究发现样本上市公司的薪酬差距安排与业绩显著正相关，支持锦标赛理论；王永乐等（2010）研究发现，在中国特色的集体主义和高权力距离的激励约束条件下，不同组织层级之间员工的薪酬差距

与企业绩效是正相关的，二者还呈现二次曲线关系，而且随着组织层级的提升，薪酬差距呈扩大趋势，说明支持锦标赛理论；鲁海帆(2011)发现在风险从极低到极高不断增加的过程中，高管团队内部的薪酬差距扩大对公司未来业绩会产生先抑制后促进的作用，实际上也是支持锦标赛理论。陈冬华等(2010)通过研究556家国有非上市公司发现，在工资具有弹性的样本中，工资增长与业绩增长显著正相关，工资增长对职工具有正向激励作用。其他支持竞赛理论的还有陈震(2006)、张晨宇(2012)等。

王亚玲等(2005)则通过对比分析中美两国最高代理人的选择机制和薪酬对中美最高代理人的激励效应，认为与美国相反，中国当前行政指派代理人的机制和薪酬对代理人的弱激励效用无法满足锦标赛理论的两个前提条件，因此，认为锦标赛理论并不适用于当前的中国上市公司，也就不能将加大薪酬差距以提高公司绩效的办法简单应用于中国最高代理人的薪酬激励实践。张正堂(2007)也认为由于文化差异，竞赛理论的解释能力在我国是有限的。

(二)行为理论

行为理论包括分配偏好理论、社会比较理论、相对剥削理论和组织政治学理论等分支。卢瑞(2007)发现在管理层权力比较大的公司中，高管团队内部的薪酬差距和核心高管与全体员工的薪酬差距都更大了，但其业绩并没有变得更好；鲁海帆(2007)发现在公司施行多元化战略中，各业务间相关程度的加大和业务种类数量的增加一方面提升了高管层之间的薪酬差距，同时，却会降低薪酬差距对业绩的激励作用。其他还有张正堂等(2007)、王永乐等(2010)、刘小刚(2010)的研究结果也都支持行为理论。

(三)认为薪酬差距与股权性质的相关性很高的研究

张正堂(2008)认为对于规模较大、技术复杂性较高的企业而言，适当拉大薪酬差距有助于促进企业的未来发展，但是，如果最终控制人类型是国有企业时，情况则相反，需要适当压缩高管与员工的薪酬差距。陆正飞等(2012)研究发现国有企业支付的职工工资比非国有企业高，而且，中央政府控制的国有企业其普通职工的工资显著高于地方政府控制的国有企业，而地方政府控制的国有企业职工工资又显著高于非国有企业，此外，就高管薪酬而言，国有企业与非国有企业并无显著差异，但是，中央政府控制的国有企业高管薪酬显著高于地方政府控制的国有企业和非国有企业，这说明股权性质和股权性质的层级(中央和地方)都会影响薪酬差距。这就解释了为何大学毕业生偏好选择国有企业而不是民营企业,而且,对中央企业更是趋之若鹜。宋德舜(2004)发现样本国有企业中董事长是公司最高决策者,仅有政治激励能显著改善绩效,诸如金钱激励、国有股权性质、两职合一、债权人治理等因素都和绩效没有显著相关性,部分地解释了国有企业特别是中央企业与政府官员之间的"旋转门"(revolving door)现象。

(四)关于高管薪酬与员工薪酬差距的研究

也有学者将竞赛理论和行为理论运用于公司内部高管与员工之间的薪酬差距研究,如张正堂(2008)发现高管与员工之间的薪酬差距对组织未来绩效没有显著的影响;而胥佚萱(2010)使用公司前三名高管平均薪酬与员工平均薪酬的比值作为一个计量薪酬差距的指标,研究发现高管与员工之间的薪酬差距与业绩显著正相关,而且民营企业的差距也显著高于国有企业,支持竞赛理论;王永乐等(2010)也支持竞赛理论。

三、非工资性收入差距的相关研究

(一)非工资性收入的含义与范畴

经济学、管理学并没有对非工资性收入给出直接的定义,只能通过工资的定义进行推导,而且,现有法律法规、其他文献也没有给出明确的定义,我们只能通过现有文献对此展开研究。我们发现,它显著区别于隐性收入、灰色收入和黑色收入等概念,但与工资外收入有所接近,而且,对它的认识具有鲜明的时代烙印,并随着时代的发展而不断细化、深化和明确。

1. 经济学的诠释

政治经济学原理认为,在资本主义条件下,工资的本质是劳动力的价值或价格,它不是劳动的报酬,更不是工人全部劳动的报酬;而在社会主义条件下,社会主义工资是社会主义全民所有制企业和一部分集体所有制企业根据按劳分配的原则,以货币形式支付给职工个人的劳动报酬的基本形式,其一般意义就是产品中归生产者占有的那部分个人份额。那么,在资本主义条件下,非工资性收入就应是资本家发放给工人的原本被资本家侵占的那部分劳动的报酬的一部分,其本质,仍是工人创造的剩余价值,是全部劳动报酬的一部分,只不过是以非工资的形式发放给了工人;在社会主义条件下,它一般就是指非货币性收入部分。而西方微观经济学直接认为工资就是劳动力(劳动要素或者闲暇)的价格,指的是劳动付出的全部对价,也没有对它的构成进行任何区分。

2. 管理学的诠释

人力资源理论①对薪酬的定义为:企业向员工提供的用以吸引、保留和激励员工的报酬,具体包括工资、奖金、福利、股票期权等,而劳动报酬(labor remuneration)一般是指劳动者付出体力或脑力劳动所得的对价,体现的是劳动者创造的社会价值。这里的对价指的是一一对应的关系,付出与所得相对应。

可见,这里薪酬与劳动报酬的概念基本一致,都涵盖了工资性收入和非工资性收入,薪酬概念把奖金、福利、股票期权等当作了非工资性收入,构成了薪酬的一部分;劳动报酬涵盖的范围更加全面,是劳动者全部付出的对价,既包括工资,也包括奖金、津贴、补贴等货币性收入,还包括实物报酬和社会保险等。

3. 现有法规或文件对非工资性收入的规定

对于非工资性收入界定的有关法规主要是国家统计局和原国家劳动部(2008 年 3 月并入人力资源和社会保障部)做出的,从内容上看,两者的规定基本一致。

(1)国家统计局的规定

根据国家统计局《关于工资总额组成的规定》②,工资由六个部分组成:“计时工资、计件工资、奖金、津贴和补贴、加班加点工资、特殊情况下支付的工资。”而国家统计局发布的《中国统计年鉴》中对工资总额的解释为:“指各单位在一定时期内直接支付给本单位全部就业人员的劳动报酬总额,包括职工工资总额和其他就业人员劳动报酬总额。工资总额的计算原则应以直接支付(而不是间接,显然不包括五险一金等内容,笔者注)给就业人员的全部劳动报酬为根据。”而且,“各单位支付给就业人员的劳动报酬以及其他根据有关规定支付的工资,不论是计入成本的还是不计入成本的,不论是按国家规定列入计征奖金税项目的,还是未列入计征奖金税项目的,不论是以货币形式支付的还是以实物形式支付的,均包括在工资总额内。它与报告期全部职工平均人数相比就是平均工

① 一般认为用人单位在生产或者服务过程中支付给劳动者的全部报酬一般包括三部分:一是货币工资,包括以货币形式直接支付给劳动者的各种工资、奖金、津贴、补贴等;二是实物报酬,即用人单位以免费或低于成本的价格提供给劳动者的各种物品或服务等;三是社会保险,指用人单位依据社会保险法为劳动者直接向社会保险部门支付的养老、医疗、失业、工伤、生育等保险金。

② 国家统计局:《关于工资总额组成的规定》,http://www.stats.gov.cn/tjfg/xzfg/t20020702_24265.htm。

资。”

那么，工资总额不包括的项目就是本研究所指的非工资性收入，既包括劳动力要素的收入，也包括资本要素、知识要素等的收入，国家统计局共列出了14项，其中，第2、3、4、6、9、10和14项是本研究关注的重点[①]。

(2)原国家劳动部的规定

根据原国家劳动部《关于印发〈关于贯彻执行《中华人民共和国劳动法》若干问题的意见〉的通知》(劳部发〔1995〕309号)的相关规定，《中华人民共和国劳动法》中的“工资”指的是：“用人单位依据国家有关规定或劳动合同的约定，以货币形式直接支付给本单位劳动者的劳动报酬，一般包括计时工资、计件工资、奖金、津贴和补贴、延长工作时间的工资报酬以及特殊情况下支付的工资等。”同时阐述了劳动者的以下劳动收入不属于工资范围：“一是单位支付给劳动者个人的社会保险福利费用，如丧葬抚恤救济费、生活困难补助费、计划生育补贴等；二是劳动保护方面的费用，如用人单位支付给劳动者的工作服、解毒剂、清凉饮料费用等；三是按规定未进入工资总额的各种劳动报酬及其他劳动收入，如国家根据规定发放的创造发明奖……”这可以看作是对非工资性收入的说明。还特别规定：“‘工资’是劳动者劳动收入的主要组成部分。”对于工资的具体形式，《工资支付暂行规定》(劳部发〔1994〕489号)第五条规定：“工资应当以法定货币支付。不得以实物及有价证券替代货币支付。”该规定显然是为了禁止以实物替代货币工资尤其是超发福利的现象。

---

① 1. 根据国务院发布的有关规定颁发的发明创造奖、自然科学奖、科学技术进步奖和支付的合理化建议和技术改进奖以及支付给运动员、教练员的奖金；
2. 有关劳动保险和职工福利方面的各项费用；
3. 有关离休、退休、退职人员待遇的各项支出；
4. 劳动保护的各项支出；
5. 稿费、讲课费及其他专门工作报酬；
6. 出差伙食补助费、误餐补助、调动工作的旅费和安家费；
7. 对自带工具、牲畜来企业工作职工所支付的工具、牲畜等的补偿费用；
8. 实行租赁经营单位的承租人的风险性补偿收入；
9. 对购买本企业股票和债券的职工所支付的股息(包括股金分红)和利息；
10. 劳动合同制职工解除劳动合同时由企业支付的医疗补助费、生活补助费等；
11. 因录用临时工而在工资以外向提供劳动力单位支付的手续费或管理费；
12. 支付给家庭工人的加工费和按加工订货办法支付给承包单位的发包费用；
13. 支付给参加企业劳动的在校学生的补贴；
14. 计划生育独生子女补贴。

4. 上市公司年报对非工资性收入的说明

一般上市公司年报对“职工薪酬”的解释是：主要包括工资、奖金、津贴和补贴、职工福利费、社会保险费及住房公积金、工会经费和职工教育经费等其他与获得职工提供的服务的相关支出。可见，这里的职工薪酬指的是全部劳动的报酬，具体细目列示在年报“财务报表附注”中。而且，支付给职工的全部报酬（含工资性收入与非工资性收入）与现金流量表中“支付给职工以及为职工支付的现金”项目基本一致，又与财务报表附注“应付职工薪酬或者职工费用”项下“本年减少或者本年支出”栏目总额基本一致。其中，工资、奖金、津贴和补贴直接发放到职工手中，供职工现期自由支配使用，而其余部分则或统一使用，如职工福利费、工会会费和教育经费，或者用于职工退休后远期使用，如社会保险等。

5. 与隐性收入的差别

隐性收入的特征就体现在其“隐性”上，就是指一般情况下难以被人察觉的收入，或称为处于隐蔽状态、不为人知的收入。对其涵盖的范围，学界争论较多，陈彦玲（1990）把它与非工资性收入相混淆了，简单地把工资之外的收入都化为了隐性收入，持此观点的还有宫希魁（1992）等，但是，经过工资制度的数次改革和变迁，在现实历史条件下，奖金、补贴、实物发放等已经不再被认为是隐性收入了，已经变成了可以货币化的显性收入了，如当前上市公司依据现行的会计准则已经把它列示在年报相应的会计科目下，这几个项目已经“无从隐遁”了，那么，就不应该再被视作隐性收入了。

“《隐性收入研究》课题组”（1995）从国家、企事业单位和个人角度对隐性收入曾进行过细致的研究与梳理，其对个人隐性收入的划分更值得借鉴，既包括个人从事地下或者非法经济活动获得的经济利益，还包括个人从单位侵占的国家或者集体利益，以及个人从单位分配的单位所侵占的国家或者集体利益。沈时伯（2007）认为：“显性收入是指公开的账面收入，包括账面上记载的或申报纳税的工资收入、实物收入、房租收入、金融资产收入、合法经营性收入等；而隐性收入是指未公开的账外收入，包括账外存在的个人福利、隐性财产收入、灰色收入与黑色收入等。”刘植荣（2012）认为隐性收入包括广泛，一切与职务有关的便利得利都属于隐性收入。可见，学者们所研究的隐性收入已经超越了个人从单位获得的收入，包括各种从单位之外获得的合法或者非法的未被统计的收入。

6. 与灰色收入的差别

学界对于灰色收入的概念争论颇多，林喆（2010）认为：“‘黑色收入’是不法收入；'白色收入'是公开透明的收入，是合法的；'灰色收入'是介于这两者之间的收入。"并将"灰色收入"的特点总结为："来路不明、没有记录在案、没有纳税、游离在申报之外的个人隐秘收入。"薛澜（2010）认为灰色收入应该分为既不合法也不合理的收入和合理但不规范的收入两种。王小鲁（2010）在其著名的《灰色收入与国民收入分配》研究报告中认为隐性收入包含灰色收入，依据就是其论断："隐性收入数额巨大且分布高度集中，其主要部分不能看作正常的统计遗漏，而是灰色收入。"他认为灰色收入主要指两种情况，一种是法律法规没有明确界定其合法或非法的收入，也包括那些违规违纪但不违法的收入；另一种是实际上非法，但没有明确证据证明非法的收入。并认为："两者都是因为制度或管理不健全、存在大量漏洞造成的。"

7. 非工资性收入的广义与狭义之分，以及与"工资外收入"的差异

从广义上讲，工资之外的收入可以全部界定为非工资性收入，它包括各种灰色收入、隐性收入甚至黑色收入，使用该概念的有齐兰（1990），张淼（1994），马俊帮、叶世衍（1996），杨立学（1997），尹志超、甘黎（2010），宇文盛（2012）；而从狭义上讲，它仅指在职职工在单位获得的除工资性收入之外的各种员工福利、社会保险、教育经费、工会经费、住房公积金或者住房补贴等等。前者在 20 世纪 90 年代被广为接受，随着时间的演化，后者逐渐被人们所认知。

与非工资性收入比较接近的另一个概念是工资外收入。左春文（1989）从居民的角度对工资外收入的含义进行了广义和狭义的界定，将其限定在城镇居民收入的范围，主要包括正常工薪收入人员的工资外收入、城镇个体工商户的收入，以及私人、私营企业主及其雇员的收入等，这是广义的工资外收入。那么，显然，没有"工资"的农村居民，其收入则谈不上工资外收入。他认为狭义的工资外收入是指公职人员（即国家职工）的工资外收入，包含从单位和单位以外两条途径获得的收入，并没有进一步说明这两条途径的合法性问题。显然，这两种界定的出发点是"工资"，是根据获得工资的对象进行划分的。

而陈炳才（1991）则认为工资外收入应是指"在职职工"的工资外收入，而不应包括非在职人员，如城镇个体户，离退休人员，城镇待业、失业人员等，而且，他还认为不以"收入"形式存在的各种福利或享受则不算作工资外收入。那么，在职消费的折算额显然就不算工资外收入，而众所周知，在中国实际经济生活中尤其是国有经济单位中，在职消费所占比例并不低。与左春文不同，他把"职工"的范围进一步扩大到了各种所有制性质单位。邹乐群和陈迪平（2000）也把

定义限制在了职工的范围。还有田原、林玳玳和高毅蓉(2008),也遵循了这一限定。梅爱冰和潘胜文(2011)认为国有企事业单位超额滥发给员工的季度奖、半年奖、年终奖等都不是真正意义上的工资,而应属于工资外收入,这显然与国家相关规定有出入,但是,他也把工资外收入限定在在职"职工"所获得的部分。

8."社会保险"项目是否算作非工资性收入的争论

仇雨临(2013)认为"社会保险"项目不能算作非工资性收入,因为它是"支出"项目而不是"收入"项目。并认为行政垄断性行业职工之所以获得了较高的养老金和医疗保险等是因为有其他的补充养老和补充医疗等项目,尽管统计显示其交得较多,但是由于社会统筹即二次分配的原因,其所对应的收入却是跟竞争性行业职工是一致的。该观点与年报的相关表述有所出入,与管理学中"劳动报酬"的概念也有所出入。问题在于,社会保险毕竟最终会转化为职工的收入,若完全将之剥离就不能全面地、发展地、综合地反映职工所获得的总收入。

(二)其他相关研究

国内当前针对非工资性收入的相关研究较少,尤其是罕见详细的数据统计资料,国外更是罕有针对非工资性收入的专门研究。

1. 部分既有研究的数据来源中缺少上市公司年报,而年报相对更加系统、细致,口径前后统一

现有非工资性收入的研究,其数据来源主要有 4 个,一个是研究机构或者团队自主设计进行的问卷调查,如中国人民大学社会学系和香港科技大学社会科学部联合主持的中国综合社会调查(CGSS),陈磊(2011)使用了该数据库;再如王小鲁(2012)主持的城镇居民收入与消费状况调查,并将其调查结果用于《灰色收入与国民收入分配》研究报告;再如西南财经大学中国家庭金融调查与研究中心发布的中国家庭金融调查数据(CHFS);等等。一个是使用美国北卡罗来纳大学人口中心与中国预防科学医学院联合进行的大规模的社会健康调查"中国居民健康和营养调查"(China Health and Nutrition Survey,CHNS),如张原、陈建奇(2007),尹志超、甘黎(2010)。一个是使用统计部门提供的统计年鉴或者统计数据,如张淼(1994)使用《上海统计年鉴》的相关调查数据,再如国务院"收入分配问题和对策"课题组也使用了统计局的数据。最后一个是借助于计量模型等办法进行推算,如王小鲁(2012)。此外左春文(1989)还曾引用过中国人民银行和原国家计委有关部门测算的工资外收入,但该数据罕见于其

他文献。这些方法或独立使用，或交叉综合使用，但是，目前还没有利用上市公司年报中相关数据的研究。

尽管上市公司的年报数据也因存在诸多问题而饱受争议，如为了一份亮丽诱人的年报而进行虚假信息披露、“粉饰”财务数据等，采取的手段如使用模糊性词汇、偶然性出售资产、获得政府补贴、回收投资收益、申请债务豁免，甚至采用会计数据造假、违规跨期调整等等非法行为，但是争议往往仅止于争议本身，上市公司年报的优点也不容抹杀：依据规范的财务会计准则定期公布、经过合法的会计师事务所审计并出具规范的审计报告，因此，仍具有较高的可信度。吴靖烨（2010）使用了银行业 2008 年上市公司年报收入数据，梅爱冰和潘胜文（2011）使用了 2007 年银行业上市公司的收入数据，但是，这两篇文章没有给出具体工资外收入的测算结果，其研究停滞于“推断”，事实上，2007 年及以后的年报一般都提供了详细的数据。

2. 既有研究对非工资性收入来源的判断争议颇多，但归结到一点则是市场经济体制不健全

左春文（1989）研究发现，20 世纪 80 年代末职工的工资外收入（显然包含本书所指的非工资性收入）增长超过了职工工资收入的增长，部分原因就是价格的双轨制产生的“租金”。齐兰（1990）认为工资外收入非正常增长的原因有四个，首先就是改革开放后由于市场机制、法律机制等不完善、不健全，企事业单位为了弥补诸如价格双轨制、调控不力等因素造成的社会收入分配不公，增加了工资性收入的多样性和大量性。陈炳才（1991）则认为工资外收入超过经济增长速度一是因为利率政策欠妥当，不但利率水平过高，而且计息方式也不科学；二是因为现有企业管理不科学，缺乏自我约束机制；第三就是工资外收入的利益垄断，而这又是政策存在漏洞所致。马俊帮、叶世衍（1996）认为优势行业（如金融、铁路、电力等）和特权部门工资外收入过高，原因就在于市场机制不健全、法规不健全、财务监控不健全等，一些部门的非工资性收入甚至超过工资，显然是借助于行政垄断力量获得的。张原、陈建奇（2007）仅从收入分配差距的角度进行解释，强调了所有制性质是造成非工资性收入差距的重要原因。

邹乐群和陈迪平（2000）把国有垄断企业工资外收入增长过快的主要原因归结为行政垄断，有了垄断造成的丰厚利润的保障，再加上现代企业制度不健全、国家调控不善、监管乏力等原因。这与梅爱冰和潘胜文（2011）的判断比较接近，但后者对利润留存和工效挂钩制度的批判有失偏颇，因为在 20 世纪 90

年代前后，国有企业包括现在备受争议的行政垄断企业经营困难，国家出台这一制度正是为了通过刺激劳动者积极性来提高国有企业经营效益、搞活国有经济，这一历史背景不应被忽略。

3. 非工资性收入往往被视作“福利待遇”，一方面，有助于员工稳定、维持和调动员工的劳动积极性，吸引优秀人才；另一方面，其非正常增长的后果一般都认为是负面的

一般职工把在单位获得的除工资之外的所有收益都视作“福利待遇”，显然，这里的福利待遇是在广义上讲的，与企业财务报表中的“员工福利”在范畴和含义上有质的区别。陈东琪(1994)认为中国 1988 和 1992 年政府两次“砸三铁”改革中途停止的原因就是职工不愿意放弃巨大而且稳定的非工资性收入，这些非工资性收入包含国家财政提供的各种物价补贴，包含双轨制价格差、住房福利等，可见当时国有制部门非工资性收入对劳动者的吸引力之大。

非工资性收入过度增长的后果已经引起了学界警觉，如马俊帮、叶世衍(1996)认为它过高会影响劳动力合理流动、影响社会稳定、影响国家宏观调控乃至正常的经济秩序、恶化社会风气。邹乐群和陈迪平(2000)认为它会导致国有资产流失，背离按劳分配为主，体现效率优先、兼顾公平的原则，降低劳动效率，进一步加大行业之间的收入差距，导致社会收入分配的不公，有违社会主义的本质。除此之外，梅爱冰和潘胜文(2011)也认为当前垄断性行业职工非工资性收入过多过滥，成为导致垄断性行业职工收入过高的重要原因之一。

四、行业间收入差距合理化数量标准的相关研究

目前学界关于行业间收入分配差距合理化数量标准的研究相对较少，现有文献一般围绕着评价指标和评价方法展开研究与测度，而对于适度性大小的判断主要基于效率与公平这个标准展开。

在行业收入差距适度性合理与否的价值判断问题上，学界争议较大，但都以效率和公平作为重要评价指标。傅吉奎(1997)直接认为行业收入差距是否合理的动态标准是行业职工的收入是否平均化，以及收入差距是否与各行业职工的投入或者贡献差别一致。显然，以“平均化”作为评价标准是值得商榷的，因为会否定各行业之间的固有差别，而以劳动贡献作为标准也会缺少其他因素的影响。国家计委宏观经济研究院课题组(2002)将收入差距是否激励经济增长和公众主观承受力高低两个指标作为判断收入差距适度性的两个基本原则，

显然，其经济增长原则强调的是收入差距的积极作用，这与改革开放所倡导的“打破平均主义大锅饭”的提法是一致的，但是，以公众主观承受力作为另一个基本原则也是值得商榷的，因为“主观承受力”本身就隐藏着对不合理差距的忍耐，而对于不合理差距大小的判断显然是主观的、动态变化的，个人忍受力高绝对不一定就意味着差距是合理的，而忍受力低也并不意味着差距是不合理的。任红艳(2006)从促进经济增长和保持社会公平和稳定的角度，认为收入差距的适度性就是指一定时期社会成员之间在经济活动中所形成的可支配收入在数量上的差距与社会发展和稳定之间所取得的一种协调状态。显然，这种协调状态具有主观性和动态变化性，因为不同历史阶段社会成员的评价和承受力是不同的，即使是严重不合理的收入差距，只要社会能够保持稳定——即使这种“稳定”的成本非常高昂，甚至超过该国国防费用，那么，这种收入差距也是“适度的”。刘承礼(2008)从公平与效率侧重点不同的历史演进过程，论述了收入分配适度性的公平与效率标准问题。王少国、王镇(2009)仅仅以“经济效率”作为城乡收入差距适度水平的理论判断标准，并进行了实证检验。

在行业收入差距测度的评价指标问题上，姚芳、姚萍和孙岩林(2004)使用行业劳动评价标准，选取了四个行业劳动测评要素，即行业平均劳动技能、行业平均劳动强度、行业平均劳动条件和行业平均劳动责任——这四个要素比较贴合实际情况，然后借助于模糊数学和层次分析法建立了一个行业劳动综合评价模型，最后采用专家赋分的办法，对建筑业、教育行业和电力业进行了行业劳动评价，结论是这三个行业的工资比例关系是 1：1.24：1.43。问题是专家赋分的办法受所邀请专家自身学识、经历、视野、心胸等等主观因素影响，局限性较大，给出的分值必然具有较大的随意性，不一定真正具有代表性。杜辉(2008)首先强调应承认行业收入差距存在的客观性，其设定的五个影响行业收入的因素中，前三个与姚芳等的基本相同，此外又增加了职业风险和受教育程度两个因素，然后给每一种影响因素进行了赋值——该赋值具有较大的主观性，此后按照主成分分析方法，采取专家赋分的办法给各因素在总收入中的影响权重进行了赋分——显然，再次增加了专家的主观因素，最后测算得到了 19 个不同行业的“合理”收入差距系数。显然，两次主观性较强的赋值必然会影响最终的测算结果。孙敬水、黄媛媛(2012)利用因子分析法和模糊数学中的隶属函数协调度模型方法，给出了一个比较系统详细的行业收入差距评价指标体系，然后以浙江省为例进行了行业收入差距的测度，并给出了价值判断。

五、对行政垄断阻碍劳动力在两种类型行业间转移以消除收入差距的相关研究

一般认为，户籍制度、行政垄断性行业中的劳动力进入壁垒等因素是导致劳动力“逆工资趋向转移”的主要原因，如刘小玄等(2007)认为行政垄断、所有制类型和地区变量是行业或企业工资水平的重要决定因素，也是造成收入差异的主要原因，进一步认为它是阻碍劳动力流动的重要壁垒，甚至制度和发展方面的原因要大于产业技术或资源禀赋性质的原因。而陈钊、陆铭和佐藤宏(2009)研究发现，除了教育、工龄、年龄、性别等可能表征劳动生产率的特征之外，社会关系网络、父亲的教育和政治身份以及城镇户籍这些并不表征生产率的因素反而也是有利于劳动者进入高收入行业的因素，即使是在市场化程度较高的东部也是这样。

制度因素在中国劳动力转移中的作用不容忽视。蔡昉(2001)认为中国的劳动力迁移是制度变革的结果，受到一系列制度与政策因素变化的影响；约翰·奈特等(2011)、毛隽(2011)等也都认为现有制度是劳动力自由流动转移的壁垒与障碍，是政府制度供给剩余的集中体现。

张展新(2004)针对向非国有经济开放的产业和由国有单位垄断的产业所构成的非农产业划分情况，提出了“劳动力市场产业分割”的概念，通过实证研究，证实了在现存的城乡分割、部门分割之外，还共存着产业分割，认为这一新的劳动力市场分割进一步分化了劳动人口，降低了流动劳动力特别是农村劳动力进入城市垄断性产业的机会。许经勇、曾芬钮(2000)和聂盛(2004)也认为中国劳动力市场存在着行业分割的问题，并认为自 20 世纪 90 年代中期，劳动力市场中由所有制分割向行业分割逐渐演化，这是经济转轨过程中的特有现象，是中国经济改革不断深化而同时市场力量日趋强大的一个过程。王大鹏(2006)认为劳动力在垄断性行业和竞争性行业之间缺乏流动性，必须通过打破垄断解决行业分割问题。胡放之、殷恰(2010)认为竞争压力的缺乏导致垄断性行业成为一个相对封闭的系统，从而限制了劳动力在行业之间的流动。陈钊、万广华和陆铭(2010)认为中国亟须打破劳动力市场进入壁垒和产品市场行业垄断，以控制行业收入差距。苏永照(2011)认为中国巨大的行业间工资差异反映了中国严重的劳动力市场行政垄断行业分割现状，因为两种类型行业之间的收入差异不能完全用劳动者人力资本的差异来解释。

第三节　关于行政垄断是行业间收入差距不合理根源的研究

对于行业之间的差距，尤其是行政垄断性行业与竞争性行业之间的巨大收入差距，学界比较一致的看法是其来源于行政垄断及其衍生的市场势力，而顺理成章的政策建议就是去除或者打破行政垄断。

一、认为行政垄断而不是效率是相关国有企业高额垄断利润的来源

过勇、胡鞍钢(2003)认为垄断性行业的职工平均工资大大高于全国职工平均工资水平，而行业垄断所造成的巨额租金为这些垄断性行业的低效运营和维持比较高的工资水平提供了充足的支撑。严海宁、汪红梅(2009)通过实证分析，认为国有企业的主要利润来源高度依赖于个别行业的行政垄断，而不是国有企业技术创新水平的普遍提高。叶林祥、李实、罗楚亮(2011)通过实证研究发现，企业利润是解释中国企业工资差距的重要因素，而这主要由效率工资导致。在不同所有制企业中，仅有私营企业存在着效率工资，国有企业、集体企业和外资企业都存在租金共享，但只有国有企业不是通过企业利润实现的，而是利用其行业垄断地位直接将职工高工资转化为企业成本实现的，垄断对国企职工收入的贡献度大约是31.9%—37.4%。周耀东、余晖(2012)认为国有经济部门较高的利润主要来自垄断性的国有控制部门，而不是综合要素生产率，而且国有控制力与国有企业的利润呈显著正相关，意味着其高利润更多地来自行业的行政性壁垒。持相同观点的学者还有丁启军(2010)等等。

二、认为行政垄断是造成收入差距存在和扩大的原因

金玉国等(2003)认为行业的市场化程度差异造成了行业间的工资水平差异，结论是垄断性行业较市场化程度高的行业更容易为行业职工工资的提高创造条件，与市场化行业相比，垄断性行业在利益分配上有更强的向个人倾斜的倾向。柏墉(2007)认为国企垄断高收入是另一种形式的腐败，因为国企其实就是国家权力的一种延伸，它的特殊地位、它占有大量的国有资源等等，都说明它其实是国家权力机构的一部分，因此提出各地国企垄断性行业的收入标准，应不高于当地公务员的收入水平。

于良春等(2007)认为收入问题是中国转轨时期垄断性行业的收入与分配

问题的关键,正是因为垄断性行业凭借着国家赋予的垄断地位获得超额利润,才构成了垄断性行业收入与其他行业收入差距不断拉大的制度性根源,而它的危害不仅如此,在垄断制度的保护下,垄断企业内部的低效率运营状况又在一定程度上变相提高了垄断性行业的收入。李晓宁(2008)认为国有垄断是行业获得巨额垄断利润的前提条件,而"所有者缺位"是垄断性行业享受垄断利润所带来的高收入、高福利的必备条件,两者的结合才形成了垄断性行业与非垄断性行业之间巨大的收入差距。

李晓宁和邱长溶(2007)对我国的行业工资差距进行了度量,然后利用计量模型和邹检验法对我国的行业工资进行了实证分析,认为影响行业职工工资的因素包括行业人力资本水平、行业劳动生产率和行业垄断程度,并且行业属性的差异是造成垄断性行业与非垄断性行业工资差距的主要原因。岳希明、李实和史泰丽(2010)应用 Oaxaca-Blinder 分解方法,发现垄断性行业与竞争性行业之间收入差距的50%以上是不合理的,源于该行业的垄断地位,而且,与竞争性行业相比,垄断性行业的高福利不限于管理阶层,而是多少惠及垄断性行业全体职工。

三、主张去除或者打破行政垄断的研究

既然行政垄断是造成收入差距存在和扩大的原因,那么,解决之策就是"必须去除或者打破行政垄断",但是,在实际改革中,该观点的可行性值得商榷。胡静波和李立(2002)认为垄断性行业的高收入是垄断行为最终结果的一种表现形式,是矛盾的焦点,但不是问题的核心,其根源在于垄断经营体制本身以及垄断经营性企业的工资管理体制和内部收入分配制度的不合理。所以,解决问题的根本就在于深化改革,打破垄断,特别是要打破行政垄断和行政色彩较浓厚的行业垄断,王锐(2007)、于良春和于华阳(2007)、李晓宁和邱长溶(2007)、姜付秀和余晖(2007)等均建议坚决打破行业垄断。

但是,潘胜文(2009)认为行政垄断、所有者缺位、政府监管不力是导致垄断性行业收入分配问题的三个主要原因,并认为在较长时期内,想通过破除行政垄断、解决"所有者缺位"问题这两个途径来解决垄断性行业收入分配问题是不可行的,改革政府监管才是解决垄断性行业收入分配问题的现实选择。叶林祥、李实和罗楚亮(2011)也认为短期甚至在较长时期内,想通过破除行业垄断完全解决收入分配问题是不可行的。

因此,"去除或者打破行政垄断"的政策建议在当前仅具有理论探讨意义,

并不具备具体执行操作的法理基础。或言之，对于该类型建议需要深入、细化研究其可行性。反证法也证明该建议值得商榷：如美国银行业并不是行政垄断性行业，众所周知其收入仍然具有非常明显的比较优势，这足以说明去除行政垄断并不是唯一可能的良方。

四、认为收入分配差距不合理的根源在于改革尚未完成、未完善的研究

李实(2010)认为收入差距具有历史的客观原因，传统计划体制遗留下来的一些制度和政策，对资本节制和劳动保护的不足，成为最为重要的因素。在中国居民收入差距扩大的过程中，政府因素所产生的作用是主要的，也是主导性的。郑功成(2010)认为导致收入差距持续扩大的根本原因应当是体制改革不到位、收入分配领域中的不公与失范。事实上，造成我国收入分配差距扩大的原因是比较复杂的，主要的确实是制度因素①，显然，制度因素的体现之一就是行政垄断，其目前的高收入正是由于公共权力所赋予的行政垄断地位而获得的制度性租金。

第四节　养老保险相关文献述评与“养老总支付”探讨

一、“负担过重”是一个伪命题

近年来，企业界普遍反映的社会保险缴纳“负担过重”的问题其实是一个伪命题，因为是否“过重”需具体问题具体分析。就劳资双方而言，养老保险占用生产者剩余，在短期对“资方”而言是负担，对“劳方”而言却是基本保障。但是，在远期，它则保障职工的基本养老需求，免去了职工的后顾之忧，能够有效保障现职职工安心工作，而这一点恰恰是养老保险制度建立的初衷。在现实中，养老总负担占比过高势必减少“资方”所占份额，进而可能影响企业后续发展能力，但是，如果负担水平“过低”则无法保障当前以及未来退休职工的基本生活②，进而影响社会

---

① 温家宝：《收入分配不公问题严重存在，将从三方面解决》，中国政府网，http://www.gov.cn/zlft2011/content_1811864.htm，2011年2月27日。

② 中国实行的是工作一代养退休一代的“现收现付”模式，这意味着如果现行工作者缴纳的养老保险少了，转过来就会毫无疑问地直接影响到正在等待养老保险生活的退休人群。根据人社部社保管理中心编制的《中国社会保险发展年度报告2016》显示，养老金当期收不抵支的省份有7个，分别为黑龙江、辽宁、河北、吉林、内蒙古、湖北、青海。其中黑龙江不仅当期收不抵支，且累计结余已穿底，为－232亿元。

稳定,反过来必将伤害"资方"事业的可持续、稳定乃至长期发展。因此,"负担过重"是一个伪命题,因为站在全社会的角度,这种负担其实是一种对未来生存的基本保障,而对于是否"过重"则需具体分析,应以是否影响企业的生存与健康和可持续发展为判断标准。

仅从企业成本收益的角度考虑,养老保险的缴纳的确是企业的"负担",李珍、王向红(1999)较早呼吁减轻企业社会保险负担以提高企业竞争力。王增文、邓大松(2009)研究了企业缴纳社会保障情况,认为当时的缴纳比例已经超出了企业的最高承受能力,这将严重影响企业经营,在长期将会导致企业倒闭和破产。仅就企业缴纳部分的数量占比而言,一般占职工工资的 20%左右,而个人缴纳部分仅占工资的 8%左右,企业的负担是个人的 2.5 倍,而且,就企业会计账目来看,无论企业是盈利还是亏损,都要在税前缴纳养老保险,这是法律强制的,显然对于亏损企业而言就难以承受(刘振涛,2016)。马双、孟宪瑞和甘犁(2014)还考虑到企业除此之外承担的各种税费负担,认为在经济下行压力之下企业的生存压力就会非常大。王国辉、李荣彬(2016),庞凤喜、刘畅、米冰(2016)等都认为中国的社会保险总体缴费费率在全世界都处于较高水平。王国辉等(2016)进一步认为在企业效益下滑时期,这种缴费压力更为显著,而且,由于用工数量增加和物价水平上涨这双重因素的影响,劳动密集型企业面临的养老保险压力最大,而用工数量相对较少的资本和技术密集型企业所缴纳养老保险的压力就相对较小。

而且,国有企业比民营企业负担更重,许志涛、丁少群(2013)发现不同地区不同所有制类型的企业其社会保险缴费能力存在差异,认为国有企业无力承受如此之大的缴费压力,而外资企业能够勉强负担得起。杨波(2016)进一步分析了中央企业、地方国有企业和民营企业,发现从工资和净利润的角度考虑,社保缴费负担的排序依次是中央企业、地方国有企业、民营企业,就营业收入的角度考虑,排序依次是地方国有企业、中央企业、民营企业,也就是说,民营企业缴费负担相对最小。需要深思的是,所有制类型并不应该是缴纳养老保险费率差异的原因,而这里民营企业负担较小,如果不是因为民营企业用工数量少,那只能说明民营企业没有按照法律规定为其全部员工足额缴纳养老保险。

二、"负担更重"是对收入再分配的宏观调控

对于缴纳养老保险数额的行业差异而言,比重较高的是源于其行业收入优

势，而如果该“优势”不公平不合理，则“负担更重”就成为合理的对冲。由于养老保险制度规定不同区域实行不同的缴纳比例，现有相关文献关注的多数都是地区差异，如林治芬、孟达思（2012），杨波（2013），马双、孟宪瑞和甘犁（2014）等，他们重点研究的是制造业企业内部养老保险缴纳比例消长与工资水平变化之间的替代关系，较少针对行业差异展开研究。杨波（2013）对 2007 年行业间“社会保险”缴纳差别做了研究，发现社保缴纳比例较高的是垄断性行业，其社会保险并不是一种沉重的“负担”，而是该行业职工福利待遇优厚的表现。该类型差距在庞凤喜、刘畅、米冰（2016）的研究中有所提及，他们认为企业缴纳养老保险的水平和领取养老金的水平因地区、行业、企业性质等而差异巨大，这显然有违“公平”原则。问题是他们所说的“公平”不应该是“平均主义”，差异大小是否合理的判断原则应结合当地的收入水平和物价水平等因素，不能单纯地依据数据绝对值的大小进行简单的判断。毕竟，行业间由于工资水平的不同，必然造成缴费基数的不同，相应的也就会产生养老保险缴纳数额的不同，最终导致可能领取养老金数额的不同，而该不同主要来自退休前是否缴纳了补充养老保险（企业年金）。根据生产与分配理论，行业间收入水平的差异应该源于行业间劳动生产率的差异，但实际上，除劳动生产率之外，导致行业间收入差距的因素还有很多，行政垄断就是其中最不合理、最不公平的因素之一（林峰，2014），这种不合理因素不但导致员工在职期间行业收入水平的差异，更导致员工退休后领取总养老金水平的差异。基本养老保险制度本身所具有的“劫富济贫”社会保障功能恰能对冲或者部分对冲这种不公平不合理。因此，由行政垄断这种不合理因素导致的养老保险负担“更重”虽然对该行业不利，但却相对“公平”，而这对于处于相对弱势的行业则更为有利。

三、“养老总支付”缴纳：养老保险与补充养老保险、企业年金

企业为员工未来的养老支付的费用主要是基本养老保险、补充养老保险和企业年金三者之和，本书称之为“养老总支付”。

（一）三个概念及其关联

根据中国《社会保险法》《企业年金基金管理办法》等相关法律法规的规定，养老保险是一个宽泛的概念，包括基本养老保险和补充养老保险，其中，基本养老保险是为解决劳动者在达到国家法定解除劳动义务的年龄界限或因年老丧失劳动能力而退出劳动岗位后的基本生活需求，通过法律强制征缴，由国家、单

位和个人三方或单位和个人双方共同负担的一种社会保险制度。而补充养老保险则不是法定强制性保险，是由企业根据自身经济实力，在为职工缴纳基本养老保险之后选择缴纳的一种补充性保险，由单位和职工个人共同负担，是一项福利。企业年金是补充养老保险的一种演化形式，是指企业及其职工在依法参加基本养老保险的基础上，自愿建立的补充养老保险制度。后两者的目的是提高养老待遇水平。

(二)基本养老金的缴纳比例各省(区、市)稍有不同，但补充养老金或企业年金是否缴纳以及缴纳的比例由各单位自主决定

基本养老保险作为强制性保险，单位和职工缴纳的比例历经变更，其中企业缴纳部分在近年来稳定在 20%左右，今后将会适当降低[①]，而补充养老保险和企业年金是否缴纳，以及具体缴纳的比例则由各单位根据自身经济实力决定，其中个人缴费部分全部记入该账户内，单位缴费可全部或部分记入该账户。

(三)降低企业缴纳部分的费率不会影响当前退休金数额的大小，但会影响“社保基金”的长期支付能力

中国自 2016 年 5 月 1 日起下调社会保险缴费费率(主要是养老保险和失业保险)，这就意味着收取的社会保险基金总额将相对变少，但是，我们的社保待遇在近期却不一定会因此降低，这是因为涉及养老金发放的“基础养老金”是由“本省上年度在岗职工月平均工资”和“本人指数化月平均缴费工资”两部分的平均数与缴费年限的乘积组成。此外，“个人账户养老金”的缴费费率并没有改变。问题在于，企业或单位缴纳的养老保险减少了，“社保基金”总池子中的金额就减少了，必将影响长期支付能力和支付水平。

(四)基本养老保险发放数额多少的可比之处在于个人在职期间的“缴纳基数”，该基数直接影响“本人指数化月平均缴费工资”

在发放时，基本养老保险在“同等条件”下领取的数额是一致的，这个“同等条件”指的是“缴费年限、缴费基数、退休年龄和当地社会平均工资”，也就是说同一省份的职工执行相同的退休年龄，如果其缴费年限相同、缴费基数也相同，则退休后领取同样的养老金，否则，如果某职工在职期间工资水平较高、工龄较

① 《关于阶段性降低社会保险费率的通知》(人社部发〔2016〕36 号文件)，从 2016 年 5 月 1 日起，企业职工基本养老保险单位缴费比例超过 20%的省(区、市)，将单位缴费比例降至 20%；单位缴费比例为 20%且 2015 年底企业职工基本养老保险基金累计结余可支付月数高于 9 个月的省(区、市)，可以阶段性将单位缴费比例降低至 19%，降低费率的期限暂按两年执行。具体方案由各省(区、市)确定。http://www.mof.gov.cn/zhengwuxinxi/zhengcefabu/201604/t20160421_1959347.htm。

长，那么单位和个人缴纳的养老保险就多，再加上发放时当地上一年度在职职工平均工资水平较高，相应的该职工退休后领取的养老金就将更高[①]。由于“工龄、上年度当地社会平均工资”是客观因素，不具可比性，这意味着“缴费基数”的差别将成为退休后领取基本养老金差别的原因，而“缴费基数”将被计入“本人指数化月平均缴费工资”。这里的“本人指数化月平均缴费工资”概念很容易产生混淆，用公式表示：

$$X=M_1/(12\times n)\times[B_1/M_1+B_2/M_2+B_3/M_3+\cdots+B_n/M_n]$$

其中，X 代表本人指数化月平均缴费工资，M_1、M_2、M_3、…、M_n 代表职工退休前第 1、2、3、…、n 年该省份社会平均工资，B_1、B_2、B_3、…、B_n 代表参保人退休前的本人第 1、2、3、…、n 年的缴费工资——也就是前文所说“缴费基数”，n 表示该参保人连续缴费年限。可见，本人“缴费基数”将会影响“本人指数化月平均缴费工资”，进而影响领取的基本养老金数额的大小，尽管影响不会太大。

（五）养老总待遇的差距主要来自补充养老保险

在职工均缴纳养老保险或视同缴纳了养老保险之后，在同等条件下个人间养老总待遇的差距就主要来自个人缴纳部分和补充养老保险，由基本养老保险直接产生的退休金差距相对较小，这也体现了基本养老保险在国民收入二次分配中“重公平”的特性。补充养老保险或企业年金的发放或者分配则比较灵活，可以按单位缴纳的比例进行分配，或按照单位事先决定的分配方案进行分配——退休总待遇的差别主要来自于此，因为它是否缴纳、缴多少均由单位决定。

第五节　中国收入分配政策的演变综述[②]

纵观中国的收入分配政策，学界大体上将它划分为两个阶段：1949—1978 年的纯计划经济体制阶段和改革开放后阶段。后一阶段又分为两个时期，大体上 2000 年之前强调拉大收入差距，之后强调控制收入分配差距两极分化。整

① 养老金按月领取：基础养老金＝（本省上年度在岗职工月平均工资＋本人指数化月平均缴费工资）÷2×缴费年限（含视同缴费年限）×1%；个人账户养老金＝个人账户储存额÷个人账户养老金计发月数；以上两项之和为每月领取额，即养老金＝基础养老金＋个人账户养老金。

② 戚聿东教授（2014）认为政策演变不是理论研究，因此，该部分内容不应作为文献综述的一部分。但是笔者认为中国的收入分配问题尤其是行政垄断性行业的收入分配问题本身就是政府政策演变的结果，作为实证研究该部分不可或缺，故而仍然保留，但是对篇幅进行了精简。

体上是以按劳分配原则的确立、调整与落实为基调，该原则先后分别与“平均主义”和“按生产要素分配原则”进行了不同程度的妥协甚至退让，最终对不同时期的全社会收入分配格局和行业间收入格局产生了直接和深远的影响。

一、计划经济体制阶段

政府在该阶段对收入分配政策的确立，典型表现在对平均主义思想与按劳分配原则的权衡上。新中国成立后至改革开放这段计划经济体制时期，中国的收入差距并非不存在，无论是供给制、工资分、工资制等形式，收入差距都是当时的政策明文规定下来的，而且还比较大，如 1956 年的 30 级工资制，最高比最低高出 27 倍，只不过该类型差距相对比较稳定，收入较高的占少数，而且可以被绝大多数人所能接受，收入差距在当时并没有引起广泛关注。但是，毛泽东一句“男儿有泪不轻弹，只因未到评级时”[①]，足以说明当时对于级别待遇的竞争也是比较激烈的，甚至是比较尖锐的。总体而言，这个时期尽管也坚持了按劳分配的原则，但是，平均主义分配思想占据主流，全国人民的整体收入水平都不高，收入差距处于可控范围之内。比较明显的差距是城乡差距，因为实行了“牺牲农业”，支持、补贴工业发展的政策，农民的收入是最低的。对于该阶段有关收入分配政策演变的历史，相关文献著述较多，本书不再赘述。

二、改革开放后收入分配政策的历次演变

改革开放之后收入分配政策的演变集中体现在中共历次代表大会决议[②]对以按劳分配原则为主体的收入分配政策的落实与调整上。

(一)第一时期，反对平均主义，适当拉开收入差距

1978—2000 年之间，在收入分配政策上坚持按劳分配原则的同时，明确要求拉开收入差距，反对平均主义。如 1984 年十二届三中全会通过的《中共中央关于经济体制改革的决定》强调贯彻执行按劳分配原则的同时，明确适当拉开收入差距，反对平均主义。1987 年十三大强调“以按劳分配为主体，其他分配方

---

① 毛泽东:《坚持艰苦奋斗，密切联系群众》，载《毛泽东选集》第五卷，人民出版社 1977 年版，第 419 页。转引自张家界市人民政府网站，http://www.zjj.gov.cn/zjjcms/front/s1/c29/20160420/i39317.html。

② 人民网:《中国共产党历次全国代表大会数据库》，http://cpc.people.com.cn/GB/64162/64168/index.html。

式为补充”,并首次提到对收入分配差距的控制问题。

1992年十四大第一次提出“兼顾效率与公平”,同时明确反对两极分化;1993年十四届三中全会强调:“建立以按劳分配为主体,效率优先、兼顾公平的收入分配制度,鼓励一部分地区一部分人先富起来,走共同富裕的道路。”该次会议通过的《关于建立社会主义市场经济体制若干问题的决定》,对于个人收入要:“坚持以按劳分配为主体、多种分配方式并存的制度,体现效率优先、兼顾公平的原则。”并特别明确了应“引入竞争机制,打破平均主义,实行多劳多得,合理拉开差距”。可见,适当的收入差距是当时的政策明确下来的改革目标之一,目的就是提高效率。对于工资制度,该决定明确了:“建立适应企业、事业单位和行政机关各自特点的工资制度与正常的工资增长机制。”但对于国有企业自主决定工资水平和内部分配方式明确了其执行的两个前提,一个是职工工资总额增长率低于企业经济效益增长率,第二是职工平均工资增长率低于本企业劳动生产率增长,同时,还要根据劳动就业供求变化和国家有关政策规定来决定。1995年十四届五中全会通过的《正确处理社会主义现代化建设中的若干重大关系》,强调在收入分配中“必须坚持按劳分配为主体、多种分配方式并存的原则”,这里的“并存”与此前的“补充”有质的区别,将其他分配方式的地位提升到了与按劳分配相同的地位,显然是收入分配改革政策的又一个重大调整。同时再次强调:“要把调节个人收入分配、防止两极分化,作为全局性的大事来抓。”这就意味着社会中出现的收入分配两极化倾向得到了确认和关注。

1997年十五大把防止分配领域的两极分化问题明确提升到了保持社会稳定的高度,这次会议仍把“合理拉开收入差距”当作实现共同富裕的途径,那么,收入差距继续扩大就仍有政策支持。1999年十五届四中全会在谈及建立现代企业制度时,主张:“建立与现代企业制度相适应的收入分配制度,形成有效的激励和约束机制。”该政策仍可以解读为是对适当合理拉开收入差距的支持。

(二)第二时期,调控收入分配差距两极分化,调节垄断性行业过高收入

2002年十六大强调初次分配重效率、再次分配重公平,对垄断性行业分配问题要:“规范分配秩序,合理调节少数垄断性行业的过高收入,取缔非法收入。”这意味着行业之间尤其是垄断性行业与竞争性行业之间的收入差距已经引起了高度重视,必须进行调节和改革。2003年十六届三中全会审议通过的《中共中央关于完善社会主义市场经济体制若干问题的决定》关注到了收入分配秩序出现的问题,已经把控制收入差距过大问题提上了议事日程——这同时意味着以前“适当拉大收入差距”的目标已经实现，因此不再把拉大收入差距当作明确的工作目标了。2005 年十六届五中全会及其审议通过的《中共中央关于制定国民经济和社会发展第十一个五年规划的建议》，再次重视解决收入差距扩大问题和注重社会公平问题。2006 年十六届六中全会及其审议通过的《中共中央关于构建社会主义和谐社会若干重大问题的决定》特别强调了：“规范国有企业经营管理者收入，确定管理者与职工收入合理比例。”这意味着对企业内部收入差距问题尤其是高管收入过高的问题给予了高度的重视；对垄断性行业提出了建立“工资总额控制制度”的要求：“加快垄断行业改革，调整国家和企业分配关系，完善并严格实行工资总额控制制度。”该决定对社会保障问题也进行了进一步深化阐述。

面对当时收入分配差距拉大的趋势还未根本扭转的情况，2007 年十七大强调初次分配和再分配都要处理好效率和公平的关系，再分配更加注重公平，而十六大要求“初次分配重效率，再分配重公平”，显然，这是因为当时的社会分配已经出现了严重的不公平，造成了比较严峻的社会后果，在政策上对此进行了纠正。

2012 年十八大将“坚持走共同富裕道路”列入夺取中国特色社会主义新胜利的八大基本要求之一，将“千方百计增加居民收入”作为在改善民生中加强社会建设的必要举措。首提“建立以权利公平、机会公平、规则公平为主要内容的社会公平保障体系”，显然，这三大公平原则也适用于收入分配改革问题，有助于营造公平的社会环境，最终保证人民平等参与和平等发展的权利。

第六节　混合所有制改革与收入分配格局

目前，由于数据的局限性等问题，对收入分配格局研究的数据一般来源于薪资收入（含工资性收入和对应的非工资性收入），很少涉及资产性收入或者财产性收入[①]，即使有个别学者使用了“中国居民健康和营养调查”（CHNS）中涉

① 十七大报告首次提出：“创造条件让更多群众拥有财产性收入。保护合法收入，调节过高收入，取缔非法收入。逐步扭转收入分配差距扩大趋势。”财产性收入一般是指家庭拥有的动产（如银行存款、有价证券等）、不动产（如房屋、车辆、土地、收藏品等）所获得的收入。它包括出让财产使用权所获得的利息、租金、专利收入等；财产营运所获得的红利收入、财产增值收益等。统计中常用的“人均可支配收入”，由四部分构成，按照占比大小分别是：工资性收入（工资等）、转移性收入（养老金等）、经营性收入（商业买卖收入等）和财产性收入。

及家庭财产性收入的数据，所涉及的样本更多的是普遍性而不具有行业代表性。在国有企业尤其是行政垄断性行业的国有企业进行混合所有制改革之后，私人或者非公有法人持有资产已经成为常态，这必然相应为其带来资产性收入，进而相应带来收入差距的变化。

数据表明(谭永生，2018)，2013 年以来，居民的财产性收入增速明显高于工资性收入和经营性收入增长速度，平均高出工资性收入增速 2 个百分点，高出经营性收入 3 个百分点，而自 2017 年以来，财产性收入增速又开始快于转移性收入增长速度，在四大收入来源中，增速最高。财产差距的急剧扩大引起收入差距的扩大，在一定程度上又抵消了再分配政策的调节作用，带来分配差距的急剧扩大。从时间点上来看，这种情况与中国大力开展混合所有制改革比较一致，因为 2013 年 11 月 15 日 党的十八届三中全会发布《中共中央关于全面深化改革若干重大问题的决定》，该《决定》指出："积极发展混合所有制经济。国有资本、集体资本、非公有资本等交叉持股、相互融合的混合所有制经济，是基本经济制度的重要实现形式，有利于国有资本放大功能、保值增值、提高竞争力，有利于各种所有制资本取长补短、相互促进、共同发展。允许更多国有经济和其他所有制经济发展成为混合所有制经济。国有资本投资项目允许非国有资本参股。允许混合所有制经济实行企业员工持股，形成资本所有者和劳动者利益共同体。"

因此，关注并研究混合所有制改革带来的资产持有量变化或财产性收入变化进而测度由此带来的行业乃至整体性收入格局变化就成为客观需要。

第三章

行政垄断性行业对全国收入分配差距贡献度的直接测度

当前研究中国城镇、区域和行业收入分配差距的文献比较多，但是对于行政垄断性行业对全国收入分配差距贡献度问题的专门研究在国内较少，而本研究需要把握行政垄断性行业对全部行业收入分配格局也即收入分配差距的总体影响情况。

第一节　模型选择

适用于测算行业差距贡献度的模型主要有直接测算模型、泰尔指数模型等，不同的模型所依据的标准不同，因此测算结果会有所差异。

一、直接测度模型

所谓直接测算就是应用基本统计学知识，将极值法和离差法结合起来，先分别将行业组内各行业与参照对象的收入差距取绝对值并加总，得到各行业组收入差距；然后再将全部行业分别与参照对象的收入差距加总，得到收入总差距；那么，在保持参照对象一致的情况下，二者的比值就是各行业组对收入总差距的贡献度。基本公式如下：

$$W_{year}^{I_j}=\sum_{I_j}(X_i^{I_j}-X_{year}^{target}) \tag{3.1}$$

$$r_{year}^{I_j}=W_{year}^{I_j}/W_{year}^{Total} \tag{3.2}$$

本章用 W_{year}^{Total}、W_{year}^{AM}、W_{year}^{NAMS}、W_{year}^{NAMO} 和 $W_{year}^{PGD\&I}$ 分别代表某年全部 97 个行业、11 个行政垄断性行业、10 个非行政垄断性国有行业、55 个非行政垄断性其

他行业、21个党政机关和事业单位各自与参照对象收入差距的和，X_i 是某年对应组各行业的收入水平；参照对象有最低和平均两个，X_{year}^{lowest} 是参照对象使用某年工资最低收入水平的行业，这里，2005、2006、2009年是林业，2007、2008、2010和2011年均为畜牧业；X_{year}^{mean} 是参照对象使用某年全国平均工资水平的行业，对应差距的和就是离差绝对值的和，因为差距不仅包含正的差距，还包含负的差距。$r_{year}^{I_j}$ 即为所求各行业组别的收入差距贡献度，结果见表3-1和表3-2。

二、泰尔指数模型

为了进一步验证模型(3.1)和(3.2)收入差距测算的正确性，将行业收入差距分为行业内部的收入差距与行业之间的收入差距两个部分，以计算出这两个部分对总体差距的贡献度，引入泰尔指数予以测算。根据泰尔(Theil，1967)，布吉尼翁(Bourguignon，1979)，考埃尔(Cowell，1980)，夏洛克斯(Shorrocks，1980)，黄泰岩、王检贵(2000)，林宏、陈广汉(2003)，万广华(2008)对泰尔指数及其结构分解的公式，推导得到本章适用的泰尔指数 T[①] 公式，如式(3.3)—(3.7)所示，以及贡献度公式，如式(3.8)和(3.9)所示。

$$T=\sum_{i=1}^{N} y_i \log \frac{y_i}{p_i}，其中，y_i=\frac{Y_i}{Y}，p_i=\frac{P_i}{P} \tag{3.3}$$

$$T_{I_j}=\sum_{i=1}^{n} y_{I_{ji}} \log \frac{y_{I_{ji}}}{p_{I_{ji}}} \tag{3.4}$$

$$T_I=\sum_{j=1}^{4} y_{I_j} T_{I_j}=\sum_{j=1}^{4}\sum_{i=1}^{n} y_{I_j} y_{I_{ji}} \log \frac{y_{I_{ji}}}{p_{I_{ji}}} \tag{3.5}$$

$$T_B=\sum_{j=1}^{4} T_{B_j}=\sum_{j=1}^{4} y_{I_j} \log \frac{y_{I_j}}{p_{I_j}} \tag{3.6}$$

$$T'=T_I+T_B=T \tag{3.7}$$

$$r_{year}^{T_I}=T_I/T=(\sum y_{I_{ji}} T_{I_j})/T \tag{3.8}$$

$$r_{year}^{T_B}=T_B/T \tag{3.9}$$

上述公式测算的分别是全部行业总泰尔指数、各行业组泰尔指数、行业组内泰尔指数、行业组间泰尔指数和泰尔指数的结构分解，公式(3.7)显示了泰尔

---

① 由于本章研究的是行政垄断性行业，所以选取对上层收入变化敏感的泰尔 T 指数，而不是泰尔 L 指数。

指数的可加分解性，表示总泰尔指数等于行业组内泰尔指数与行业组间泰尔指数之和，这对于探讨组内差距和组间差距对总不平等的贡献而言，指标的可分解性很重要（万广华，2008）；公式（3.8）$r_{year}^{T_I}$ 是行业组内贡献度，为行业组内泰尔指数与泰尔总指数之比；公式（3.9）$r_{year}^{T_B}$ 是行业组间贡献度，是行业组间泰尔指数与泰尔总指数之比。对于各组的贡献度问题，有学者用分组泰尔指数加权后与总泰尔指数之比表示（杨骞，2012），但是分组泰尔指数考查的是该组内部各行业之间的差距，并不是该组对其他组乃至对整体的差距，因此我们认为它不能被当作分组贡献率。通常泰尔指数越小，说明行业收入分配差距越小；指数越大，说明行业收入分配差距越大。

第二节　样本选择与数据预处理

一、样本选择

我们结合《国民经济行业分类（GB/T 4754-2011）》的标准，将 97 个行业划分为 $I=4$ 个行业组：行政垄断性行业（administrative monopoly）、非行政垄断性国有行业[①]（non-administrative monopoly but state owned）、非行政垄断性其他行业（non-administrative monopoly but others owned）、党政机关和事业单位[②]（party and government departments and institutions）。

其中，本章选取的行政垄断性行业组分别是石油和天然气开采业、电信和其他信息传输业、航空运输业、铁路运输业、烟草制品业、银行业、邮政业、电力热力的生产和供应业、水的生产和供应业、燃气生产和供应业、石油加工炼焦及核燃料加工业等 11 个，这 11 个行业的行政垄断程度比较高，在当前具有典型性（于良春，2011），其行政垄断属性在学界也较为公认，如与岳希明、李实和史泰丽（2010）依据行业中竞争性企业个数和农民工人数的多寡为标准来划分垄

① 该组划分的根据是：以《中国统计年鉴》中“按行业、隶属关系和注册类型分城镇固定资产投资”和“按登记注册类型和细行业分城镇单位就业人员数”中“国有”成分的比重，再根据许相敏（2006）、王丽英（2010）测算的柯布—道格拉斯生产函数中资本与劳动的弹性系数（α,β）=（0.692，0.326）、（0.723，0.277），综合起来前者的比重取 70%，后者取 30%，得到加权的国有成分比重，50%以上的认为是国有经济成分处于控制地位的行业。

② 我们注意到各行业组别之间必然会有个别的交叉，这是由转轨经济条件下客观改革进程的过渡性、阶段性所导致的统计工作的客观局限性所致，对研究结果的影响相对微小，不会影响研究的目的。

断性行业与竞争性行业相比，基本一致；党政机关和事业单位组含有 21 个行业，其中，党政机关包括中国共产党机关、国家机构、人民政协和民主党派、“群众社团、社会团体和宗教组织”4 个行业，事业单位有 17 个，分别是研究与实验发展、专业技术服务业、科技交流和推广服务业、地质勘查业、水利管理业、环境管理业、公共设施管理业、初等教育、中等教育、高等教育、卫生、社会保障业、社会福利业、新闻出版业、“广播、电影、电视和音像业”、文化艺术业[①]、体育，但是，众所周知，中国的事业单位正处于变化比较剧烈的改革进程中，很多原来属于事业单位的从事教育、科技、文化、卫生等活动的社会服务组织现在已经转轨改制为企业，但是在统计年鉴中并没有单列出来，如新闻出版、“广播、电视、电影和影视录音制作业”、体育等行业中的一部分已经改革为公司制企业，考虑到改革的黏性和路径依赖以及中国的国情，本章仍将其划到事业单位行业组，而“居民服务和其他服务业”、娱乐业则划分到非行政垄断性其他行业；剩下的 65 个行业中，国有成分超过 60%及以上的林业、道路运输业、管道运输业、城市公共交通业、“农、林、牧、渔服务业”、水上运输业、农业和证券业，以及国有成分超过 50%及以上的煤炭开采和黑色金属冶炼及压延加工业共 10 个行业划分为非行政垄断性国有行业[②]，剩下的 55 个行业划分为非行政垄断性其他行业。

二、数据说明

由于除劳动报酬之外的其他类型的收入数据往往不能被比较全面、真实地获得，本章的收入数据主要是城镇行业平均工资，不考察行业内对应的城乡差别，并且在测算中使用“城市居民消费价格指数”剔除通货膨胀因素，本章均以年均实际工资代表年均实际收入。本章所有数据均源自《中国统计年鉴》和《中国劳动统计年鉴》2006—2012 年中“分行业就业人员和工资总额”和“按行业、隶属关系和注册类型分城镇固定资产投资”。

值得注意的是，所取 2005—2011 年 7 年的数据经历了经济周期的复苏、繁荣、衰退和“萧条”四个阶段，行业之间获益或者受损的程度会有不同，比如此阶段金融业中的证券业经历了一个前所未有的大牛市，收入具有明显的比较优

---

① 文化艺术业中事业单位居多，如图书馆、档案馆、博物馆、烈士陵园、纪念馆等，文艺的创作与表演等则成分复杂，但统计年鉴中无此类数据的划分。

② 该行业组包括的林业、“农、林、牧、渔服务业”和农业与公众一般理解意义上的行业概念不同，这三个行业国有性质的就业人数均超过 90%，国有投资均在 53%以上。

势,而且与收入最低的农业、林业同为一组,会影响该组的测算结果,并对其他组别产生一定影响,这决定了该测算结果会有一定的局限性,但是,根据宏观经济学理论,大多数行业都具有同周期性的特点,也即在经济繁荣阶段都会呈现繁荣景象。

第三节　测算结果分析

特别值得注意的是,现有收入分配格局多是依据以工资或者劳动报酬为主的“明收入”测算的,而对于民众关注的灰色收入等“暗收入”由于数据的可获得性、可靠性和覆盖面都比较低的问题,并没有被涵盖在绝大多数研究之中,而这部分隐性收入不但存在,而且还比较大,尤其是在机关事业单位(李实,2006)、行政垄断性行业(王小鲁,2007)中,这就决定了所测得的收入分配差距必然小于真实的实际总收入差距。

一、“行政垄断性行业”对全国收入分配差距贡献度的直接测算

测算对比发现,2005—2011 年 7 年间,组内行业个数占全部 97 个行业 11.34%的“行政垄断性行业组”对全国收入差距扩大的贡献度在 18.38%—19.35%之间,在四个组中排第三,并不高;但是,该组组内行业的平均贡献度却是最高或者次高的,说明该组行业平均的贡献度是最高或者次高的。非行政垄断性其他行业组尽管整体的贡献度是最高的,但由于其行业数占总行业数的 56.7%,该组组内行业的平均贡献度却是最低或者次低的。3 个国有经济组总共 42 个行业,占行业总数的 43.30%,贡献度总和在 53.32%—57.77%之间;而非国有经济组 55 个行业占行业总数 56.7%,贡献度在 42.23%—46.68%之间。显然,在中国,公有制单位和国有经济的总体力量对中国收入差距的贡献度高于其他经济属性。

但是,考察增量部分,我们发现机关和事业单位组增幅和年均增长率都是最小的,行政垄断性行业次之,这可能说明近年来政府的收入分配调控政策在起作用。

(一)使用收入最低的行业作为参照对象

1. 各组实际收入差距的绝对值呈现逐年扩大的趋势

根据表 3-1 结果可见,2005—2011 年,行业收入总差距呈现出逐年扩大的

趋势：全部行业收入“差距总和”由 2005 年的 119.27 万元增长到 2011 年的 264.48 万元；行政垄断性行业组收入“差距总和”由 2005 年的 23.17 万元增长到 2011 年的 52.18 万元；非行政垄断性国有行业组收入“差距总和”由 2005 年的 15 万元增长到 2011 年的 33.82 万元；非行政垄断性其他行业组收入“差距总和”由 2005 年的 50.78 万元增长到 2011 年的 116.67 万元；党政机关和事业单位组收入“差距总和”由 2005 年的 30.31 万元增长到 2011 年的 61.81 万元。

2. 各组别差距和 7 年间增幅均在 100%以上，年均增长率均超过 12.61%

各组别 7 年间增幅均在 100%以上，其中，行政垄断性行业组增幅是次小的，达到 125.19%，年均增长率 14.49%；非行政垄断性国有行业组增幅 125.43%，年均增幅 14.51%；党政机关和事业单位组增幅最小，为 103.92%，年均增幅 12.61%；非行政垄断性其他行业组增幅最大，为 129.74%，年均增幅 14.87%。若不考虑通胀因素，名义收入差距 7 年间增幅均在 100%以上，年均增幅均超过 12.61%。

3. 组内行业贡献度最大的是行政垄断性行业，最小的是非行政垄断性其他行业

就组内行业贡献度均值即行业组内各行业贡献度的平均值而言，行政垄断性行业的均值为 3.39 万元，贡献率均值为 1.76%，均为 4 个组别中最高的；非行政垄断性其他行业组的均值为 1.48 万元，贡献率均值为 0.77%，均为 4 个行业组最低；排第二位的是非行政垄断性国有行业组，组内均值分别为 2.73 万元、1.41%；第三是党政机关和事业单位行业组，组内均值分别为 2.22 万元、1.16%。

可见，尽管非行政垄断性其他行业组对收入分配差距的总体贡献度一直最高，但是，该组由 55 个行业组成，占行业总个数的 56.7%，总体所占份额必然会比较高，因此，不能由此简单地判断该类性质的行业对收入差距实际贡献度的大小。我们通过进一步考察各行业组组内的行业平均贡献度，发现该组内的行业平均贡献度是最小的，比行政垄断性行业组、非行政垄断性国有行业组、党政机关和事业单位行业组分别小 1.91 万元、1.25 万元、0.74 万元和低 0.99、0.64、0.39 个百分点，后三个组的国家影响都比较大，对收入分配差距的影响也比较大。

表 3-1　各行业组相对于收入最低行业"差距的和"及其对总差距的贡献度

项　目	2005	2006	2007	2008	2009	2010	2011	7 年总均值	组内行业均值	年均增长率(%)
W_{year}^{Total}(万元)	119.27	145.60	173.33	205.14	206.42	233.90	264.48	192.59	1.99	14.19
W_{year}^{AM}(万元)	23.17	28.61	32.98	38.31	39.74	46.04	52.18	37.29	3.39	14.49
W_{year}^{NAMS}(万元)	15.00	19.34	26.60	31.44	31.55	33.43	33.82	27.31	2.73	14.51
W_{year}^{NAMO}(万元)	50.78	63.45	71.57	85.84	83.73	97.45	116.67	81.36	1.48	14.87
$W_{year}^{PGD\&I}$(万元)	30.31	34.20	42.18	49.55	51.39	56.98	61.81	46.63	2.22	12.61
r_{year}^{AM}(%)	19.43	19.65	19.03	18.67	19.25	19.68	19.73	19.35	1.76	/
r_{year}^{NAMS}(%)	12.58	13.28	15.34	15.33	15.29	14.29	12.79	14.13	1.41	/
r_{year}^{NAMO}(%)	42.58	43.58	41.29	41.85	40.56	41.66	44.11	42.23	0.77	/
$r_{year}^{PGD\&I}$(%)	25.41	23.49	24.34	24.15	24.90	24.36	23.37	24.29	1.16	/

(二)使用全国平均收入作为参照对象

测算得到表 3-2。

表 3-2　各行业组相对于全国平均收入行业"差距的和"及其对总差距的贡献度

项　目	2005	2006	2007	2008	2009	2010	2011	7 年总均值	组内行业均值	年均增长率(%)
W_{year}^{Total}(万元)	60.79	75.56	93.60	110.54	115.07	124.21	129.85	101.37	1.05	13.48
W_{year}^{AM}(万元)	12.19	14.90	16.52	18.71	19.20	22.35	25.48	18.48	1.68	13.07
W_{year}^{NAMS}(万元)	10.65	14.55	20.96	24.41	24.62	24.81	24.03	20.58	2.06	14.52%
W_{year}^{NAMO}(万元)	28.34	35.19	42.45	51.73	54.28	58.67	61.00	47.38	0.86	13.63
$W_{year}^{PGD\&I}$(万元)	9.60	10.93	13.66	15.69	16.97	18.38	19.34	14.94	0.71	12.39
r_{year}^{AM}(%)	20.05	19.72	17.65	16.93	16.68	17.99	19.62	18.38	1.67	/
r_{year}^{NAMS}(%)	17.52	19.25	22.40	22.09	21.40	19.98	18.51	20.16	2.02	/
r_{year}^{NAMO}(%)	46.63	46.57	45.36	46.79	47.17	47.24	46.98	46.68	0.85	/
$r_{year}^{PGD\&I}$(%)	15.79	14.46	14.60	14.20	14.75	14.80	14.90	14.78	0.70	/

1. 收入总差距同样有逐年扩大的迹象

2005—2011 年,行业收入总差距呈现出逐年扩大的趋势:全部行业收入"差距总和"由 2005 年的 60.79 万元增长到 2011 年的 129.85 万元;行政垄断性行业组收入"差距总和"由 2005 年的 12.19 万元增长到 2011 年的 25.48 万元;非行政垄断性国有行业组收入"差距总和"由 2005 年的 10.65 万元增长到 2011 年的 24.03 万元;非行政垄断性其他行业组收入"差距总和"由 2005 年的 28.34

万元增长到 2011 年的 61 万元；党政机关和事业单位组收入“差距总和”由 2005 年的 9.6 万元增长到 2011 年的 19.34 万元。

2. 增幅和年均增长率情况：行政垄断性行业组收入差距增幅是次小的

行政垄断性行业组差距增幅是次小的，达到 109.01%，年均增长率 13.07%；非行政垄断性国有行业组增幅仍是最大，为 125.57%，年均增长率 14.52%；非行政垄断性其他行业组增幅 115.21%，年均增长率 13.63%；党政机关和事业单位组增幅 101.5%，年均增长率 12.39%。

3. 行政垄断性行业组组内行业贡献度均值仅次于国有组

行政垄断性行业组组内收入差距的均值为 1.68 万元，贡献率均值为 1.67%，仅次于国有行业组，后者组内均值为 2.06 万元，贡献率均值为 2.02%。

二、收入差距贡献度的泰尔指数分解

测算结果详见表 3 - 3 所示。

表 3 - 3　　各行业组“实际收入”泰尔指数及贡献度

指　数	2005	2006	2007	2008	2009	2010	2011	均值	组内行业均值	变化率
T	0.457 6	0.467 6	0.468 3	0.465 8	0.442 3	0.419 2	0.400 2	0.445 9	0.004 6	−12.55%
T_I	0.436 4	0.446 1	0.447 7	0.444 7	0.417 6	0.392 9	0.375 1	0.422 9	0.004 4	−14.05%
$T_{I_{AM}}$	0.221 2	0.219 8	0.208 3	0.194 6	0.195 8	0.193 1	0.188 9	0.2031	0.0185	−14.59%
$T_{I_{NAMS}}$	0.732 9	0.764 1	0.853 3	0.822 4	0.757 4	0.647 8	0.557 4	0.7336	0.0734	−23.95%
$T_{I_{NAMO}}$	0.412 5	0.421 9	0.393 7	0.402 7	0.367 8	0.356 4	0.351 7	0.3867	0.0070	−14.75%
$T_{I_{PGD\&I}}$	0.497 5	0.492 6	0.486 8	0.481 9	0.475 6	0.468 7	0.466 1	0.4813	0.0229	−6.29%
T_B	0.021 2	0.021 4	0.020 7	0.021 1	0.024 7	0.026 4	0.025 1	0.022 9	/	18.32%
T_{B1}	0.042 7	0.043 0	0.040 3	0.038 9	0.040 7	0.045 5	0.046 7	0.042 5	/	/
T_{B2}	0.008 6	0.006 9	0.015 8	0.017 1	0.026 2	0.023 9	0.021 3	0.017 1	/	/
T_{B3}	0.002 6	0.004 5	−0.004 5	−0.002 7	−0.011 0	−0.011 4	−0.016 1	−0.005 5	/	/
T_{B4}	−0.032 8	−0.033 1	−0.030 9	−0.032 2	−0.031 2	−0.031 6	−0.026 8	−0.031 2	/	/
$r_{year}^{T_I}$	95.37%	95.42%	95.59%	95.47%	94.42%	93.71%	93.74%	94.86%	/	−1.71%
$r_{year}^{T_B}$	4.63%	4.58%	4.41%	4.53%	5.58%	6.29%	6.26%	5.14%	/	35.29%

（一）泰尔总指数和行业组内泰尔指数都呈现出先扩大、后缩小的迹象和趋势，整体是缩小的，这与该年份段整体国民经济发展趋势基本一致。而行业组间的差距恰恰与之相反

2007 年，泰尔总指数最大，为 0.468 3；同年，行业组内泰尔指数也最大，为

0.447 7。从 2005 年至 2011 年，泰尔总指数和行业组内泰尔指数分别缩小 12.55%和 14.05%，可见，整体是缩小的。

与行业组内差距相对应，行业组间的差距就呈现出先缩小后扩大的趋势，2007 年行业组间泰尔指数最小，为 0.020 7。从 2005 年至 2011 年，行业组间泰尔指数相应扩大了 18.32%，可见，整体是扩大的。

(二)行业组内泰尔指数远远大于行业组间泰尔指数

对比行业组内与行业组间的泰尔指数，我们发现，行业组内泰尔指数远远大于行业组间泰尔指数，前者的最大值是 2007 年的 0.447 7，最小值是 2011 年的 0.375 1；后者的最大值是 2010 年的 0.026 4，最小值是 2007 年的 0.020 7；7 年均值分别为 0.422 9 和 0.022 9。这说明行业组内的差距对总差距的贡献度大于行业组间的差距。

(三)行政垄断性行业组组内差距并不大

行政垄断性行业组泰尔指数均值为 0.203 1，远远小于其他行业分组，最大值是 2005 年的 0.221 2，最小值是 2011 年的 0.188 9。可见，各行政垄断性行业之间的收入差距并不大。从 2005 年至 2011 年，还降低了 14.59%，说明组内行业间的差距在缩小。

(四)其他行业组组内差距比较大，而且呈现出整体缩小的趋势

非行政垄断性国有行业组组内泰尔指数均值为 0.733 6，组内各个行业之间的差距是最大，但是，7 年间也缩小了 23.95%。最大值是 2007 年的 0.855 3，最小值是 2011 年的 0.557 4。

非行政垄断性其他行业组组内泰尔指数均值为 0.386 7，最大值是 2006 年的 0.421 9，最小值是 2011 年的 0.351 7。7 年间也缩小了 14.75%。

党政机关和事业单位组组内泰尔指数为 0.481 3，组内差距比较大，最大值是 2005 年的 0.497 5，最小值是 2011 年的 0.4661。

(五)行业组内的差距贡献度远远大于行业组间的，说明收入差距的扩大主要是由行业组内差距扩大所致

对于 7 年间的整体差距，行业组内泰尔指数的贡献度均值为 94.86%，而行业组间泰尔指数的贡献度均值仅为 5.14%，可见行业组内贡献度远远大于行业组间贡献度，这说明总收入差距的存在和扩大主要是行业组内的差距存在和扩大所致。而伏帅、龚志民(2008)用泰尔指数测算的 39 个行业组间差距贡献度为 55.27%，并认为这是由行业垄断造成的，他把全部行业分为垄断性行业和非垄断性行业两部分，划分比较简单；岳希明、李实和史泰丽(2010)认为若把计算对象扩大为所有的行业，而且设定每个行业是垄断性行业或竞争性行业，组间差距占泰尔指数的比重将大大降低，从而会低估行业垄断对收入差距的贡献，可能本书就属于这种情况。

(六)行政垄断性行业的行业组间贡献度均值是最高的

对比行业组间差距泰尔指数，我们发现 2005—2011 年均值最大的是行政垄断性行业的 0.042 5，其次是非行政垄断性国有行业的 0.017 1，非行政垄断性其他行业的－0.005 5，机关和事业单位的－0.031 2。这说明，行政垄断性行业的行业组间差距贡献度最高。具体来说，呈现出先缩小后扩大的迹象和趋势，整体趋势是扩大的。显然，这意味着行政垄断性行业的收入扩大了与其他行业之间的差距。

综上所述，2005—2011 年 7 年间，全部行业收入差距呈现先扩大后缩小的迹象，2007 年泰尔指数为 0.465 8，达到最大值，之后呈现下降趋势，2011 年最小，为 0.400 2；显然，该趋势与中国总体经济形势是一致的。总体差距的变化主要是由于行业组内各行业之间的差距扩大导致的，行业组内泰尔指数为 0.422 9；行业组组间的差距并不大，行业组间泰尔指数仅为 0.022 9。在 4 个行业组中，各行政垄断性行业之间的收入差距最小，这意味着组内收入若高，则都比较高，若低，则都比较低；非行政垄断性国有行业之间的收入差距最大，正说明了农业、林业与证券业分别处于高低两个极端的情况。

第四节　结　论

我们在对全部 97 个行业按照行政力量和国有经济的影响力进行 4 分组之后，使用极值法和离差法测算得到各个分组对总收入差距的贡献度，其中由 11 个行政垄断性行业组成的行业组贡献度在 18.38%－19.35%之间，而关键是由于该组组内行业平均贡献度分别是最高和次高的，我们判断该组的贡献度是偏高的。尽管由 55 个行业组成的非行政垄断性其他属性的行业组整体对收入差距的贡献度最大[①]，但是若按照组内行业均值比较，则结论恰好相反，也就是说，

① 这显然与分组方式有很大关系，因此组内行业贡献度的平均值更具有比较意义。

非行政垄断性其他行业的收入差距贡献度是最低的或者次低的。

为了验证分析此测算结果，本书使用泰尔指数进一步测算各行业组对收入差距的贡献度情况，结果表明，行业组内的差距贡献度先扩大后缩小，7 年均值为 94.86％，而行业组间的差距贡献度先缩小后扩大，均值仅为 5.14％，这说明中国行业收入差距的扩大主要是由行业组内差距扩大所致，而行业组间差距贡献度很小；泰尔总指数以及非行政垄断性国有行业组和非行政垄断性其他行业组泰尔指数均呈现出先扩大后缩小的趋势，而行政垄断性行业组和机关和事业单位行业组却呈现逐年缩小的趋势，这说明，这些行业组内部的收入差距在缩小——这个趋势可能说明政府 2010 年以来的收入调控政策在发挥作用。

就行业组间差距贡献度而言，行政垄断性行业的行业组间差距贡献度最高，呈现出先缩小后扩大的迹象和趋势，整体趋势是扩大的。显然，这意味着行政垄断性行业的收入扩大了与其他行业之间的差距。

综合比较来看，行政垄断性行业、国有经济占主导地位的行业和机关事业单位对中国收入差距的存在和扩大化的综合贡献高于其他经济类型的行业，近年来的“公务员热”和“事业单位热”能够很好地印证这一结论，这也再次证实了李实(2006)的结论：在中国居民收入差距扩大的过程中，政府因素所产生的作用是主要的，也是主导性的。

第四章

两种类型行业内部收入差距的综合对比与根源探究

行业内部收入分配差距一般主要出现在高管与普通员工之间，站在责、权、利相统一的角度，适当的内部收入差距能够产生锦标赛效应，从而有效激励员工创造价值、产生创新，但是，如果行业内部的收入差距仅仅是对依靠行政垄断因素带来租金的简单耗散，那就未必合理了。曾经，新京报网转载了《南方周末》记者刘薇发表在《南方周末》上的文章《国企为王》[①]，题目却被改成了《报告称垄断国企职工福利优越，人均年收入超12万[②]》，在吸引大量眼球并激起全国人民对垄断国企过高收入激愤不已的同时，也招致垄断国企基层员工的较低收入却"被平均"成高收入的强烈"吐槽"，究竟孰是孰非，一时间莫衷一是，但这一争论至少验证了一个事实，那就是在垄断性国企内部收入差距巨大。人力资源和社会保障部发布的2011年《中国薪酬发展报告》显示：公司高级管理人员的收入增长偏快，部分高级管理人员的薪酬水平过高；上市公司高管年薪均值已由2005年的29.1万元增加到2010年的66.8万元，年均增长18.1%。部分行业公司高管年薪已超过千万元，最典型的就是2007年平安集团总经理年薪6 616.1万元，是当年全国企业在岗职工平均工资的2 751倍，相当于农民工平均工资的4 553倍。我们需要关注的是，整体上行业内部的收入分配差距到底有多大？内部差距的根源又是什么？

---

① 刘薇：《国企为王》，《南方周末》，http://www.infzm.com/content/84688，2013年1月3日。

② 该数据是该文章引自"天则经济所"对2001—2009年不同类型职工工资的研究，该研究认为"从2004年开始，国有企业的人均'劳动者报酬'超过并且越来越高于私营企业和非国有企业。2008年的增长尤为显著，分别比私营企业高63%，比非国有企业高36%。其中，垄断性行业职工人均年收入达12.85万元"。

行业内部收入分配格局主要包括两个维度：一是同一行业内部高管与员工之间的平均收入差距，二是行业内部高管之间的收入差距。对于行业内部员工之间的收入差距由于其划分和衡量标准难以确定和统一，故而本章并未对此展开研究。本章的研究设想是：第二节对行政垄断性行业内部高管与员工之间的收入差距和高管内部的收入差距进行一个统计描述，同时对比分析代表性竞争性行业的相关情况；第三节利用具体的企业层面数据设计计量模型，在控制其他主要影响因素的基础上，主要研究行政垄断特征对企业内部收入差距造成的影响，获得的结果同时也是行政垄断特征对行业内部收入差距的影响大小；最后是本章小结。

第一节 数据说明和预处理

高管报酬是高管层报告期内从公司领取的报酬总额，包含工资性收入和各项非工资性收入（含股权激励行权收入）；这仍是一个流量概念，不考虑其所获得的存量财富及其增值问题；考虑到公司内部高管职务变动频繁，任职不满一年者比比皆是，则剔除这些样本，对于个别剔除后会影响样本代表性的高管收入则使用算术平均法将其收入进行年化，即所获报酬除以任职月份的份额再乘以 12。其中，“高管最高收入”指的是样本公司高管中的最高收入①，定义为行业内各最高收入的均值；“高管平均收入”指的是所有高级管理人员，如副总裁、总会计师（财务总监）、总工程师（总飞行师）、总经理助理、董事会秘书、监事会主席（不含监事，因不属于高级管理人员）等年收入的均值。

本章选取具有典型代表性的上市公司，以其 2006—2018 年披露的 660 份年报财务数据和其他相关数据为源数据。由于样本上市公司数均小于行业全部公司数，因此数据提取方法等同于抽样法，而以搜集整理的收入均值作为比较对象，足以说明相关问题。此外，考虑到通货膨胀影响的普遍性，文中对名义收入的比较静态分析未进行消胀处理，而在使用计量工具和方法进行动态比较分析时，均对相关数据进行了相应的消胀处理。最后，统计测算得到 7 854 个数据。

---

① 公司内部最高薪人士未必是董事长或者总经理、总裁，有可能是其他高级管理人员，这可以依据中国电信、建设银行、鲁泰 A 等等的年报进行查证。

一、行政垄断性行业的样本选择

考虑到数据可获取情况，本章选取了国民经济行业分类(GB/T 4754-2011)2位数下6个行政垄断性行业及其代表性上市公司[①]，共计37家在内地和香港上市的上市公司，分别是石油和天然气开采业(含石油化工)3家上市公司即中国石油(601857)、中国石化(600028)和中国海洋石油(HK0883)；电信和其他信息传输业3家上市公司即中国移动(HK0941)、中国联通(600050、HK0762)和中国电信(HK0728)；航空运输业4家上市公司即中国国航(601111)、东方航空(600115)、南方航空(600029)和海南航空(600221)；铁路运输业3家上市公司即大秦铁路(601006)、广深铁路(601333)和铁龙物流(600125)；银行业16家上市银行即工商银行(601398)、建设银行(601939)、农业银行(601288)、中国银行(601988)、交通银行(601328)、招商银行(600036)、浦发银行(600000)、兴业银行(601166)、中信银行(601998)、民生银行(600016)、光大银行(601818)、平安银行(000001)、华夏银行(600015)、北京银行(601169)、宁波银行(002142)、南京银行(601009)；电力热力的生产和供应业8家上市公司即国电电力(600795)、华能国际(600011)、大唐发电(601991)、华电国际(600027)和中国电力投资集团所属4家上市公司中国电力[②](HK2380)、上海电力(600021)、漳泽电力(000767)和吉电股份(000875)，以及长江电力(600900)和国投电力(600886)等的部分数据。其中，对于同时在内地A股和香港交易所H股两地上市的公司仅采用A股上市公司数据，不齐全部分则引用香港上市部分的数据，这是因为通过研究该类型公司的股权结构我们发现，两地相关财务数据基本一致。

另需说明的是，行政垄断性行业中不仅包含国有企业，也包含私有企业、外资企业，比如石油行业中存在大量私有石油开采企业，部分“油老板”拥有惊人的财富值，但是由于具体数据无法获得，只能以上市公司部分披露的数据作为代表。

---

① 仅仅是行业代表，不能囊括行业全部情况。因为上市部分不仅只是该公司的一部分，更只是行业的一部分，因此相对数而不是绝对数更具有比较意义。

② 该公司是中国电力投资集团公司(中电投)旗下的上市公司，其合计权益装机容量为11 510兆瓦，占中电投7.68×10^{10}瓦的14.99%。中电投旗下其他上市公司还有上海电力(600021)、漳泽电力(000767)、九龙电力(600292)和吉电股份(000875)，2010年装机容量分别占9.33%、4.93%、1.76%和1.38%，总计30.63%。其他未上市分公司的数据无法获得。其中九龙电力员工数异常，不能采用。

二、对比参照对象的样本选取

(一)参照对象的选取标准

本章依据第一章第六节所设定的原则选取参照对象。

(二)最低收入水平行业代表的选择

本章依据以上样本选择原则,在全国 97 个行业中,选择 2006—2018 年平均在国民经济行业分类 2 位数下全部行业收入水平中倒数第 6 位,比较接近最低水平,而就业人口平均排第 12 位的"纺织业"作为最低水平的比较标准,代表性企业是安徽省的华孚色纺(002042)、山东省的鲁泰 A(000726)、江苏省的江苏阳光(600220)、宁夏回族自治区的中银绒业(000982)、浙江省的维科精华(600152)、福建省的众和股份(002070)、湖南省的华升股份(600156)、海南省的 ST 欣龙(000955)、湖北省的 ST 迈亚(000971)等 9 家上市公司,取其 2006—2018 年 13 年共 117 份年报,具有适当的代表性。

另需说明的是,当前有关行业收入差距的研究所选择的参照对象一般是收入最低水平的行业,而收入水平最低的一般是"农、林、牧、渔",但是,考虑到"农、林、牧、渔"行业具有特殊的行业性特征,受城乡差别影响过大,如一般地处偏远的乡村、人力资本普遍比较低、物价比较低、工作环境比较松散等,而行政垄断性行业一般集中在城镇,或者类似于城镇的生活聚集区,显然这两个行业大类并不具有典型、显著、可信的比较意义,因此,本章未选择该行业。

(三)平均收入水平行业代表的选择

依据以上样本选择标准,在全国 97 个行业中,选取 2006—2018 年平均在国民经济行业分类 2 位数下全部行业收入中排第 46 位,即平均水平左右,而就业人口平均排第 9 位的"交通运输设备制造业"。代表性企业是福建省的福耀玻璃(600660)、浙江省的万向钱潮(000559)、辽宁省的曙光股份(600303)、江苏省的模塑科技(000700)、广东省的巨轮股份(002031)、山东省的威海广泰(002111)、四川省的海特高新(002023)、湖北省的博盈投资(000760)、上海市的中路股份(600818)等 9 家上市公司,取其 2006—2018 年 13 年共 117 份年报。

第二节　行业内部收入差距的直接测度

本章主要对比分析各行业内部高管与员工之间的收入差距,而为了进一步说明行政垄断性行业与竞争性行业之间的收入差距情况，特别对比分析了这两种类型行业之间高管与员工的收入差距。

一、各行业内部收入差距情况

对比发现，2006—2018 年 13 年间，垄断性行业中电信业内部收入差距是最大的，“高管最高收入”平均高出员工收入[①] 12.39 倍、“高管平均收入”高出员工 9.2 倍；其次是银行业，平均分别高出员工 10.79 和 5.85 倍。石油、电力、银行、电信四个行业职工收入的年增长率均超过了高管年收入年增长率，尽管他们的报酬总额与高管相比仍有较大甚至很大的差距，但是高管收入过高的增长势头得到了一定程度的遏制，其中电信业高管的收入甚至是负增长，其政策背景是国有企业高管的收入受到政策限制[②]。两个竞争性行业职工的收入增长速度远不及高管收入的增长速度，而且是在较低的收入基数之上低于高管收入增长。具体行业内部收入差距情况如表 4－1—表 4－8 所示。

（一）铁路运输业内部收入差距情况

13 年来铁路运输业内部收入分配差距呈现出缩小的趋势，如表 4－1 所示，从差距倍数的标准差来看，各年之间差距基本稳定。

“高管最高收入”的最大值是 2011 年的 67.22 万元，最小值是 2006 年的 30.63 万元，标准差是 10.04，变化较大，13 年增长了 117.15%，增长率年均 7.55%。“高管平均收入”的最大值是 2011 年的 48.31 万元，最小值是 2006 年的 20.45 万元，13 年增长了 128.54%，增长率年均 7.81%。“员工平均收入”的最大值是 2018 年的 17.85 万元，最小值是 2006 年的 4.59 万元，13 年增长了 288.77%，增长率年均 12.15%。详见表 4－1 所示。

表 4－1　　**铁路运输业内部收入差距情况**　　金额单位:万元

年份	2006	2007	2008	2009	2010	2011	2012	2013	2014	2015	2016	2017	2018	平均	标准差
高管最高收入	30.63	44.90	46.33	49.97	61.00	67.22	63.35	55.46	55.10	55.03	56.57	59.81	66.51	54.76	10.04
高管平均收入	20.45	27.02	29.49	32.48	41.74	48.31	47.67	41.21	41.10	41.35	44.10	45.64	46.75	39.02	8.83

① 这里的员工收入来自上市公司年报“现金流量表”中的“支付给职工以及为职工支付的现金”项目，显然，该项目数据包含高管收入。

② 如财政部办公厅 2009 年 1 月 30 日发布的《金融类国有及国有控股企业负责人薪酬管理办法（征求意见）》，2010 年政府工作报告中首次把“改革收入分配制度”列入当年的主要任务之一。

续表

年份	2006	2007	2008	2009	2010	2011	2012	2013	2014	2015	2016	2017	2018	平均	标准差
员工平均收入	4.59	5.99	6.76	7.49	8.46	9.83	10.95	11.87	13.04	13.37	14.56	15.96	17.85	10.82	4.07
高管最高收入高出员工均值的倍数	5.67	6.50	5.85	5.67	6.21	5.84	4.79	3.67	3.22	3.12	2.89	2.75	2.73	4.53	1.48
高管平均收入高出员工均值的倍数	3.45	3.51	3.36	3.34	3.93	3.92	3.35	2.47	2.15	2.09	2.03	1.86	1.62	2.85	0.83

就"高管最高收入高出员工均值的倍数"指标来看,最高值是 2007 年的 6.5 倍,最低值是 2018 年的 2.73 倍,平均 4.53 倍;就"高管平均收入高出员工均值的倍数"来看,最高值是 2010 年的 3.93 倍,最低值是 2018 年的 1.62 倍,平均 2.85 倍。其变化趋势详见图 4-1 所示。

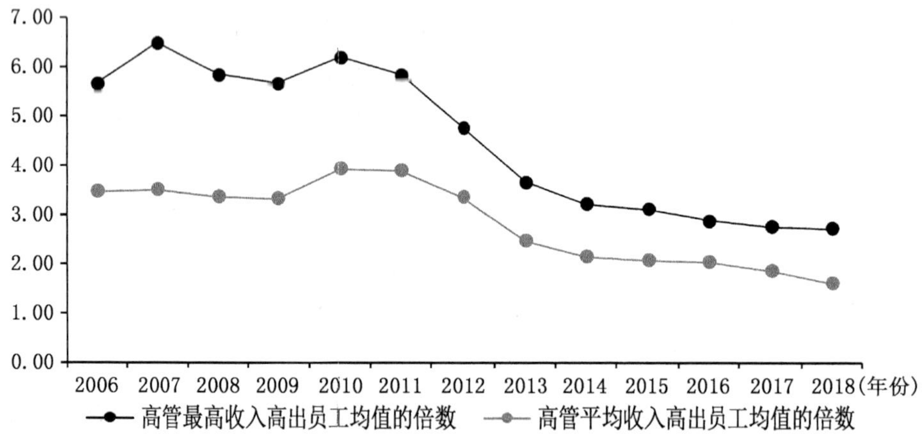

图 4-1 铁路运输业高管与员工收入差距变化趋势

可见,高管与员工之间的收入分配差距整体呈现出缩小的趋势,而因员工收入年均增长率大于高管收入年均增长率,内部收入差距有望进一步缩小。

(二)航空运输业内部收入差距情况

统计发现,13 年来"高管最高收入"最大值是 2018 年的 186.17 万元,最小值是 2006 年的 52.66 万元,标准差是 37.68,变化较大,13 年增长了 253.55%,

增长率年均 13.26%，增幅巨大。“高管平均收入”的最大值是 2018 年的 123.69 万元，最小值是 2006 年的 34.76 万元，标准差是 26.36，13 年增长了 255.83%，增长率年均 11.85%。详见表 4－2 所示。

表 4－2　　航空运输业内部收入差距情况　　金额单位：万元

年份	2006	2007	2008	2009	2010	2011	2012	2013	2014	2015	2016	2017	2018	平均	标准差
高管最高收入	52.66	64.11	74.73	78.07	98.34	98.14	111.52	109.21	109.83	127.20	154.44	142.64	186.17	108.24	37.68
高管平均收入	34.76	41.36	47.23	46.26	65.90	72.92	68.72	72.67	73.62	75.17	92.61	111.83	123.69	71.29	26.36
员工平均收入	9.37	11.85	13.79	12.76	15.00	19.05	20.28	19.52	21.40	22.98	26.10	25.21	26.94	18.79	5.78
高管最高收入高出员工均值的倍数	4.62	4.41	4.42	5.12	5.56	4.15	4.50	4.59	4.13	4.53	4.92	4.66	5.91	4.76	0.52
高管平均收入高出员工均值的倍数	2.71	2.49	2.43	2.63	3.39	2.83	2.39	2.72	2.44	2.27	2.55	3.44	3.59	2.79	0.44

“员工平均收入”的最大值是 2018 年的 26.94 万元，最小值是 2006 年的 9.37 万元，收入变化的标准差是 5.78，远小于高管变化幅度，13 年增长了 187.53%，增长率年均 9.72%。因员工收入年均增长率小于高管收入年均增长率，考虑到高管较高的增长基数，内部收入差距预计将进一步扩大。

统计数据发现，13 年间“高管最高收入”平均高出员工均值 4.76 倍，最高是 2018 年的 5.91 倍，最低是 2014 年的 4.13 倍，标准差 0.52，变化不大；“高管平均收入”平均高出员工均值 2.79 倍，最高是 2018 年的 3.59 倍，最低是 2015 年的 2.27 倍，标准差是 0.44，变化不大。从差距倍数的标准差来看，各年之间的差距基本保持稳定。详见图 4－2 所示。

整体来看，航空运输业内部收入差距呈现出上升的迹象，尤其是 2015 年以来，差距扩大趋势比较明显。

（三）石油和天然气开采业内部收入差距情况

由于石油和天然气开采业样本公司中，与中石油和中石化相比，中海油职工总数一直很少，2011 年仅有 5 377 人，占三大石油公司的 0.57%，权重不高，但是，其个体和总体收入都很高，若将该公司收入情况纳入整个石油行业统计，

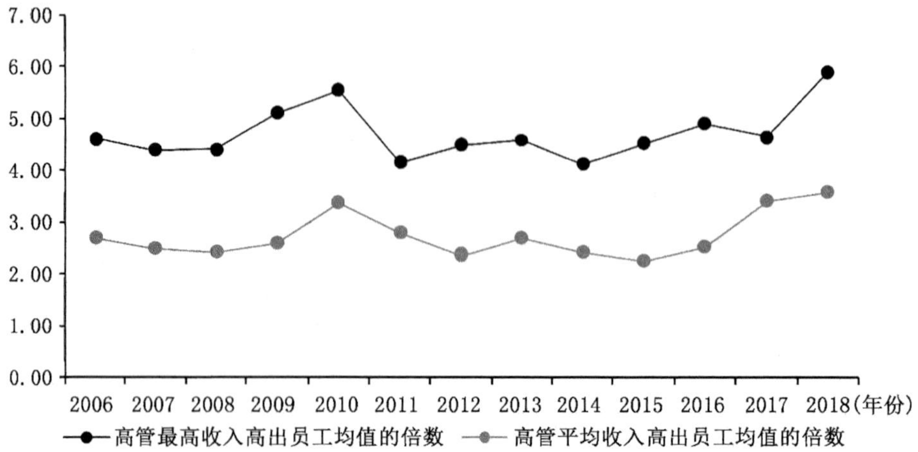

图 4-2 航空运输业高管与员工收入差距变化趋势

会导致行业平均收入提高 4—5 倍,使石油行业收入统计数据失去客观、公允的对比性,因此,这里将其收入情况单列。先来看剔除中海油后的行业收入差距情况。

整体而言,石油和天然气开采业内部收入分配差距呈现出逐年减小的趋势,从差距倍数的标准差来看,各年之间差距变化较大,而且,员工收入年均增长率高于高管收入年均增长率,但高管具有较高的增长基数。

我们发现"高管最高收入"最大值是 2018 年的 110.78 万元,最小值是 2006 年的 73.15 万元,平均值是 93.78 万元;标准差是 12.85,变化较大;13 年增长了 51.44%,增长率年均 4.54%。"高管平均收入"的最大值是 2018 年的 89.35 万元,最小值是 2006 年的 61.46 万元,平均值是 74.05 万元;标准差是 7.93,变化较大;13 年增长了 45.37%,增长率年均 3.47%。"员工平均收入"的最大值是 2018 年的 24.1 万元,最小值是 2006 年的 7.28 万元,平均值是 15.3 万元;收入变化的标准差是 5.16,略小于高管变化幅度;13 年增长了 231%,增长率年均 10.98%。详见表 4-3 所示。

13 年间"高管最高收入"平均高出员工均值 5.13 倍,最高是 2007 年的 9.46 倍,最低是 2015 年的 3.06 倍。"高管平均收入"平均高出员工均值 3.84 倍,最高是 2006 年的 7.44 倍,最低是 2015 年的 2.52 倍。详见图 4-3 所示。

表 4-3　　石油和天然气开采业内部收入差距情况　　金额单位:万元

年份	2006	2007	2008	2009	2010	2011	2012	2013	2014	2015	2016	2017	2018	平均	标准差
高管最高收入	73.15	91.65	90.29	79.63	97.42	99.76	108.12	110.26	105.60	77.86	82.52	92.15	110.78	93.78	12.85
高管平均收入	61.46	64.78	70.78	66.65	73.43	74.93	77.20	79.31	80.19	67.40	73.66	83.59	89.35	74.05	7.93
员工平均收入	7.28	8.76	10.94	10.10	11.60	14.29	16.72	18.19	19.06	19.18	18.54	20.17	24.10	15.30	5.16
高管最高收入高出员工均值的倍数	9.05	9.46	7.25	6.88	7.40	5.98	5.46	5.06	4.54	3.06	3.45	3.57	3.60	5.13	2.14
高管平均收入高出员工均值的倍数	7.44	6.40	5.47	5.60	5.33	4.24	3.62	3.36	3.21	2.51	2.97	3.14	2.71	3.84	1.57

注:仅中石油和中石化,不含中海油。

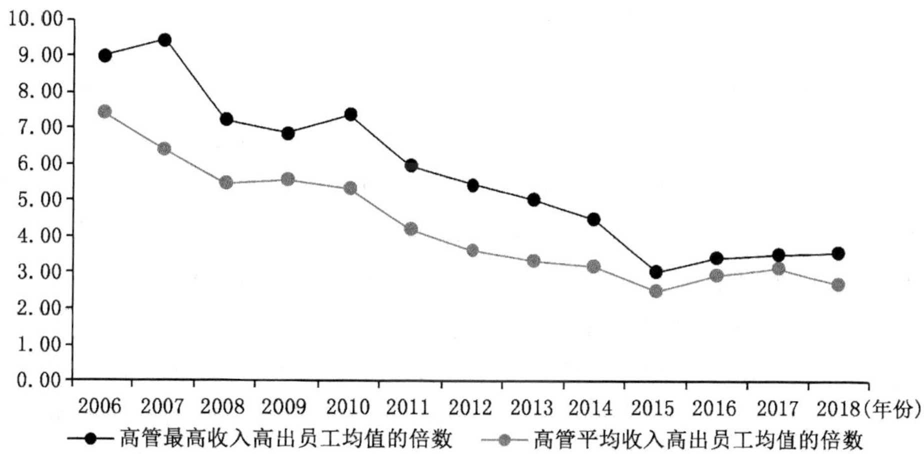

注:石油和天然气开采业未计入中国海洋石油股份有限公司。

图 4-3　石油开采业高管与员工收入差距变化趋势

中海油内部收入差距非常巨大,这可能与其行业特性有关,如工作环境、工作条件、技术难度等。6 年间"高管最高收入"平均高出员工均值 36.98 倍,最高是 2006 年的 47.88 倍,最低是 2011 年的 19.55 倍。"高管平均收入"平均高出员工均值 19.84 倍,最高是 2006 年的 25.37 倍,最低是 2011 年的 14.79 倍。从差距倍数的标准差来看,各年之间差距变化巨大。详见表 4-4 所示。

表 4－4　　中国海洋石油公司内部收入差距情况　　金额单位:万元

年份	2006	2007	2008	2009	2010	2011	平均	标准差	5 年增长(%)	年均增长(%)
高管最高收入(万元)	963.40	1 130.20	1 204.30	1 042.70	1 330.60	638.20	1 051.57	239.20	−33.76	−7.91
高管平均收入(万元)	519.81	537.66	618.50	594.67	723.47	490.32	580.74	84.54	−5.67	−1.16
员工平均收入(万元)	19.71	25.54	28.04	28.28	38.69	31.06	28.55	6.27	57.57	9.52
高管最高收入高出员工均值的倍数	47.88	43.26	41.95	35.87	33.39	19.55	36.98	10.01	/	/
高管平均收入高出员工均值的倍数	25.37	20.06	21.06	20.03	17.70	14.79	19.84	3.53	/	/

以中海油香港上市部分为代表,我们发现“高管最高收入”最大值是 2010 年的 1 330.6 万元,最小值是 2011 年的 638.2 万元,标准差是 239.2,变化非常巨大,5 年减少了 33.76%,年均减少 7.91%。“高管平均收入”的最大值是 2010 年的 723.47 万元,最小值是 2011 年的 490.32 万元,标准差是 84.54,5 年减少了 5.67%,年均减少 1.16%。

“员工平均收入”的最大值是 2010 年的 38.69 万元,最小值是 2006 年的 19.71 万元,收入的标准差是 6.27,变化幅度较大,5 年增长了 57.57%,年均增长 9.52%。可见,该公司员工收入也实现了稳步增长,但是距高管薪酬水平仍有巨大差距。

(四)电力和热力行业内部收入差距情况

电力行业上市公司有 49 家之多,限于数据的可得性,这里仅统计华能国际、华电国际、国电电力、大唐发电、国投电力、长江电力等 6 家典型上市公司的情况。

我们发现“高管最高收入”最大值是 2018 年的 100.34 万元,最小值是 2006 年的 59.74 万元,均值是 80.72 万元;标准差是 11.12,变化较大;13 年增长了

74.54%，增长率年均5.09%。“高管平均收入”的最大值是2018年的79.92万元，最小值是2006年的46.18万元，均值是64.5万元；标准差是8.89；13年增长了73.04%，增长率年均5.02%。“员工平均收入”的最大值是2018年的24.01万元，最小值是2006年的12.04万元，均值是15.85万元；收入的标准差是4.26，小于高管变化幅度；13年增长了99.39%，增长率年均6.37%。详见表4-5所示。

表4-5　　电力热力的生产和供应行业内部收入差距情况　　金额单位：万元

年份	2006	2007	2008	2009	2010	2011	2012	2013	2014	2015	2016	2017	2018	平均	标准差
高管最高收入	57.49	72.97	70.83	70.27	75.14	78.99	87.38	87.32	86.63	88.93	87.38	85.64	100.34	80.72	11.12
高管平均收入	46.18	58.93	56.35	55.39	60.35	64.35	66.70	72.56	67.25	68.77	70.37	71.38	79.92	64.50	8.89
员工平均收入	12.04	13.59	12.54	10.90	12.32	13.59	13.52	15.77	17.19	18.31	18.98	23.28	24.01	15.85	4.26
高管最高收入高出员工均值的倍数	3.77	4.37	4.65	5.45	5.10	4.81	5.46	4.54	4.04	3.86	3.60	2.68	3.18	4.09	0.85
高管平均收入高出员工均值的倍数	2.84	3.34	3.49	4.08	3.90	3.73	3.93	3.60	2.91	2.76	2.71	2.07	2.33	3.07	0.65

电力业内部收入差距有缩小的趋势。13年间“高管最高收入”平均高出员工均值4.09倍，最高是2009年的5.45倍，最低是2017年的2.68倍。“高管平均收入”平均高出员工均值3.07倍，最高是2009年的4.08倍，最低是2017年的2.07倍。详见图4-4所示。

从差距倍数的标准差来看，各年之间的差距变化比较稳定，差距呈现出缩小的趋势。而且，该行业员工收入年均增长率高于高管收入年均增长率，当然，高管具有较高的增长基数。

（五）银行业内部收入差距情况

统计发现，银行业“高管最高收入”最大值是2008年的426.53万元，最小值是2016年的213.86万元，均值是304.77万元；标准差是69.8，变化巨大；13年减少了1.89%，年均减少1.27%。“高管平均收入”的最大值是2012年的219.48万元，最小值是2016年的124.12万元，均值是181.06万元；标准差是

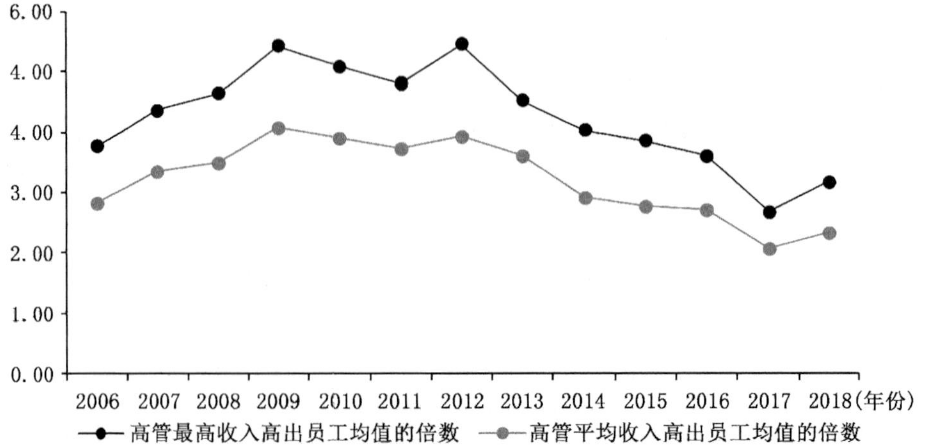

图 4-4 电力行业高管与员工收入差距变化趋势

38.71，变化较大；13 年增长 2.97%，增长率年均 1.96%。

“员工平均收入”的最大值是 2018 年的 37.74 万元，最小值是 2006 年的 15.49 万元，均值是 28.33 万元；收入的标准差是 6.55，小于高管变化幅度；13 年增长了 143.62%，增长率年均 8.05%。详见表 4-6 所示。

表 4-6　　银行业内部收入差距情况　　金额单位：万元

年份	2006	2007	2008	2009	2010	2011	2012	2013	2014	2015	2016	2017	2018	平均	标准差
高管最高收入	256.35	371.18	426.53	403.38	345.19	308.60	322.37	306.18	314.26	228.04	213.86	214.64	251.51	304.77	69.80
高管平均收入	141.89	214.90	213.58	202.98	205.27	207.15	219.48	208.30	208.48	130.96	124.12	130.55	146.10	181.06	38.71
员工平均收入	15.49	20.55	23.27	22.58	25.41	28.12	29.40	30.88	33.24	31.86	33.82	35.99	37.74	28.33	6.55
高管最高收入高出员工均值的倍数	15.55	18.52	17.33	16.86	12.59	9.97	9.96	8.92	8.45	6.16	5.32	4.96	5.66	10.79	4.89
高管平均收入高出员工均值的倍数	8.16	9.45	8.18	7.99	7.08	6.37	6.47	5.75	5.27	3.11	2.67	2.63	2.87	5.85	2.38

整体而言，银行业内部收入差距巨大，2006—2018 年“高管最高收入”平均高出员工均值 10.79 倍，最高是 2007 年的 18.52 倍，最低是 2017 年的 4.96 倍。“高管平均收入”平均高出员工均值 5.85 倍，最高是 2007 年的 9.45 倍，最低是

2017 年的 2.63 倍。详见图 4－5 所示。

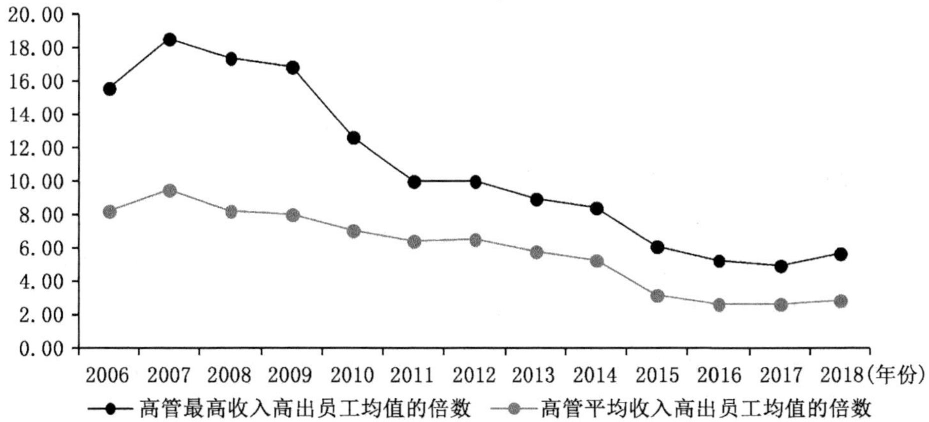

图 4－5　银行业高管与员工收入差距变化趋势

就银行业内部收入差距整体来看，呈现出下降的趋势。拐点出现在 2007 年，之后差距逐渐缩小，这得益于员工收入年均增长率高于高管收入年均增长率，当然，高管具有较高的增长基数。值得肯定的是高管层收入上涨的势头得到有效遏制，而且下降明显。

(六)电信和其他信息传输业内部收入差距情况

电信业三家公司中仅有中国联通一家同时在内地 A 股和香港上市，而中国移动和中国电信均在香港上市，根据其公告的各年度年报，测算收入差距情况，详见表 4－7 所示。

表 4－7　　电信和其他信息传输业内部收入差距情况　　金额单位：万元

年份	2006	2007	2008	2009	2010	2011	2012	2013	2014	2015	2016	2017	2018	平均	标准差
高管最高收入	515.87	391.70	303.33	199.67	280.47	179.97	135.97	167.70	138.77	65.10	96.89	82.04	94.90	204.03	134.33
高管平均收入	374.76	280.30	216.90	170.34	212.04	148.94	109.23	126.23	106.38	52.01	73.03	70.55	79.50	155.40	94.34
员工平均收入	13.12	12.73	11.41	12.14	12.48	13.84	14.73	15.49	20.09	16.95	17.01	18.15	19.96	15.24	2.96
高管最高收入高出员工均值的倍数	38.31	29.77	25.58	15.44	21.48	12.01	8.23	9.83	5.91	2.84	4.70	3.52	3.75	12.39	11.47

续表

年份	2006	2007	2008	2009	2010	2011	2012	2013	2014	2015	2016	2017	2018	平均	标准差
高管平均收入高出员工均值的倍数	27.56	21.02	18.01	13.03	15.99	9.76	6.42	7.15	4.30	2.07	3.29	2.89	2.98	9.20	8.16

我们发现"高管最高收入"最大值是2006年的515.87万元,最小值是2015年的65.1万元,均值是204.03万元;标准差是134.33,变化非常巨大;13年减少了81.6%,年均减少8.2%,下降趋势明显。"高管平均收入"的最大值是2006年的374.76万元,最小值是2015年的52.01万元,均值是155.4万元;标准差是94.34,变化很大;13年减少了78.79%,年均减少8.57%。"员工平均收入"的最大值是2014年的20.09万元,最小值是2008年的11.41万元,均值是15.24万元;收入的标准差是2.96,变化幅度较小;13年增长了52.13%,增长率年均4.12%。

电信业内部收入差距可谓巨大。13年间"高管最高收入"平均高出员工均值12.39倍,最高是2006年的38.31倍,最低是2015年的2.84倍;"高管平均收入"平均高出员工均值9.2倍,最高是2006年的27.56倍,最低是2015年的2.07倍。详见图4-6所示。

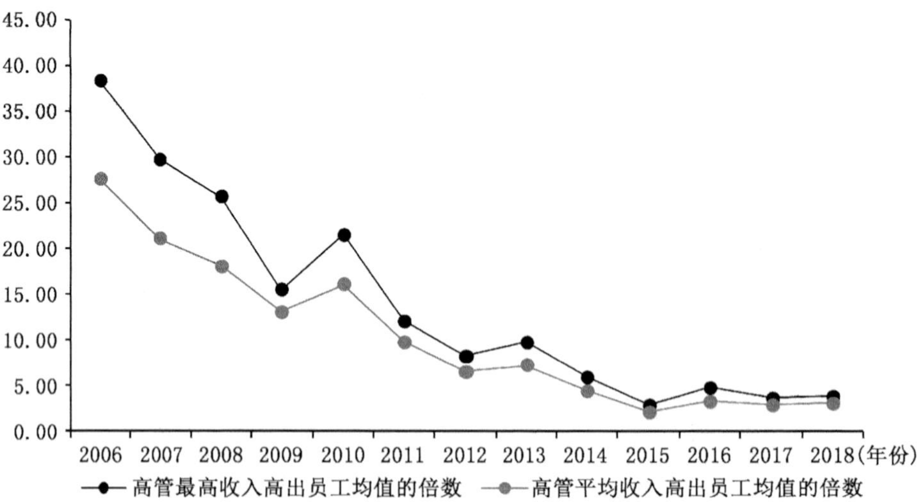

图4-6 电信业高管与员工收入差距变化趋势

从差距倍数的标准差来看,各年之间差距变化非常大,但13年间整体下降趋势明显，到 2015 年后趋于稳定，这说明 2015 年以来国家对国有企业高管的限薪令取得了实效，该行业员工收入则实现了稳步低幅增长，而高管收入总额和年均增长率都得到了有效控制。

（七）纺织业内部收入差距情况

统计发现，纺织业“高管最高收入”最大值是 2018 年的 111.71 万元，最小值是 2006 年的 23.09 万元，均值是 67.02 万元；标准差是 27.46，变化较大；13 年增长了 383.74%，增长率年均 14.72%，增幅巨大。“高管平均收入”的最大值是 2018 年的 56.85 万元，最小值是 2006 年的 12.75 万元，均值是 31.95 万元；标准差是 12.46，变化较大；13 年增长了 346%，增长率年均 14.13%，涨幅较大。

“员工平均收入”的最大值是 2018 年的 8.2 万元，最小值是 2006 年的 2.25 万元，均值是 4.92 万元；收入的标准差是 1.83，变化幅度较小；13 年增长了 264.17%，增长率年均 11.85%，低于高管层。详见表 4－8 所示。

表 4－8　　**纺织业内部收入差距情况**　　金额单位：万元

年份	2006	2007	2008	2009	2010	2011	2012	2013	2014	2015	2016	2017	2018	平均	标准差
高管最高收入	23.09	28.92	40.46	40.68	55.24	65.10	73.34	82.06	82.28	81.14	90.51	96.69	111.71	67.02	27.46
高管平均收入	12.75	16.06	19.09	22.81	29.60	35.95	28.40	33.58	34.87	37.18	42.59	45.61	56.85	31.95	12.46
员工平均收入	2.25	2.54	3.08	3.44	4.31	5.21	4.57	4.78	5.37	6.38	6.89	6.98	8.20	4.92	1.83
高管最高收入高出员工均值的倍数	9.25	10.38	12.13	10.82	11.82	11.48	15.06	16.16	14.31	11.72	12.14	12.85	12.62	12.61	1.90
高管平均收入高出员工均值的倍数	4.66	5.32	5.20	5.63	5.87	5.89	5.22	6.02	5.49	4.83	5.18	5.53	5.93	5.49	0.43

注：众和股份因 2014 年之后数据异常，被剔除样本。维科精华的杨东文在 2018 年公告薪酬 439.62 万元，显著异于常年，剔除。鲁泰 A 的董事、高级顾问藤原英利不但对本公司高管收入影响巨大，而且对整个纺织行业影响也巨大，导致行业高管平均收入提高近一倍，因此，在表 4－8 中剔除了该个人因素。

纺织业内部收入差距相对并不小，13 年间“高管最高收入”平均高出员工 12.61 倍，最高是 2013 年的 16.16 倍，最低是 2006 年的 9.25 倍。“高管平均收入”平均高出员工 5.49 倍，最高是 2013 年的 6.02 倍，最低是 2006 年的 4.66 倍。如图 4－7 所示。

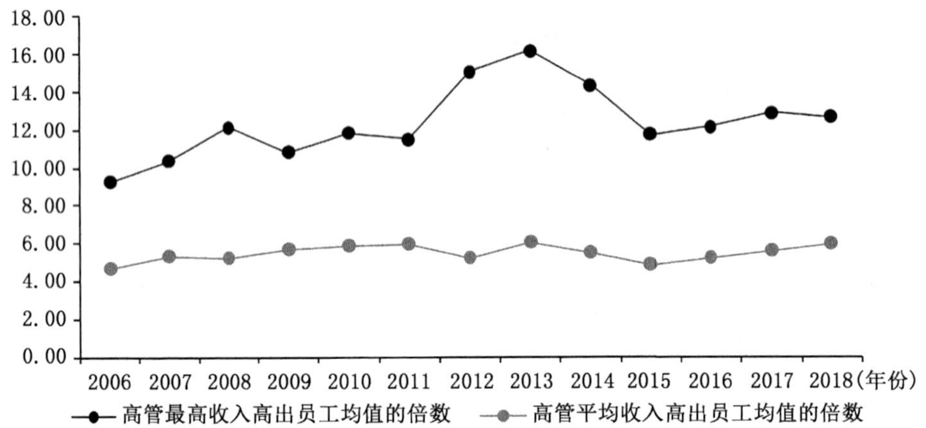

图 4－7　纺织业高管与员工收入差距变化趋势

整体而言，高管与员工收入差距有扩大化的趋势。从差距倍数的标准差来看，各年之间差距的变化并不是太大。该行业员工收入实现了稳步高幅增长，但是增幅仍远低于高管。

(八)交通运输设备制造业内部收入差距情况

统计发现，该行业“高管最高收入”最大值是 2017 年的 115.81 万元，最小值是 2006 年的 35.23 万元，均值是 66.11 万元；标准差是 26.85，变化较大；13 年增长了 194.45%，增长率年均 10.45%。“高管平均收入”的最大值是 2017 年的 55.36 万元，最小值是 2006 年的 21.32 万元，均值是 34.68 万元；标准差是 10.68，变化较大；13 年增长了 124.42%，增长率年均 7.9%。“员工平均收入”的最大值是 2018 年的 12.69 万元，最小值是 2006 年的 3.65 万元，均值是 7.58 万元；收入的标准差是 3.11，变化幅度较小；13 年增长了 247.21%，增长率年均 12.47%。可见，该行业员工收入实现了稳步低幅增长，同时增幅略高于高管。见表 4－9 所示。

表 4－9　　交通运输设备制造业内部收入差距情况　　金额单位：万元

年份	2006	2007	2008	2009	2010	2011	2012	2013	2014	2015	2016	2017	2018	平均	标准差
高管最高收入	35.23	37.42	44.98	40.32	47.37	51.44	60.97	64.85	87.42	77.41	92.50	115.81	103.75	66.11	26.85
高管平均收入	21.32	26.43	27.16	25.64	32.13	29.16	26.74	29.60	38.55	43.08	47.82	55.36	47.85	34.68	10.68
员工平均收入	3.65	4.72	5.54	5.56	6.92	5.22	5.78	6.23	7.72	11.47	10.56	12.41	12.69	7.58	3.11
高管最高收入高出员工均值的倍数	8.64	6.92	7.12	6.25	5.85	8.85	9.55	9.41	10.32	5.75	7.76	8.33	7.18	7.84	1.48
高管平均收入高出员工均值的倍数	4.84	4.59	3.91	3.61	3.64	4.58	3.63	3.75	3.99	2.75	3.53	3.46	2.77	3.77	0.63

注：博盈投资在 2015 年之后员工数据异常，剔除该样本。

交通运输设备制造业内部收入差距相对较小，13 年间“高管最高收入”平均高出员工 7.84 倍，最高是 2014 年的 10.32 倍，最低是 2015 年的 5.75 倍。“高管平均收入”平均高出员工均值 3.77 倍，最高是 2006 年的 4.84 倍，最低是 2015 年的 2.75 倍。从差距倍数的标准差来看，各年之间差距变化并不大。详见图 4－8 所示。

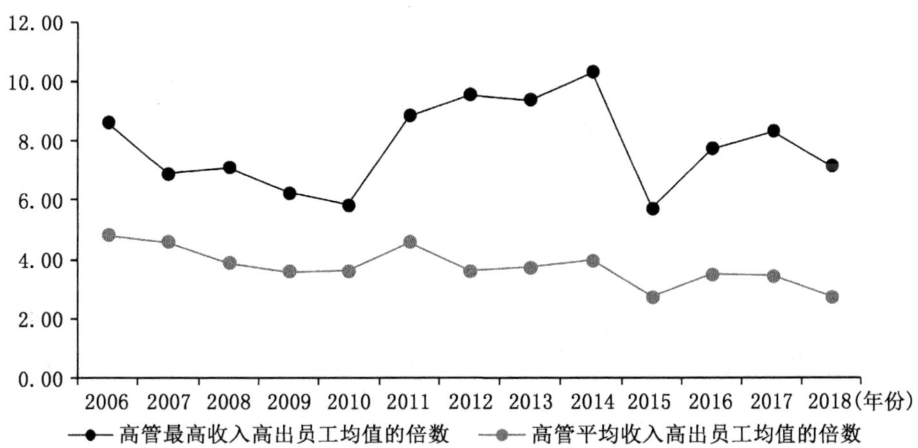

图 4－8　交运设备制造业高管与员工收入差距变化趋势

整体而言，该行业高管最高收入与员工收入均值的差距有扩大的趋势，而高管平均收入与员工收入均值则出现缩小的趋势。

二、各自行业内部高管与员工之间的平均差距情况

2006—2018 年，各自行业内部高管与员工平均收入差距最大的是电信业，高管收入均值高出员工 9.2 倍；银行业高出 5.85 倍；纺织业高出 5.49 倍；石油和天然气开采业高出 3.84 倍；交通运输设备制造业高出 3.77 倍；电力热力的生产和供应业高出 3.07 倍；铁路运输业高出 2.85 倍；航空运输业内部差距最小，仅高出 2.79 倍。而纺织业和交通运输设备制造业的内部收入差距也不低，甚至高于三个行政垄断性行业。详见表 4-10 所示。

表 4-10　各自行业内部高管与员工 2006—2018 年平均收入差距情况　单位：倍

行业	电信业	银行业	纺织业	石油业	交运设备制造业	电力业	铁路运输业	航空运输业
内部差距	9.2	5.85	5.49	3.84	3.77	3.07	2.85	2.79

三、行政垄断性行业与竞争性行业之间收入差距的对比分析

在做了各行业内部各自收入差距的对比分析之后，我们再进一步研究各样本行业之间的收入差距，就相同层次的比较结果来看，行政垄断性行业的高管及其员工都比竞争性行业拥有巨大优势；不同层次的收入差距比较更是触目惊心。

（一）各行业“高管平均收入”之间的对比

就各行业 2006—2018 年“高管收入均值”情况来看，银行业高管平均收入最高，为 181.06 万元，高出交通运输设备制造业高管 4.22 倍，高出纺织业高管 4.67 倍；电信业次之，为 155.4 万元，分别高出两个竞争性行业 3.48 和 3.86 倍；其次是石油业的 74.05 万元，分别高出两个竞争性行业 1.14 和 1.32 倍；航空运输业的 71.29 万元，分别高出两个竞争性行业 1.06 和 1.23 倍；电力业的 64.5 万元，分别高出两个竞争性行业 0.86 和 1.02 倍；铁路业的 39.02 万元，分别高出两个竞争性行业 0.13 和 0.22 倍；最后是交通运输设备制造业 34.68 万元和最低的纺织业 31.95 万元。详见图 4-9 所示。

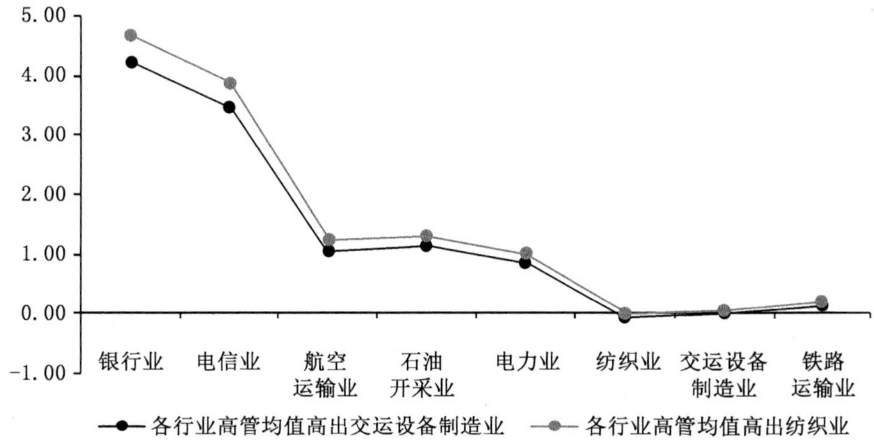

图 4-9 各行业高管收入均值高出交运设备制造业和纺织业高管的倍数

可见,两种类型行业的高管收入差距也很大,银行业和电信业具有绝对优势,两个竞争性行业代表的高管收入均处于相对劣势。

(二)各行业"员工平均收入"之间的对比

就各行业 2006—2018 年员工收入平均情况来看,银行业员工平均收入最高,为 28.33 万元,高出交通运输设备制造业员工 2.74 倍,高出纺织业员工 4.75 倍;航空运输业次之,为 18.79 万元,分别高出两个竞争性行业 1.48 和 2.82 倍;其次是电力业的 15.85 万元,分别高出两个竞争性行业 1.09 和 2.22 倍;石油开采业的 15.3 万元,分别高出两个竞争性行业 1.02 和 2.11 倍;电信业的 15.24 万元,分别高出两个竞争性行业 1.01 和 2.09 倍;铁路业的 10.82 万元,分别高出两个竞争性行业 0.43 和 1.2 倍;最后是交通运输设备制造业 7.58 万元和最低的纺织业 4.92 万元。详见图 4-10 所示。

可见,两种类型行业员工之间的收入差距也很大,行政垄断性行业都具有绝对优势,两个竞争性行业代表的员工收入均处于相对劣势。

(三)行政垄断性行业"高管"与竞争性行业"员工"之间的收入差距

行政垄断性行业高管与竞争性行业员工之间的收入差距有"天壤之别":2006—2018 年,银行业高管平均收入高出交通运输设备制造业员工 22.9 倍,高出纺织业员工 35.7 倍;电信业分别高出二者 19.51 和 30.56 倍;石油业分别高出二者 8.78 和 14.4 倍;航空运输业分别高出二者 8.41 和 13.48 倍;电力业分

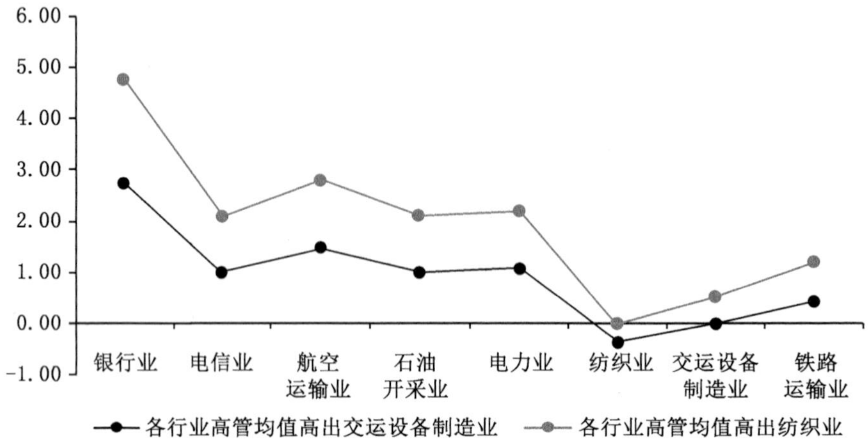

图 4-10　各行业员工收入均值高出交运设备制造业和纺织业员工的倍数

别高出二者 7.51 和 12.1 倍;铁路运输业分别高出二者 4.15 和 6.92 倍。

此外,笔者还发现交运设备制造业高管高出纺织业员工 6.04 倍;纺织业高管高出交运设备制造业员工 3.3 倍。可见,银行业、电信业、石油业和电力业高管平均收入均高出竞争性行业员工最少 4 倍以上,尤其是银行业和电信业都在 19 倍以上,差距惊人。具体如图 4-11 所示。

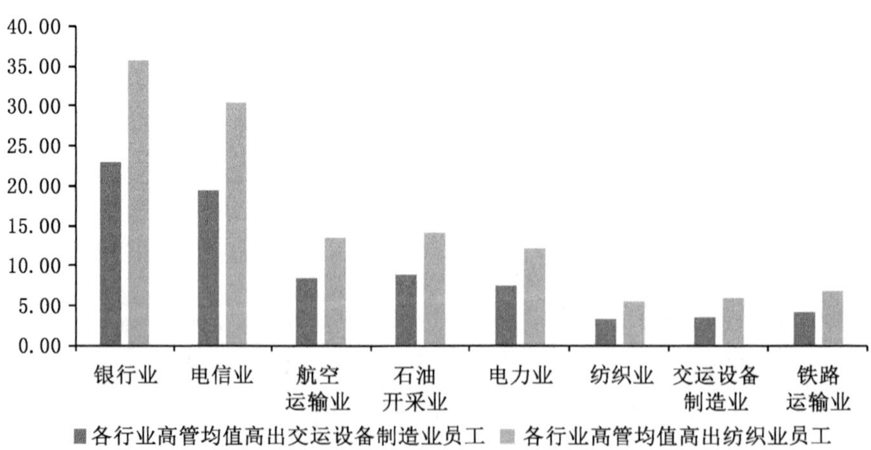

图 4-11　行政垄断行业高管收入均值高出交运设备制造业和纺织业员工的倍数

具体数据详见表 4-11 所示。

表 4－11　　2006—2018 年各行业高管与员工收入均值及差距倍数一览表

	高管最高收入均值（万元）	高管平均收入均值（万元）	员工均值（万元）	高管最高收入均值高出本行业员工均值的倍数	高管均值高出本行业员工均值的倍数	各行业高管均值高出交运设备制造业倍数	各行业高管均值高出纺织业倍数	各行业员工均值高出交运设备制造业员工倍数	各行业员工均值高出纺织业员工倍数	各行业高管高出交运设备制造业员工倍数	各行业高管高出纺织业员工倍数
银行业	304.77	181.06	28.33	10.79	5.85	4.22	4.67	2.74	4.75	22.90	35.77
电信业	204.03	155.40	15.24	12.39	9.20	3.48	3.86	1.01	2.09	19.51	30.56
航空运输业	108.24	71.29	18.79	4.76	2.79	1.06	1.23	1.48	2.82	8.41	13.48
石油开采业	93.78	74.05	15.30	5.13	3.84	1.14	1.32	1.02	2.11	8.78	14.04
电力业	80.72	64.50	15.85	4.09	3.07	0.86	1.02	1.09	2.22	7.51	12.10
纺织业	67.02	31.95	4.92	12.61	5.49	—0.08	0.00	—0.35	0.00	3.22	5.49
交运设备制造业	66.11	34.68	7.58	7.84	3.77	0.00	0.09	0.00	0.54	3.58	6.04
铁路运输业	54.76	39.02	10.82	4.53	2.85	0.13	0.22	0.43	1.20	4.15	6.92

第三节　行业内部收入分配差距的合理性评价

众所周知，改革开放后逐渐拉大的行业内部收入差距本是我国打破“大锅饭”、打破“平均主义”、倡导效率优先、兼顾公平的政策成果之一，在此过程中通过引入市场经济规律以提高效率，促进经济发展，但是，在具体执行中却出现了仅重视“效率”却忽视“公平”的情况，出现了行业内部尤其是企业内部收入差距急剧扩大的现象。那么，我们所追求的“效率”是否达到了呢？我们通过研究内部收入差距与衡量效率的主要指标即企业经营绩效之间的相关性来进行考察，所涉及的主要理论依据是竞赛理论和行为理论。

参考谌新民等（2003）、宋德舜（2004）、张正堂（2007）、李维安等（2010）、胥佚萱（2010）、陆正飞等（2012）相关学者研究假定和变量设定的经验，结合本研究旨在测度薪酬差距与绩效关系的目标，基于经营绩效的视角，确定本节的研究假设和变量情况。

一、研究假设与模型设计

本部分从“高管之间”的薪酬差距和“高管与员工”之间的薪酬差距两个角度进行研究设计。

(一)高管层之间的薪酬差距

从高管内部"绝对"收入差距和"相对"收入差距与总资产收益率或者总营业收入之间的关系展开研究,控制行政垄断以及其他重要影响因素组成的个体效应和时间趋势效应等,设定模型如下:

$$\ln Gap1_i = \alpha ROA_i + \beta Contrvarialble_{mi} \tag{4.1}$$

$$\ln Gap1_i = \alpha \ln BI_i + \beta Contrvarialble_{mi} \tag{4.2}$$

$$Gap2_i = \alpha ROA_i + \beta Contrvarialble_{mi} \tag{4.3}$$

$$Gap2_i = \alpha \ln BI_i + \beta Contrvarialble_{mi} \tag{4.4}$$

其中,i 指的是各公司,$Contrvarialble_{mi}$ 指的是各控制变量,依次是:$Type$、$DYear$、$Dual$、$BoardInde$、$BoardSu$、$Mshare$、HHI、$\ln TA$、$Personnel$、$CRisk$、$\ln Mlevel$、$Meffi$、$Rgdp$、CPI、$\ln M2$,详见表 4-12 所示,下同。

(二)高管与员工之间的薪酬差距

从高管与员工之间的绝对收入差距和相对收入差距与总资产收益率或总营业收入之间的关系展开研究,控制行政垄断以及其他重要因素,设定模型如下:

$$\ln Gap3_i = \alpha ROA_i + \beta Contrvarialble_{mi} \tag{4.5}$$

$$\ln Gap3_i = \alpha \ln BI_i + \beta Contrvarialble_{mi} \tag{4.6}$$

$$Gap4_i = \alpha ROA_i + \beta Contrvarialble_{mi} \tag{4.7}$$

$$Gap4_i = \alpha \ln BI_i + \beta Contrvarialble_{mi} \tag{4.8}$$

表 4-12　　变量设定

变量符号	变量名称	变量的经济学含义	计算方法
因变量:$\ln Gap1$	高管内部收入绝对差距	高管最高收入与扣除最高收入之外的其他高管平均收入之间的绝对差距	ln(高管最高收入－其他高管平均收入)
$Gap2$	高管内部收入相对差距	高管最高收入与扣除最高收入之外的其他高管平均收入之间的相对差距	高管最高收入/其他高管平均收入
$\ln Gap3$	高管与员工平均收入的绝对差距	全部高管平均与员工平均收入之间的绝对差距	ln(高管平均收入－员工平均收入)
$Gap4$	高管与员工平均收入的相对差距	全部高管平均与员工平均收入之间的相对差距	高管平均收入/员工平均收入

续表

变量符号		变量名称	变量的经济学含义	计算方法
自变量:*ROA*		总资产收益率	净利润与平均总资产的比值	净利润/(期初总资产+期末总资产)/2
	ln*BI*	营业收入	经营产生的收入，含非主营业务收入	ln(营业收入)
控制变量	*Type*	行业类型	哑变量，反映行政垄断属性的影响	取"1"代表行政垄断性行业，"0"代表其他
	DYear	年份	哑变量，反映时间因素的影响	2007 年—2011 年
	Dual	两职合一	哑变量，董事长与总经理合一与否	两职合一时取"1"，不合一时取"0"
	BoardInde	董事会独立性	独立董事比率	独立董事/董事会人数
	BoardSu	监事会规模	监事会人数	监事会人数
	Mshare	内部人控制率	管理层控制情况	管理层持股量或者股票增值权/总股本
	HHI	股权集中度	大股东的控制能力	前 3 大股东持股比例的平方和
	ln*TA*	资产规模	平均总资产	ln((期初总资产+期末总资产)/2)
	Personnel	员工规模	员工总数	全部在职员工总数
	CRisk	资本结构风险	衡量财务风险的影响	总负债/总资产
	ln*Mlevel*	人均管理费用水平	平均每个职工耗费的管理费用	ln(管理费用/员工总数)
	Meffi	管理效率	每单位管理费用产生的营业收入	营业收入/管理费用
	Rgdp	经济景气指数	实际 *GDP* 增长率	不变价格 *GDP* 指数(1978 年为基期)
	CPI	通货膨胀率	物价上涨情况	使用不变价格居民消费价格指数 *CPI* 代替通货膨胀的影响(1978 年为基期)
	ln*M2*	货币发行量	货币和准货币(*M2*)，广义货币发行量	ln(*M2*)

二、变量设定

本研究主要变量详见表 4 - 12 所示，计量中用到的变量数据均进行了消胀处理(对于涉及绝对数值的变量均进行消胀处理，而相对值则无须消胀处理)。另需说明的变量情况如下：

(一)高管收入差距的衡量

对于高管收入差距,一般相关学者借鉴国外学者的经验,使用的都是高管收入前三位与扣除这三位之外的高管收入的平均值之间的绝对或者相对收入,但是,笔者在整理上市公司年报高管收入数据时发现,各公司高管人员变动较为频繁,导致高管收入最高的前三位不但人员而且岗位(职位)也随之而变动,而收入数据本来与职位和岗位都是相关的,因此具有一定的稳定性和持续性,那么,计量中若使用不断变换的三位收入最高的高管则导致数据仅具有统计意义,将失去经济学和管理学意义。而高管中收入最高的人员即使职位发生变动,其收入也选取最高的,对比的收入差距同样具有经济学和管理学意义。在具体管理实践中,最高职位和最高收入不但是同一层次团队组织内成员关注的焦点,而且是大股东、董事会在处理委托代理问题时关注的焦点,因此,本章决定高管收入差距试用“高管最高收入”与扣除“最高收入”之外的其他高管平均收入之间的绝对和相对差距。

(二)测度高管和员工竞争需求假设的解释变量

一个自变量采用总资产收益率(*ROA*)而不是净资产收益率,是因为净收益是由总资产而不仅仅是由净资产创造的,总资产收益率的高低直接反映了公司的竞争实力和发展能力,也就能更好地反映高管和员工对总资产的运用情况,而且可以反映企业综合经营管理水平的高低,同时,也就规避了金融类公司资产负债率迥异于非金融类公司以至于不能被纳入样本的问题。此外,众所周知,国有企业比民营企业更容易获得银行贷款和其他各类贷款,因此,就更有必要以总资产产生的收益情况为衡量标准了。

另一个自变量采用营业收入(business income)而不是净利润(net profit)是因为营业收入更能体现所有员工的价值创造,在确定员工薪酬之后才核算净利润,而且薪酬具有一定的黏性(或者刚性)。这里不计入营业外收入,因营业外收入与员工的贡献关系不大。但是,进行因变量与各解释变量之间的多重共线性检验时,发现该变量与其他变量之间存在严重的多重共线性,只能舍弃。

(三)控制变量

考虑到收入差距设计的问题比较复杂,我们必须控制可能的重要影响因素。魏刚(2000)的研究发现:高级管理人员的年度报酬与上市公司的经营业绩并不存在显著的正相关关系,其报酬水平与企业规模存在显著的正相关关系,与其所持股份存在负相关关系，并受所处行业景气情况的影响。黄珺(2010)研究了中国金融类上市公司高管薪酬的影响因素，发现显著相关的是公司规模、前五大股东持股比例，但是公司业绩、董事会规模、独立董事比例与高管薪酬不相关。

1. 控制行业类型与时间因素

本章重点考查的是行政垄断因素是否显著地拉大了收入差距问题，而时间因素可能也会影响收入差距，因此将这两个因素设计为哑变量。

2. 控制高管权力因素

高管可能运用自身掌握的较大的管理权力为自身和员工谋取较高的收入，因此，必须对此因素进行控制。其一就是学者们经常关注的两职合一因素，其次分别是董事会独立性、监事会规模、内部人控制率、大股东持股率等。其中，内部人控制率使用管理层持股量占总股本的比例，或者使用股票增值权占总股本的比例，笔者认为股票增值权持有期间，相当于管理层持有相应份额的股份；大股东持股率使用赫芬达尔指数(HHI)，采用前 3 大股东各自持股率的平方和。

3. 公司规模和经营风险因素

主要有总资产规模、员工规模、资本结构风险(设定为总资产负债率)、人均管理费用水平、管理效率等。其中，管理效率采用狭义概念，即管理活动本身所耗费的成本(主要指管理费用)与所带来的收益的比例关系，这里用管理费用与营业收入的比值替代。这些指标的大小也同时对应着管理层级的多少，陈震(2006)通过对我国上市公司 2004 年度数据的实证研究发现，公司高管层级差报酬会随公司规模的扩大而增加，而一般行政垄断性企业规模相对较大或者很大，层级很多，这些因素必须被纳入考虑。

4. 外部环境影响因素

考虑到行业企业所处的经济周期情况，引入经济景气指数(1978 年为基期)、通货膨胀率(1978 年为基期)、货币发行量等外部重大因素。其中尤其以货币发行量值得关注，因为中国的货币供应量(货币和准货币，$M2$)2018 年末为 182.67 万亿元，而 2006 年 12 月份仅有 34.56 万亿元，在本研究期间(2006—2018)增长了 428.56%。

二、计量回归结果与检验

运用 STATA10 软件，采用上述整理获得的面板数据，分别对高管之间的薪酬差距和高管与员工之间的薪酬差距进行计量运算与检验。为避免各解释变量之间的多重共线性问题，本章分别计算各模型假设中每一个多元回归方程所涉及解释变量的膨胀因子 *Estat vif*，对于造成严重多重共线性的解释变量进行剔除，最后保留的解释变量有总资产收益率、行业类型、两职合一、董事会独立性、监事会规模、内部人控制率、股权集中度、员工规模、人均管理费用水平、资本结构风险和管理效率等 10 个；在对相关模型均进行豪斯曼（Hausman）检验之后，发现检验结果均接受原假设，表明应使用随机效应模型。而鉴于样本数量 N 多于时期数量 T，我们重点检验可能存在的异方差问题，然后使用 Xt-serial 命令进行组内序列相关的检验，最后，经检验，各相关模型均存在异方差、序列自相关，因此使用可行广义最小二乘法（FGLS）处理该问题。具体的测算结果见表 4－13 所示。

由于营业收入与各自变量之间存在较严重的多重共线性，暂时无法考察其与内部收入差距之间的关系，而其他自变量对内部收入差距的影响程度各不相同。

总体来看，无论是绝对收入差距还是相对收入差距，影响最大的因素是总资产收益率，其显著正相关的测度结果表明本研究支持竞赛理论而不是行为理论。

特别值得注意的是，无论是高管层之间的收入差距还是高管与员工之间的收入差距，行业类型因素对绝对收入差距的影响都是正向的，而对相对收入差距的影响都是负向的，这意味着行政垄断因素会导致绝对收入差距加大，而相对收入差距缩小。具有近似特点的还有资本结构风险因素，它对绝对收入差距的影响都是显著负向的，这意味着资产负债率越高会导致绝对收入差距越小，而只对高管层之间的相对收入差距具有正向显著影响，对高管与员工之间的相对收入差距没有显著影响，这与张正堂（2007）的研究结论有所区别。

表 4－13　　内部收入差距与其影响因素之间关联度的测算结果

因变量	变量	ln*GAP*1	*GAP*2	ln*GAP* 3	*GAP*4
总资产收益率	*roa*	12.924***	3.479**	2.624*	22.437**
行业类型	*type*	0.670***	−0.167	1.162***	−1.490**
两职合一	*dual*	−0.163	0.063	−0.551***	−1.795**
董事会独立性	*boardinde*	−0.134	0.449	−0.956*	−8.023**

续表

因变量	变量	ln*GAP*1	*GAP*2	ln*GAP* 3	*GAP*4
监事会规模	*boardsu*	−0.049*	−0.03	−0.030*	−0.310***
内部人控制率	*mshare*	−0.148	0.46	−0.612	−8.129***
股权集中度	*hhi*	−0.617	−0.16	0.806**	−3.601*
员工规模	*personnel*	0.000	0.000	0.000***	0.000***
资本结构风险	*crisk*	−0.202**	0.313***	−0.157**	−0.61
人均管理费用水平	ln*mlevel*	0.417***	0.037	0.297***	0.703***
管理效率	*meffi*	−0.000***	0.000	−0.000***	−0.000***
常数项	*_cons*	0.794**	1.363***	1.518***	12.826***
经济景气指数	*Rgdp*	控制	控制	控制	控制
通货膨胀率	*CPI*	控制	控制	控制	控制
货币发行量	ln*M*2	控制	控制	控制	控制
数据个数	*N*	309	309	309	309

注：* $p<0.1$；** $p<0.05$；*** $p<0.01$。

（一）高管层之间的薪酬差距

就绝对收入差距的回归结果来看，总资产收益率变动 1%会导致绝对收入差距同方向急剧变动 12.92 倍；人均管理费用水平的影响是正向的，它变动 1%会导致绝对收入差距变动 41.7%，说明平均每个员工耗费的管理费用越高，绝对收入差距就越大；监事会规模、资本结构风险和管理效率的影响都是负向的，其中，监事会规模变动 1%会导致绝对收入差距变动−4.9%，资本结构风险的系数值表明资产负债率越高会导致绝对收入差距越小，它变动 1%会导致绝对收入差距变动−20.2%，管理效率的影响微乎其微；两职合一、董事会独立性、内部人控制率、股权集中度和员工规模等 5 个因素对绝对收入差距的影响都不显著。

就相对收入差距的测度结果来看，总资产收益率变动 1%会导致相对收入差距同方向变动 3.48 倍；资本结构风险的影响却是正向的，表明资产负债率越高会导致相对收入差距越大，它变动 1%会导致相对收入差距变动 31.3%；行业类型、两职合一、董事会独立性、监事会规模、内部人控制率、股权集中度、员工规模、人均管理费用水平和管理效率等 9 个因素对相对收入差距的影响都不显著。这意味着影响高管层之间相对收入差距的因素较少，仅有总资产收益率和资本结构风险两个因素。

（二）高管与员工之间的薪酬差距

根据高管与员工绝对收入差距的回归结果，总资产收益率变动1%会导致绝对收入差距同方向变动2.62倍；行业类型对于高管与员工之间绝对收入差距的贡献度远远高于其对高管之间绝对收入差距的影响力，对于内部收入差距的扩大也发挥了较大的作用；人均管理费用水平的影响也是正向的，它变动1%会导致绝对收入差距变动29.7%，说明平均每个员工耗费的管理费用越高，绝对收入差距就越大；两职合一、董事会独立性、监事会规模、股权集中度和资本结构风险的影响都是负向的，也就是说，都会导致内部绝对收入差距缩小，其中，管理效率的影响微不足道，资本结构风险的系数值表明资产负债率越高会导致高管与员工之间的绝对收入差距越小，它变动1%会导致绝对收入差距变动−15.7%；仅有内部人控制率这个因素对绝对收入差距的影响不显著。

与其他模型相比，这里相对收入差距模型的测度结果显著性是较高的，方程的拟合程度最好。我们发现，总资产收益率的变动无疑会极大地扩大高管与员工之间的相对收入差距，它只要变动1%，就会导致相对收入差距同方向变动22.44倍；人均管理费用水平变动1%就会导致相对收入差距变动70.3%，也说明人均管理费用越是高，相对收入差距就会越大。行业类型、两职合一、董事会独立性、监事会规模、内部人控制率、股权集中度和管理效率等7个因素对相对收入差距的影响都是负向的，其中，这里行业类型的影响力也远远超过它对高管层之间的，当行业类型变为行政垄断时会导致高管与员工之间的相对收入差距大幅缩小；两职合一、董事会独立性越强、内部人控制率越高以及股权集中度越高都会导致相对收入差距大幅缩小，这与胥佚萱（2010）的部分研究结论基本一致；员工规模和管理效率对相对收入差距的影响尽管都很显著且方向相反，但是都很微小，而李维安（2013）也发现股权集中度的估计系数是显著为负的，表明上市公司的大股东在制约经理权力方面发挥了积极作用；这里资本结构风险的影响不显著。

解释变量系数检验值不显著的只有一个，说明影响高管与员工之间收入差距的因素较多，而影响高管层之间收入差距的因素相对较少，这在一定程度上显示了高管层的强势地位。

四、行业类型影响程度的测度与检验

为进一步分析行业类型对行业内部收入差距的影响程度，我们使用借助于虚拟变量的邹检验进行验证。利用上述面板数据，将收入差距分别与总营业收入和总资产收益率、行业类型及其与解释变量的交乘项首先进行回归拟合，然后再进行邹检验，检验结果表明行政垄断因素对绝对收入差距具有显著影响，而对于相对收入差距的影响并不显著，具体测算结果如表 4－14 所示。

表 4－14　　　　收入差距与行业类型之间关系的邹检验

收入差距	变量	lngap1		gap2		lngap3		gap4	
营业收入	ln*bi*	0.509***		0.067		0.327***		2.808***	
总资产收益率	*roa*		20.338***		5.45		14.861**		97.192**
行业类型	*type*	4.033***	1.385***	−0.204	0.087	2.708***	1.886***	13.635*	0.196
行业类型与营业收入的交乘项	*typebi*	−0.353***		0.003		−0.159**		−1.806**	
行业类型与总资产收益率的交乘项	*typeroa*		−6.23		−1.31		−4.466		37.387
常数项	*_cons*	−4.638***	−0.093	1.209*	1.781***	−2.705***	0.195*	−17.975***	7.230***
	r2	0.245	0.199	0.007	0.004	0.457	0.42	0.105	0.062
	r2_a	0.237	0.191	−0.003	−0.006	0.452	0.415	0.097	0.053
	N	312	312	312	312	312	312	312	312
	F	40.002	30.228	0.815	0.364	102.974	77.426	15.6	6.303
邹检验	*F*(2,308)	6.05	39.97	0.62	0.17	19.9	108.23	4.29	0.27
	Prob > *F*	0.002 7	0.000 0	0.536 7	0.841 5	0.000 0	0.000 0	0.014 5	0.762 5
是否发生了结构性改变		是	是	否	否	是	是	是	否

注：* $p<0.1$；** $p<0.05$；*** $p<0.01$。

根据表 4－14 数据可见，各回归方程的拟合优度普遍不高，仅高管与员工之间收入差距方程的拟合优度达到 40%以上，调整的 R^2 分别达到 45.2%和 41.5%，说明仍存在其他影响收入差距的因素没有被考虑到。但是，这并不妨碍我们进行方程是否因行政垄断而发生了结构性改变的判断。

对于高管层之间绝对收入差距而言，回归方程的邹检验结果 $F(2,308)$分别是 6.05 和 39.97，P 值仅为 0.002 7 和 0.000 0，显著拒绝没有发生结构性变化的原假设；同理，高管与员工之间绝对收入差距回归方程的邹检验结果 $F(2,308)$分别是 19.9 和 108.23，P 值均为 0.000 0，也都显著拒绝没有发生结构性变化的原假设。

同理，进行相对收入差距的回归拟合和邹检验，结论却有所不同：仅有以营业收入为解释变量的高管与员工之间相对收入差距的拟合方程发生了结构性改变，其他都没有因行政垄断因素而发生结构性改变。这说明行政垄断因素对绝对收入差距具有显著影响，而对于相对收入差距影响则不显著。

第四节　内部收入差距优化的数量标准问题

部分上市公司规定了其内部高管之间以及高管与职工之间的收入差距[①]，有的上市公司仅给出了其薪酬政策，但并未给出具体的数量化标准，如“广深铁路”规定：“公司对薪酬实行预算管理……公司员工的薪酬主要由基本工资、补贴及福利计划组成。”并对其中的概念作了说明[②]，还规定了分配原则[③]，可见，该国有企业的工资分配政策符合国家相关政策，而且注重效率激励作用，也同时兼顾了公平原则。

严格说来，这些规定在国有垄断性企业中是广泛存在着的，而且对于工资总额和工资水平国家也有相关规定，如国资发分配〔2004〕227 号《中央企业负责人薪酬管理暂行办法》(2009 年重发)、2004 年 6 月 11 日国资委制定的《中央企业负责人薪酬管理暂行办法实施细则》、国资发分配〔2007〕229 号《关于加强中央企业负责人第二业绩考核任期薪酬管理的意见》、国税发〔2007〕118 号《关于中央企业负责人年度绩效薪金延期兑现收入和任期奖励征收个人所得税问题的通知》、2009 年 1 月 13 日财政部办公厅印发的《金融类国有及国有控股企业负责人薪酬管理办法(征求意见稿)》、2009 年 9 月 16 日人力资源和社会保障部会同中央组织部、监察部、财政部、审计署、国资委等单位联合下发的《关于进一步规范中央企业负责人薪酬管理的指导意见》等等，以及地方政府颁布实施的薪酬管理办法，如山东省国资委 2005 年 4 月发布的鲁国资分配〔2005〕5 号《山东省省管企业负责人薪酬管理暂行办法》等。

---

① 参见大秦铁路 2012 年年度报告：“总经理年薪不超过公司年度职工平均工资的 12 倍，副总经理、财务负责人、董事会秘书等高级管理人员年薪不超过公司年度职工平均工资的 10 倍。”

② 参见广深铁路 2012 年年度报告：“基本工资包括岗位工资、技能工资以及按照规定在应付工资项目下列支的各项津贴、补贴，绩效工资是指与经济效益、社会效益挂钩考核的工资，或按工作量计件考核的计件工资，或与员工岗位业绩挂钩考核的绩效工资等，而福利计划包括按照政策规定缴交的各项社会保险、住房公积金等。”

③ 参见广深铁路 2012 年年度报告：“在员工薪酬的分配过程中，公司一贯坚持按劳分配和效率优先、兼顾公平的原则，即员工薪酬分配以宏观调控为前提、以岗位劳动评价为基础、以员工绩效考核为依据，充分发挥分配制度在公司激励机制中的重要作用，调动广大员工的积极性。”

这些法规、政策或者文件对于社会普遍关注的国有企业薪酬问题及时给予了政策规定和规范，只不过在具体执行过程中，考虑到各种具体实际情况，其效果可能不尽如人意。但是，政策标准、数量标准都是有的，只是执行效力的问题。

第五节　结论与研究的局限性

引用上市公司 2006—2018 年 13 年年报财务数据，本章对比分析了典型代表性行政垄断性行业与竞争性行业共 8 个行业各自内部以及它们之间的直接收入差距情况，主要是对流量的考察，但同时也考察了增量部分。各自行业内部的收入差距情况是："高管平均收入"高出员工收入纺织业最大，12.61 倍；其次是电信业，12.39 倍，银行业 10.70 倍次之，电力业最小，仅有 4.09 倍；铁路、石油、电力、银行、电信和交运设备制造业 6 个行业尽管员工的报酬总额与高管相比仍有较大甚至很大的差距，但是职工收入的年增长率均超过了高管年收入的年增长率；形成鲜明对比的是，纺织业职工在较低的收入增长基数之上其增长速度远低于高管收入的增长速度。他们之间收入差距的情况是：无论是相同层次的高管之间还是员工之间，行政垄断性行业都比竞争性行业拥有绝对优势；不同层次的行业高管与员工之间的收入差距更是触目惊心，最典型的是：银行业高管平均收入高出交通运输设备制造业员工 22.9 倍，高出纺织业员工 35.7 倍，电信业分别高出二者 19.51 和 30.56 倍。

为探寻这种巨大内部差距的根源，本部分借助于研究收入差距与经营绩效关系的竞赛理论和行为理论，设计了计量模型，并运用上市公司微观面板数据进行检验，结果发现，总资产收益率对绝对收入差距和相对收入差距的影响都是最大的，同时，其显著正相关的测度结果表明本研究的结果支持竞赛理论而不是行为理论。最重要的是，我们还发现，行业类型因素对绝对收入差距的影响都是正向的，而对相对收入差距的影响都是负向的，且系数检验的显著性很高，这说明行政垄断因素会导致绝对收入差距加大，而相对收入差距缩小。这一结论也得到了进一步的邹检验支持，即行政垄断因素对绝对收入差距具有显著影响，而对于相对收入差距的影响并不显著。

此外，计量结果显示，两职合一、董事会独立性、监事会规模、内部人控制率、股权集中度和员工规模等 6 个因素对高管层之间的绝对收入差距和相对收入差距的影响都不显著，这与林俊清(2003)、胥佚萱(2010)、张晨宇(2012)等人的部分研究结果有所差别；形成鲜明对比的是，这 6 个因素对于高管与员工之间收入差距的影响都是负向的，尽管显著程度有所不同。这说明能够影响高管层之间薪酬差距的因素相对较少，而能够影响高管与员工之间收入差距的因素较多，这在一定程度上显示了高管层的强势地位，也为进一步控制高管与员工之间的薪酬差距埋下了障碍——在绩效考核机制下，没有公司治理的理论依据可以推动高管层主动让渡出既得的利益。

本部分的局限性在于，计量分析时选取的行政垄断性行业上市公司的数量是 34 家，远远超过竞争性行业的 18 家，权重的失衡可能会影响计量检验的结果，进一步的研究有必要增加其他竞争性行业样本上市公司的数量以增强说服力。此外，尽管计量检验发现各代表性行业的收入差距都与经营绩效正相关，但是，另需说明的是，众所周知，中国的行政垄断性企业的高管尤其是最高管理者的选择，是“半任命制”①，而不是借助于成熟市场机制产生的经理人市场选聘或者内部竞聘，而这种“半任命制”产生高管的机制决定了被任命的高管必须要受到“任命人”多元化目标函数的影响与制约，因为这里的“任命人”是政府代表的国家，在中国现行体制的多数情况下，其目标函数必然是多元的而不是一元的，“任命人”更无法像现代企业中的一般自然人或者法人股东一样仅仅履行监督责任，而行政干预却成了常见的“政治”现象，由此也就决定了绩效指标不能作为行政垄断性企业唯一的考核和评价标准，这在一定程度上可能也会影响本研究的结论。

① 傅成玉明确表态：“其一，央企是半任命制的人事结构，我们完全听政府的。其二，中央绝对不会站在你企业的立场去想问题，而是从全国的利益出发。”《傅成玉回忆在中海油年代：千万年薪一分没动，都上交了》，《中国青年报》，http://www.chinadaily.com.cn/hqpl/zggc/2013-03-08/content_8447314.html，2013 年 3 月 8 日。

第五章

两种类型行业间非工资性收入差距的直接测度与原因探究[①]

对于非工资性收入自改革开放以来加剧了中国收入分配差距的事实，学界形成了高度一致的看法，但是，对于非工资性收入的界定范围学界却莫衷一是。有的以城镇职工工资收入为界，认为除此之外的所有人员类型的所有收入都应划分为非工资性收入；有的仅限定于对在职职工的所有收入进行拆分研究；更多的学者把它与工资外收入、隐性收入、灰色收入甚至黑色收入等概念混为一谈，造成了相当程度的混乱。那么，究竟应如何界定非工资性收入才有利于我们认识、分析该问题并推进对中国收入分配差距问题的研究呢？现有针对非工资性收入差距的研究，多数是以个体调查数据为基础展开的，但是，该类型调查的系统性偏差在所难免（王小鲁，2010），而且，即使借助于计量经济学的相关工具进行推算验证，也仍存在诸如调查样本代表性不足、调查和推算方法不规范等非议[②]。我们应借助于何种数据才能让研究工作具备令人信服的基础呢？行政垄断性行业相对于竞争性行业具有很高的收入优势这一观点也已经是各界共识，但是这一优势具体又是如何构成的呢？傅娟（2008）认为垄断性行业和其他行业的收入差距不仅表现在工资上，而且表现在各种福利上，那么非工资性收入在当前占有多大的比例？应该占有多大的比例？其根本来源又是什么呢？

---

① 本部分的精简版参加了 2013 年 12 月 24 日首都经济贸易大学主办的第四届“哈博・高校（经管）博士学术论坛”并获优秀论文奖，感谢劳动经济学分论坛点评专家中国人民大学劳动人事学院仇雨临教授、姚裕群教授和首都经济贸易大学牟俊霖副教授的宝贵批评指导意见，当然，文责自负。

② 国家统计局：《施发启：也评王小鲁博士的〈灰色收入与国民收入分配〉》，http://www.stats.gov.cn/tjfx/grgd/t20100825_402667408.htm，2010 年 8 月 25 日。

第一节　数据说明与预处理

特别需要说明的是本研究所指的非工资性收入仅指年报中披露的职工从本单位获得的合法、合规收入，不包含社会公众普遍关注的非法收入，因此也与灰色收入、隐性收入有很大差别，而且这是一个流量概念，不考虑其造成的存量问题。该定义与李旭超、周亚细和吴燕丽(2011)的定义比较接近。考虑到数据的可获得性，所选样本上市公司的上市日期在2006年前后，同时也保证了会计准则和统计口径的一致性、一贯性。选取代表性上市公司2006—2012年年报财务数据和其他相关数据，主要涉及(合并或综合)资产负债表及其附注、(合并或综合)现金流量表及其附注、员工情况等，共385份年报。对名义收入数的静态比较分析不进行消胀处理，但在使用计量技术进行动态分析时，均对相关数据进行了消胀处理。

一、行政垄断性行业的样本选择及其数据说明

37家样本上市公司与第四章列示的相同，但由于会计准则的变更，仅有2007年及之后的年度报告提供了非工资性收入，因此，本章数据自2007—2012年。

二、对比参照对象的选取与说明

(一)选取标准

本章同样依据第一章第六节所设定的原则选取参照对象。

(二)最低收入水平行业代表的选择

行业及9家上市公司样本与第四章相同。

(三)平均收入水平行业代表的选择

行业及9家上市公司样本也与第四章相同。

三、非工资性收入的含义和范围界定

以经济学、管理学相关原理为出发点，以国家统计局相关规定为主要参照标准和依据，本研究所指的非工资性收入与工资性收入相对应，指的是职工从

单位获得的或者被单位提取出来供职工当前或者未来使用的各种除工资之外的货币或者实物，它和工资性收入的和就是总收入。显然，即使是从字面意义上讲，它指的也是“职工”获得的收入。由于一般上市公司年报中将工资、奖金、津贴和补贴等4项数据作为主要工资报酬合并提供，其他的所有收入都计入非工资性收入，如：职工福利费、股票期权、企业年金、社会保险、住房公积金、工会经费和职工教育经费、内部退休人员经费或者减员费用等其他与获得职工提供的服务相关的支出，因此，本研究借助此数据之便利，设定非工资性收入即除工资、奖金、津贴和补贴之外的所有直接或者间接收入，取自财务报表附注中“应付职工薪酬”项目下“本年减少或者本年支付”栏目。

第二节　非工资性收入状况、构成及其对行业收入差距的贡献度

现有文献都已经证明了行政垄断性行业的收入相对于其他行业具有明显的优势（任重、周云波，2009；林峰，2013），我们研究发现其较高的总收入中工资性收入和非工资性收入都比较高，只不过非工资性收入由其自身的特点决定了具有一定的隐蔽性，一般较少被学者们关注和研究，但是我们通过研究公开发布的财务报告仍能窥其端倪。

一、各行业人均非工资性收入的比较

根据相关上市公司年报统计数据，将各公司员工非工资性收入按照行业加总，除以其员工总数，得到各行业人均年非工资性收入，我们发现各行业非工资性收入的差距很大，如表5-1所示。

表5-1　　各行业人均年非工资性收入情况　　金额单位：万元

年份	2007	2008	2009	2010	2011	2012	平均	高出纺织业的倍数	高出交运设备制造业的倍数
银行业	5.64	5.80	8.84	6.32	7.25	7.94	6.97	8.28	6.53
航空运输业	4.81	4.80	4.72	5.65	7.81	8.49	6.05	7.06	5.54
电力行业	4.44	4.14	4.31	4.58	4.97	5.49	4.66	5.20	4.03
石油和天然气开采业	3.02	3.63	3.28	3.88	4.73	5.61	4.03	4.36	3.35

续表

年份	2007	2008	2009	2010	2011	2012	平均	高出纺织业的倍数	高出交运设备制造业的倍数
电信和其他信息传输业	3.84	3.54	4.27	3.55	3.93	4.30	3.91	4.20	3.22
铁路运输业	2.05	2.15	2.29	2.46	2.65	4.11	2.62	2.49	1.83
交运设备制造业	0.82	0.87	0.89	0.89	0.93	1.15	0.92	0.23	/
纺织行业	0.60	0.78	0.62	0.70	0.87	0.93	0.75	/	−0.19

注:1. 银行业 2007、2008 年是建设银行、交通银行、招商银行、浦发银行、兴业银行、华夏银行、南京银行、宁波银行、平安银行等共 9 家银行的数据,2009—2012 年是除工商银行和民生银行之外的 14 家银行的数据;

2. 电信和其他信息传输业的非工资性收入仅以中国联通的数据作为代表,行业平均报酬则是综合了三家运营商上市公司部分的数据;

3. 石油石化行业仅以中石油和中石化两家的数据作为代表。

对比分析表 5 - 1 数据可见:

6 个行政垄断性行业中,银行业人均年非工资性收入最高,2007—2012 年平均有 6.97 万元,高出纺织业 8.28 倍,高出交通运输设备制造业 6.53 倍;铁路运输业最低,仅有 2.62 万元,但也高出纺织业 2.49 倍,高出交通运输设备制造业 1.83 倍。可见,行政垄断性行业的非工资性收入具有明显的巨大优势。

纺织业人均年非工资性收入 2007—2012 年平均只有 0.75 万元,交通运输设备制造业也仅有 0.92 万元,相比行政垄断性行业最低的 2.62 万元,差距显著。

其他行政垄断性行业非工资性收入 6 年平均的情况分别是:航空运输业 6.05 万元,高出纺织业 7.06 倍,高出交通运输设备制造业 5.54 倍;电力行业 4.66 万元,高出纺织业 5.2 倍,高出交通运输设备制造业 4.03 倍;石油石化行业 4.03 万元,高出纺织业 4.36 倍,高出交通运输设备制造业 3.35 倍;电信业 3.91 万元,高出纺织业 4.2 倍,高出交通运输设备制造业 3.22 倍。

这些差距说明了不同行业之间职工福利费、社会保险、企业年金、住房公积金、工会经费和职工教育经费等差距巨大,纺织行业代表的最低收入水平行业和交通运输设备制造业代表的平均收入水平行业在非工资性收入方面远逊于行政垄断性行业。

二、非工资性收入在总收入中所占比例的比较

我们测算发现行政垄断性行业的非工资性收入在其总收入中占有更大的

比重，而纺织业和交通运输设备制造业的非工资性收入在其总收入中所占的比例明显偏小，详细比例和差距见表 5－2 所示。

表 5－2　　**各行业非工资性收入占比**　　单位：%

年份	2007	2008	2009	2010	2011	2012	平均	高出纺织业的百分点数	高出交通运输设备制造业的百分点数
电力行业	37.88	36.91	37.84	37.10	36.98	37.48	37.36	17.25	18.27
银行业	34.63	34.61	43.05	31.77	31.15	33.25	34.74	14.63	15.65
电信和其他信息传输业	26.88	33.41	38.09	31.89	31.44	33.02	32.45	12.34	13.36
铁路运输业	34.34	32.16	31.01	31.33	29.62	35.55	32.34	12.22	13.25
石油和天然气开采业	33.19	31.88	31.16	31.65	31.75	32.09	31.96	11.84	12.87
航空运输业	30.92	25.19	25.53	23.14	25.91	28.21	26.49	6.37	7.40
纺织行业	21.83	22.94	20.81	18.32	18.59	18.19	20.11	/	1.02
交通运输设备制造业	22.14	19.31	21.52	16.97	16.65	17.95	19.09	−1.02	/

对比分析表 5－2 数据可见：

六大行政垄断性行业除航空运输业之外，非工资性收入占比 6 年平均都在 30%以上，而民营的纺织行业和交通运输设备制造业仅在 20%左右。

在行政垄断性行业中，非工资性收入平均占比最高的是电力行业，6 年平均 37.36%，高出纺织业 17.25 个百分点，高出交通运输设备制造业 18.27 个百分点；航空运输业尽管非工资性收入占比最低，但也高出纺织业 6.37 个百分点，高出交通运输设备制造业 7.4 个百分点。其他差距分别是：银行业 34.74%，分别高出二者 14.63 和 15.65 个百分点；电信业 32.45%，分别高出二者 12.34 和 13.36 个百分点；铁路运输业 32.34%，分别高出二者 12.22 和 13.25 个百分点；石油业 31.96%，分别高出二者 11.84 和 12.87 个百分点。

非工资性收入份额的极大值是银行业 2009 年 43.05%；交通运输设备制造业 2011 年最低，仅有 16.65%，对比鲜明。

三、非工资性收入差距对两种类型行业之间收入差距的贡献度

依据各行业间非工资性收入之间的差距和与各行业总收入间的差距和之比，同样使用极值法和离差法，可以得到各代表性行政垄断性行业的非工资性

收入对代表最低收入水平的纺织业之间和代表平均收入水平的交通运输设备制造业之间总收入差距的贡献度。6个行政垄断性行业的非工资性收入对竞争性行业的贡献度介于36.34%—38.78%之间[①]，具体如表5-3所示。

表5-3　2007—2012年非工资性收入差距对行业间总收入差距的贡献度　单位：%

行　业	电力行业	铁路运输业	银行业	石油和天然气开采业	电信和其他信息传输业	航空运输业	6个行政垄断行业	交通运输设备制造业	纺织行业
以纺织业为基准	45.05	43.71	39.32	37.15	36.98	27.63	36.34	15.35	/
以交通运输设备制造业为基准	49.53	53.98	41.18	40.37	40.30	28.41	38.78	/	15.35

注：这里"6个行政垄断性行业"不是对前几个行业贡献度的平均，而是相应差距的总和之比。

2007—2012年，以代表最低收入水平的纺织业为基准，各行政垄断性行业的非工资性收入差距对其总收入差距的贡献度介于27.63%至45.05%之间，最高的是电力业，为45.05%；其次是铁路运输业，为43.71%；银行业39.32%；石油业37.15%；电信业36.98%；航空运输业27.63%。

以代表平均收入水平的交通运输设备制造业为基准，各行政垄断性行业的非工资性收入差距对其总收入差距的贡献度介于28.41%至53.98%之间，最高的是铁路运输业，为53.98%；其次是电力业，为49.53%；银行业41.18%；石油业40.37%；电信业40.3%；航空运输业28.41%。

第三节　行政垄断性行业非工资性收入存在巨大优势的原因探究

一、直接原因分析

我们研究发现，行政垄断性行业非工资性收入具有巨大优势，依据统计学的知识，究其原因，我们提出两个推论：

推论1：非工资性收入各项目提取基数的差别较大。

① 这里的测算方法与第三章相关内容一致，但是测算对象有所区别，这里的分母分别是行政垄断性行业与两个竞争性行业总收入的差距的和，而分子则是相应非工资性收入差距的和。

该基数即为工资性收入，这是因为非工资性收入的主要组成部分如员工福利、社会保险、住房公积金、工会经费和教育经费以及其他职工福利费都是以工资性收入为基数，按照一定比例提取。

推论 2：非工资性收入各构成项目的提取比例差距较大。

（一）非工资性收入提取基数即工资性收入的差距

我们根据相关上市公司年报整理出了人均年工资性收入数据，也就是人们日常所说的“拿到手的工资”的情况，详见表 5－4 所示。需要特别说明的是，这组数据与《中国统计年鉴》和《中国劳动统计年鉴》提供的行业收入数据差别较大，主要是由于统计口径、范围和渠道不同所致。

表 5－4　　各行业人均年工资性收入情况　　金额单位：万元

年份	2007	2008	2009	2010	2011	2012	平均	高出纺织业的倍数	高出交运设备制造业的倍数
航空运输业	10.74	14.25	13.78	18.78	22.32	21.59	16.91	4.56	3.22
银行业	10.51	11.46	11.07	13.08	15.37	15.41	12.81	3.21	2.20
石油和天然气开采业	6.08	7.76	7.26	8.38	10.17	11.87	8.59	1.82	1.14
电信和其他信息传输业	8.33	7.15	7.21	8.27	9.28	9.72	8.33	1.74	1.08
电力行业	7.28	7.08	7.07	7.77	8.47	9.16	7.81	1.57	0.95
铁路运输业	3.93	4.53	5.10	5.39	6.29	7.45	5.45	0.79	0.36
交运设备制造业	2.90	3.61	3.26	4.34	4.67	5.24	4.00	0.32	/
纺织行业	2.15	2.62	2.36	3.13	3.82	4.18	3.04	/	−0.24

注：1. 人均年总收入依据的是各行业年总收入除以其年职工总数；

2. 这里电信和其他信息传输业的数据依据三家运营商的总收入与中国联通工资性收入占比推算。

分析表 5－4 可以发现：

1. 行政垄断性行业工资性收入优势明显

航空运输业工资性收入最高，2007—2012 年 6 年平均 16.91 万元，高出纺织业 4.56 倍，高出交运设备制造业 3.22 倍；铁路运输业仍然较低，年均只有 5.45 万元，但也高出纺织业 79.05％，高出交通运输设备制造业 36.06％。其他行业工资性收入依次是银行业 12.81 万元，分别高出二者 1.82 和 1.14 倍；石油和天然气开采业 8.59 万元，分别高出二者 3.21 和 2.2 倍；电信业 8.33 万元，分别高出二者 1.74 和 1.08 倍；电力行业 7.81 万元，分别高出二者 1.57 和 0.95 倍。

工资性收入的极大值是 2011 年航空运输业的 22.32 万元，极小值是 2007 年纺织业的 2.15 万元，相差 10 倍以上。

2. 交通运输设备制造业和纺织业的工资性收入相对很低

仅从 6 年平均值看，交通运输设备制造业年均工资性收入仅有 4 万元，纺织业仅仅超过 3 万元，“拿到手的工资”部分与其非工资性收入一样，处于劣势地位，综合起来，造成了其总收入处于全国行业收入的低端，并且连年徘徊不前。

（二）非工资性收入各项目提取比例的法定标准与实际情况对比

根据非工资性收入的主要构成成分，即职工福利、住房公积金和“工会经费和职工教育经费”等 3 项，我们测算了 6 个行政垄断性行业与 2 个对比行业非工资性收入实际提取比例的情况，并与相关法定标准进行对比，发现纺织业和交通运输设备制造业在住房公积金、工会经费和职工教育经费两个项目上没有达到相关规定的下限，而行政垄断性公司普遍执行了较高比例的提取标准，其中，电力和石油行业的各提取指标一直是最高的，尤其是电力行业，其住房公积金的平均提取比例甚至超过了上限 1.53 个百分点。详见表 5－5 所示。

表 5－5　　各项非工资性收入的提取比　　单位：%

年份		2007	2008	2009	2010	2011	2012	平均	高出纺织业百分点	高出交运设备制造业百分点
员工福利	电力行业	10.34	8.87	9.80	9.94	9.80	10.40	9.86	3.24	2.88
	石油业	9.00	9.08	7.14	10.64	10.87	10.93	9.61	2.99	2.63
	电信业	9.83	6.96	6.89	8.55	9.89	9.57	8.61	2.00	1.63
	铁路运输业	12.76	8.21	7.19	7.57	6.89	5.99	8.10	1.49	1.12
	银行业	11.52	8.01	7.28	7.83	6.77	6.30	7.95	1.34	0.97
	交运设备制造业	11.92	5.77	6.46	6.04	6.49	5.19	6.98	0.36	/
	纺织行业	14.78	5.87	4.86	3.61	5.42	5.14	6.61	/	−0.36
	航空运输业	4.57	4.93	4.53	3.45	3.14	7.56	4.70	−1.92	−2.28

续表

年　份		2007	2008	2009	2010	2011	2012	平均	高出纺织业百分点	高出交运设备制造业百分点
住房公积金	电力行业	12.93	13.75	13.94	14.14	13.10	13.35	13.53	12.06	10.66
	石油业	8.71	7.77	8.88	8.24	8.40	8.97	8.49	7.02	5.62
	电信业	5.48	7.95	8.44	9.36	8.89	9.45	8.26	6.79	5.38
	航空运输业	8.65	6.22	7.58	7.23	8.44	7.97	7.68	6.21	4.80
	铁路运输业	6.70	6.62	7.81	8.25	7.97	7.27	7.44	5.96	4.56
	银行业	7.57	6.74	6.82	7.20	7.99	7.73	7.34	5.87	4.47
	交运设备制造业	3.85	3.60	2.08	2.67	2.55	2.51	2.88	1.40	/
	纺织行业	1.44	1.70	1.71	1.48	1.30	1.21	1.47	/	−1.40
工会经费和职工教育经费	电力行业	3.38	3.87	3.75	3.79	3.54	3.52	3.64	2.11	2.00
	石油业	3.31	3.28	3.36	3.32	3.33	3.55	3.36	1.83	1.72
	银行业	3.39	2.53	3.33	3.36	3.46	3.53	3.27	1.74	1.63
	铁路运输业	2.97	4.04	3.18	3.11	3.00	2.88	3.20	1.67	1.56
	电信业	2.28	3.36	3.05	3.29	3.28	3.20	3.08	1.55	1.44
	航空运输业	1.06	0.93	2.49	2.85	2.87	2.71	2.15	0.62	0.51
	交运设备制造业	1.79	2.21	1.80	1.65	1.19	1.19	1.64	0.11	/
	纺织行业	4.05	0.99	0.97	0.99	1.16	1.01	1.53	/	−0.11

注：1. 银行业2007、2008年是建设银行、交通银行、招商银行、浦发银行、兴业银行、华夏银行、南京银行、宁波银行、平安银行等共9家银行的数据，2009—2012年是除工商银行和民生银行之外的14家银行的数据；

2. 电信和其他信息传输业仅以中国联通的非工资性收入数据作为代表；

3. 石油石化行业以中石油和中石化的数据作为代表，其中住房公积金、工会经费和职工教育经费仅是中石油的数据，中石化的“指定供款退休金计划”项目并入了其社会保险；

4. 航空运输业的员工福利仅以南航和国航的平均数作为代表；

5. 本表2007—2012年行业数据是各项目所占比例的平均数。

1. 各行业员工福利的提取比例

根据2009年11月《财政部关于企业加强职工福利费财务管理的通知》（财企〔2009〕242号）的规定：“企业职工福利费是指企业为职工提供的除职工工资、奖金、津贴、纳入工资总额管理的补贴、职工教育经费、社会保险费和补充养老保险费（年金）、补充医疗保险费及住房公积金以外的福利待遇支出，包括发放给职工或为职工支付的以下各项现金补贴和非货币性集体福利。”在具体实践中，员工福利的具体比例由各单位根据各自情况确定，或者与员工协商确定，数额比例各有不同。

根据表 5-5，我们发现员工福利项目提取比例最高的是电力行业，2007—2012 年平均占其工资性收入的 9.86%，高出纺织行业 3.24 个百分点，高出交通运输设备制造业 2.88 个百分点；其次是石油和天然气开采行业，为 9.61%，高出纺织行业 2.99 个百分点，高出交通运输设备制造业 2.63 个百分点；电信和其他信息传输业 8.61%，高出纺织行业 2 个百分点，高出交通运输设备制造业 1.63 个百分点；铁路运输业 8.1%，高出纺织行业 1.49 个百分点，高出交通运输设备制造业 1.12 个百分点；银行业 7.95%，高出纺织行业 1.34 个百分点，高出交通运输设备制造业 0.97 个百分点；交通运输设备制造业 6.98%；纺织业 6.61%；航空运输业反而是最低的，6 年平均只有 4.7%，低于纺织行业 1.92 个百分点，低于交通运输设备制造业 2.28 个百分点。

2. 住房公积金情况

1999 年 4 月发布的《住房公积金管理条例》(国务院令第 262 号)第十八条仅规定了其缴纳的下限，2002 年 3 月对此条例进行了修订，即《住房公积金管理条例》(国务院令第 350 号)，但对第十八条的相关内容并没有实质性修改。而依据 2005 年 1 月 5 日发布并实施的《建设部、财政部、中国人民银行关于住房公积金管理若干具体问题的指导意见》(建金管〔2005〕5 号)第二条的规定：“单位和职工缴存比例不应低于 5%，原则上不高于 12%。”对于公积金提取基数，第三条规定：“缴存住房公积金的月工资基数，原则上不应超过职工工作地所在设区城市统计部门公布的上一年度职工月平均工资的 2 倍或 3 倍。具体标准由各地根据实际情况确定。”而 2006 年国资委发布的《关于中央企业严格执行国家住房改革政策有关问题的通知》(国资厅发分配〔2006〕3 号)规定：“中央企业不得擅自提高职工住房公积金的企业缴存比例，职工月缴存基数最高不得超过职工工作所在地平均工资的 3 倍，缴存额不得突破企业所在地住房公积金缴存上限。”可见，已有文件、政策已经对住房公积金提取的比例和基数作了明确的规定。

根据表 5-5，我们发现住房公积金提取比例最高的仍是电力行业，2007—2012 年 6 年平均占其工资性收入的 13.53%，高出纺织行业 12.06 个百分点，高出交通运输设备制造业 10.66 个百分点，这 6 年不仅都是最高的，而且都在规定的12%上限以上，而其他行业都在10%以下；其次是石油和天然气开采行业，为8.49%，高出纺织行业7.02个百分点，高出交通运输设备制造业5.62个百分点；电信和其他信息传输业8.26%，高出纺织行业6.79个百分点，高出交通运输设备制造业5.38个百分点；航空运输业6年平均7.68%，也高出纺织行业6.21个百分点，高出交通运输设备制造业4.8个百分点；铁路运输业7.44%，高出纺织行业5.96个百分点，高出交通运输设备制造业4.56个百分点；银行业7.34%，高出纺织行业5.87个百分点，高出交通运输设备制造业4.47个百分点；交通运输设备制造业2.88%；纺织业1.47%。可见，交通运输设备制造业和纺织业的缴纳比例均不符合最低下限的规定，而电力行业6年来一直超出规定的上限，平均高出1.53个百分点。

3. 工会经费和职工教育经费情况

根据2001年10月修订的《中华人民共和国工会法》第五章第四十二条第一款和第二款的规定，工会经费的主要来源就是工会会员缴纳的会费，以及按每月全部职工工资总额的2%向工会拨交的经费这两项，其中2%工会经费是其最主要来源。

根据2002年8月《国务院关于大力推进职业教育改革与发展的决定》(国发〔2002〕16号)第六部分第19条的规定："一般企业按照职工工资总额的1.5%足额提取教育培训经费，从业人员技术素质要求高、培训任务重、经济效益较好的企业可按2.5%提取，列入成本开支。"财政部2006年6月《关于企业职工教育经费提取与使用管理的意见》(财建〔2006〕317号)再次对此进行了确认和强化。而根据中共中央办公厅、国务院办公厅《关于进一步加强高技能人才工作的意见》(中办发〔2006〕15号)第十六条的规定："企业应按规定提取职工教育经费(职工工资总额的1.5%－2.5%)，加大高技能人才培养投入。"根据劳动和社会保障部和国务院国有资产监督管理委员会《关于开展高技能人才队伍建设试点工作的通知》(劳社部函〔2004〕23号)第三条的规定："试点企业应用足用好职工教育经费(占职工工资总额的1.5%—2.5%)，保证不少于30%的经费用于高技能人才培养工作。"均再次明确了职工教育经费的提取比例问题。

可见，依据上述法规，工会经费和职工教育经费的提取比例在3.5%－4.5%之间。依据表5-5，我们发现最高的仍是电力行业，2007—2012年6年平均占其工资性收入的3.64%，显然属于"经济效益较好的企业"，高出纺织行业2.11个百分点，高出交通运输设备制造业2个百分点，这6年都是最高的；其次是石油和天然气开采行业，为 3.36%，高出纺织行业 1.83 个百分点，高出交通运输设备制造业 1.72 个百分点；银行业 3.27%，高出纺织行业 1.74 个百分点，高出交通运输设备制造业 1.63 个百分点；铁路运输业 3.2%，高出纺织行业 1.67 个百分点，高出交通运输设备制造业 1.56 个百分点；电信和其他信息传输业 3.08%，高出纺织行业 1.55 个百分点，高出交通运输设备制造业 1.44 个百分点；航空运输业 6 年平均 2.15%，也高出纺织行业 0.62 个百分点，高出交通运输设备制造业 0.51 个百分点；交通运输设备制造业 1.64%；纺织业 1.53%。可见，交通运输设备制造业和纺织业的缴纳比例均远远低于相关规定。

（三）社会保险的提取比例对比情况

尽管对于是否将“社会保险”计入非工资性收入存在争议，但是，考虑到其最终仍将转化为职工收入，本书仍将该项目单独列示，如表 5－6 所示。

表 5－6　社会保险的提取比例对比　　单位：%

年份	2007	2008	2009	2010	2011	2012	平均	高出纺织业百分点	高出交运设备制造业百分点
电力行业	38.38	30.47	32.24	32.87	30.80	32.98	32.95	19.99	18.08
石油业	25.10	29.25	29.36	25.41	26.98	29.07	27.53	14.56	12.65
铁路运输业	24.50	24.88	25.37	24.83	25.23	26.21	25.17	12.20	10.29
电信业	18.01	23.64	24.47	24.63	23.32	24.87	23.16	10.19	8.28
银行业	21.74	19.83	20.08	20.21	19.00	21.04	20.32	7.35	5.44
航空运输业	18.24	14.78	16.49	16.23	18.00	19.27	17.17	4.20	2.29
交运设备制造业	14.11	15.11	16.50	13.61	14.22	15.74	14.88	1.91	/
纺织行业	10.81	14.10	12.74	12.80	13.60	13.75	12.97	/	−1.91

1. 养老保险

1997 年 7 月 16 日发布的《国务院关于建立统一的企业职工基本养老保险制度的决定》（国发〔1997〕26 号）给出了企业缴纳具体比例的上限，即“企业缴纳基本养老保险费的比例，一般不得超过企业工资总额的 20%（包括划入个人账户的部分），具体比例由省、自治区、直辖市人民政府确定”。1999 年 1 月 22 日发布并实施的《社会保险费征缴暂行条例》进一步规范了社会保险的征缴问题。2005 年 12 月发布的《国务院关于完善企业职工基本养老保险制度的决定（国发〔2005〕38 号）》则对相关比例进行了进一步的规范和调整。

2. 医疗保险

各地对于基本医疗保险征缴比例的规定差别很大，但是根据 1998 年 12 月《国务院关于建立城镇职工基本医疗保险制度的决定》(国发〔1998〕44 号)第二部分的规定，对具体比例的规定是："基本医疗保险费由用人单位和职工共同缴纳。用人单位缴费率应控制在职工工资总额的 6%左右，职工缴费率一般为本人工资收入的 2%。随着经济发展，用人单位和职工缴费率可作相应调整。"

3. 失业保险

依据 1998 年 12 月国务院令第 258 号《失业保险条例》第二章第六条的规定："城镇企业事业单位按照本单位工资总额的百分之二缴纳失业保险费。城镇企业事业单位职工按照本人工资的百分之一缴纳失业保险费。城镇企业事业单位招用的农民合同制工人本人不缴纳失业保险费。"

4. 工伤保险

工伤保险则依据 2011 年 1 月 1 日开始施行的国务院令第 375 号《工伤保险条例》的规定，仅由单位缴纳，个人不缴纳，而对于具体的比例其第二章第八条则仅给出了指导性意见，各地区一般规定在 1%左右。

5. 生育保险

依据 1994 年 12 月劳动部《企业职工生育保险试行办法》第四条的规定，生育保险也是仅由单位缴纳，职工个人不缴纳。

6. 综合对比情况

综上所述，依据现行法律法规的规定，社会保险综合缴纳比例的上限就是 20%+6%+2%+1%+1%=30%。

根据表 5－6，我们发现各行业社会保险项目提取比例的次序与员工福利基本一致，只是航空运输业不是最低的了。最高的仍是电力行业，2007—2012 年 6 年平均占其工资性收入的 32.95%，高出纺织行业 19.99 个百分点，高出交通运输设备制造业 18.08 个百分点，这 6 年都是最高的；其次是石油和天然气开采行业，为 27.53%，高出纺织行业 14.56 个百分点，高出交通运输设备制造业 12.65 个百分点；铁路运输业 25.17%，高出纺织行业 12.2 个百分点，高出交通运输设备制造业 10.29 个百分点；电信和其他信息传输业 23.16%，高出纺织行业 10.19 个百分点，高出交通运输设备制造业 8.28 个百分点；银行业 20.32%，高出纺织行业 7.35 个百分点，高出交通运输设备制造业 5.44 个百分点；航空运输业只是 6 个行政垄断性行业里面最低的，6 年平均 17.17%，但也高出纺织行业4.2个百分点，高出交通运输设备制造业2.29个百分点；交通运输设备制造业14.88%；纺织业12.97%。可见，仅有电力行业2007—2012年平均缴纳比例超过规定近3个百分点。

(四) 职工年均总收入情况对比

根据各行业职工年总报酬与年在职总员工人数的比值，我们得到了各行业职工年均总收入，它包含工资性收入和非工资性收入，对比表5-7可见，2007—2012年，交通运输设备制造业和纺织业的职工均远远低于行政垄断性行业。

航空运输业和银行业交替排名行业收入第一，而交通运输设备制造业和纺织业始终不及行政垄断性行业的最低值，差距巨大。2007—2012年6年间，航空运输业有4年是行业第一，银行业有2年是行业第一。

表5-7　　各行业年人均总收入对比　　金额单位：万元

年份	2007	2008	2009	2010	2011	2012	平均	增长率(%)	高出纺织业的倍数	高出交运设备制造业的倍数
航空运输业	15.55	19.05	18.51	24.43	30.13	30.08	22.96	93.39	5.05	3.66
银行业	16.07	17.52	19.43	19.16	22.32	23.08	19.60	43.61	4.17	2.98
石油和天然气开采业	9.11	11.39	10.54	12.26	14.90	17.48	12.61	91.98	2.33	1.56
电力行业	11.72	11.23	11.38	12.34	13.43	14.66	12.46	25.00	2.29	1.53
电信和其他信息传输业	11.40	10.74	11.64	12.14	13.53	14.51	12.33	27.28	2.25	1.50
铁路运输业	5.98	6.68	7.39	7.84	8.94	11.56	8.07	93.40	1.13	0.64
交通运输设备制造业	3.72	4.48	4.15	5.23	5.60	6.39	4.93	71.78	0.30	0.00
纺织行业	2.74	3.40	2.98	3.83	4.70	5.10	3.79	85.94	0.00	−0.23

注：电信和其他信息传输业是三家运营商的综合数据。

平均总收入最高的是航空运输业，6年平均22.96万元，高出纺织业5.05倍，高出交通运输设备制造业3.66倍；其次是银行业19.6万元，高出纺织业4.17倍，高出交通运输设备制造业2.98倍；再其次是石油和天然气开采业12.61万元，高出纺织业2.33倍，高出交通运输设备制造业1.56倍；电力行业12.46万元，高出纺织业2.29倍，高出交通运输设备制造业1.53倍；电信和其他信息传输业12.33万元，高出纺织业2.25倍，高出交通运输设备制造业1.5

倍；铁路运输业 8.07 万元，高出纺织业 1.13 倍，高出交通运输设备制造业 0.64 倍；最后的交通运输设备制造业仅有 4.93 万元，纺织业仅有 3.79 万元。

仅从数字上看，航空运输业 6 年增长 93.39%，增长最快，而且是在较高的基础上增长近一倍，而纺织业尽管也增长了 85.94%，增长率并不低，但是，较低的增长基数决定了其总收入仍然非常落后；交通运输设备制造业的情况与纺织业比较类似，增长率也达到 71.78%，但是基数太低了。石油和天然气开采业也增长了超过 91.98%，铁路运输业增长率最高，达 93.4%，但其总收入远不及航空运输业和银行业。可见，6 年增长情况因起点（基数）差异而失去比较价值。

（五）综上所述，推论 1 和推论 2 均得证

值得注意的是，纺织业和交通运输设备制造业尽管个别项目差别并不大，如工会经费和职工教育经费的提取比例最多仅相差不到 3 个百分点，甚至未达法定标准，但其整体弱势明显地体现在了各个方面。

二、深层次原因分析

通过以上研究我们已经知道，非工资性收入主要是依据工资性收入的一定比例来确定的，那么，决定和影响工资性收入的因素自然也应该就是决定和影响非工资性收入的因素，因此，影响工资性收入差距的深层次原因也就转化为影响非工资性收入差距的原因了。鉴于上述具体事实，我们提出研究假定：行政垄断是导致非工资性收入差距的主要原因。为了保障计量结果的可靠性，我们使用各上市公司而不是行业数据以增大样本容量，使用 6 年面板数据以克服样本容量较小的缺陷，借鉴其他学者如卢锐（2007）、张正堂（2007）、鲁海帆（2007）、李维安等（2010）、胥佚萱（2010）、陈东华等（2010）、陆正飞（2012）等在做相关研究时剔除金融类上市公司的做法，将 7 家金融类上市公司剔除（本书第七章第三节的第四目将对此做详细探究与说明）。

（一）计量模型和变量设定

近年来，国内学者如李晓宁（2007），张原、陈建奇（2007、2008），伏帅、龚志民（2008），王忠、李彩燕（2011）等，对明瑟方程进行了改造并用于行业收入差距研究。本章借鉴其经验，建立待估非工资性收入方程：

$$\log\overline{Y}_{it}^{type} = u_i + \beta_{it}\sum_{i=1}^{n} X_{it} + \varepsilon_{it}$$

其中，$\overline{Y}$ 是非工资性收入，i 是第 i 个公司，并且 $i=1,2,3,\cdots,31$，t 是各观察年，

并且 $t=2007,2008,\cdots,2012$，$type$ 是行业类型，分别是行政垄断性行业和竞争性行业，ε 是残差项。

需要详细说明的是，被解释变量是公司人均年非工资性收入的对数。解释变量 X 是影响非工资性收入变动的因素，本研究剔除了性别和工作经验，这是因为根据 21 世纪的中国国情，尤其是对于在职员工而言，男女的性别差异已不再影响在职收入，而在明瑟的元模型创立的 20 世纪中叶，性别差别曾经影响收入，然已时过境迁；剔除了工作经验的影响是因为本研究采用的数据是公司人均年度数据，这种数据不区分公司内部个体的差异，而是把工作经验造成的差异平均化了，这也不同于明瑟元模型以个体样本数据作为研究对象。傅娟(2008)也认为年龄、性别、健康状况等个人特征不是造成垄断性行业与其他行业收入差距的主要原因。β 是各影响因素的系数，各因素 X 包括：

公司人力资本水平 X_1，即人均受教育年限，这是已经被人力资本理论所证实了的影响因素；值得我们注意的一个重要社会性问题是，一般行政垄断性行业因各种原因进入门槛普遍较高，导致了其学历层次会比其他行业较高，这可能会夸大人力资本的影响。参照雅各布·明瑟(Jacob Mincer，1974)设定教育年限的方法，具体赋分即是其受教育年限，设定：小学学历 6 年，初中学历 9 年，高中学历 12 年，中专学历 14 年，大专学历 15 年，本科学历 16 年，硕士学历 18.5 年，博士学历 21.5 年[①]；考虑到一般年报提供数据的局限性，对于“高中及以下”和“研究生及以上”的情况或者分别设定 12 年和 18.5 年，因为当前普及九年制义务教育之后，高中以下很少，博士以上也相对很少，或者依据其前后年份的情况推定；具体则取全部在职员工受教育年限的和与员工总数的比值；最后，为避免量纲不统一的问题，假定人力资本的单位为万元/年/人，具体即每人每年为 1 万元。

公司人均总资本 X_2，即公司总资本除以行业总员工数，因为行政垄断性行业一般总资本规模较大，那么较大的资本规模是否导致较高的非工资性收入呢？

公司劳动效率水平 X_3，即公司总营业收入与总员工数的比值，这是效率工资理论所支持的观点。由于效率工资指的是企业支付给员工比其“保留工资”高很多的工资，以激励员工努力工作，其核心思想是员工的生产力与其所获得

① 硕士研究生一般 2—3 年，博士研究生一般 3—4 年，但是博士研究生四年制是近年开始的事情，所以暂不考虑。

的报酬呈正向关系。

公司人均管理费用 X_4，即公司总管理费用除以总员工数，反映的是管理水平的高低。这是因为根据熊彼特和马歇尔所提出的“企业家才能”理论，管理能力在现实当中确实为一种生产要素，那么人均管理费用的高低与非工资性收入会具有什么关系呢？

公司管理效率 X_5，即公司营业收入除以管理费用，反映的是每单位管理费用的产出水平，代表的是管理能力的高低。

公司所属行业类型 X_6 是个哑变量，其中，取“0”代表竞争性行业，取“1”代表行政垄断性行业，引入该虚拟变量的目的是要考察行政垄断对非工资性收入的影响程度。

表 5-8 列出了拟合模型中各变量的名称、各指标的经济学含义以及该指标的计算公式。

表 5-8　　行业非工资性收入方程的变量目录

变量名称	变量的经济学含义	计算方法
因变量： 人均非工资性收入	公司人均年非工资性收入	公司人均年非工资性收入的对数
自变量： 人力资本水平	反映教育对工作能力的影响	各文化水平的在职员工数与相应分值乘积的和除以总员工数
人均总资本	反映资本规模的影响	公司总资本除以总员工数
劳动效率水平	反映效率工资的影响	公司总营业收入除以总员工数
人均管理费用	反映管理水平的影响	公司总管理费用除以总员工数
人均管理效率	反映管理能力的高低	公司营业收入除以管理费用
行业类型	反映行政垄断属性的影响	取“1”代表行政垄断性行业，取“0”代表非行政垄断性其他行业

(二)估计方程与行业类型影响程度的邹检验

借助于 STATA10 软件，采用上述面板数据，对拟合方程采用 link 检验，因变量拟合值的平方项不显著，接受原假设，因此不应具有解释能力，说明没有遗漏重要变量的高次项形式，模型的设定是正确的；通过膨胀因子 Estat Vif 做多重共线性检验，确保膨胀因子的值都小于 2，发现存在多重共线性，在剔除管理效率水平变量后，多重共线性消除；考虑到本章面板数据样本个数较大而时期数仅有 6 期，故而重点关注异方差，先对拟合方程进行 OLS 估计，然后做 White

和 Breusch-Pagan 检验，均显著拒绝同方差假设，因此，存在异方差，那么，使用可行广义最小二乘法(FGLS)对异方差进行处理。使用 Xtserial 命令进行组内序列相关的检验，结果接受原假设，不存在一阶自相关。采用上述 5 个变量进行计量运算，而为了检验行政垄断是否造成了结构性变动，再加上引入的行业类型虚拟变量 X_6 及其与各自变量的互动项(交乘项，interaction term)进行 6 种形式的估计，然后再进行邹检验，具体测算结果见表 5－9 所示。

由检验结果综合可见，方程 y1、y4 和 y5 各变量的系数在显著水平为 0.1 的条件下都显著，方程 y2、y3 和 y6 各有一个变量不能通过显著性检验。具体来看，y5 各变量系数均在 0.01 的水平上显著，最理想；方程 y4 的人均管理费用显著性为 0.1，稍差；方程 y1 说明这 4 个变量都是影响非工资性收入的重要因素，仅有人均管理费用变量对非工资性收入的影响是负向的，这说明管理水平与非工资性收入呈负向关系，但是，该变量的系数在其他拟合方程中都是正数，却说明加入了行政垄断因素之后，管理费用对非工资性收入的影响转变为正向的了。根据计量经济学理论，方程 y2 仅仅引入行业类型虚拟变量相当于对两种不同类型的公司使用不同的截距项，而计量检验的效果并不显著，表明行政垄断并非影响非工资性收入方程的唯一因素。

对方程 y4 和 y5 再引入虚拟变量的交互项，也就是对两种不同类型的公司使用不同的截距和斜率，我们发现显著性明显提高，行政垄断对非工资性收入方程的影响程度分别为 75.5%和 74.8%，在各变量影响比重中是最大的。

表 5－9　　非工资性收入方程估计结果与行业类型影响程度的邹检验

非工资性收入	变量	y1	y2	y3	y4	y5	y6
人力资本水平	x1	0.107***	0.016**	0.019**	0.019**	0.027***	0.016**
人均总资本	x2	0.002**	0.001***	0.001***	0.005***	0.001***	0.000
劳动效率水平	x3	0.014***	0.001	0.001	0.004***	0.010***	0.004***
人均管理费用	x4	－0.137***	0.139***	0.137***	0.047*	0.061***	0.195***
行业类型	x5		0.641***	0.777***	0.755***	0.748***	0.841***
行业类型与人力资本水平的交乘项	x1x5			－0.01			
行业类型与人均总资本的交乘项	x2x5				－0.005***		
行业类型与劳动效率水平的交乘项	x3x5					－0.009***	
行业类型与人均管理水平的交乘项	x4x5						－0.200***

续表

非工资性收入	变量	y1	y2	y3	y4	y5	y6
常数项	_cons	−2.216***	−1.278***	−1.312***	−1.362***	−1.430***	−1.347***
	N	186.000	186.000	186.000	186.000	186.000	186.000
邹(Chow)检验	chi2(2)			4.50	26.21	49.11	91.06
	Prob>F			0.105 3	0.000 0	0.000 0	0.000 0
是否发生结构性改变	Y/N	/	/	N	Y	Y	Y

注：* p<.1；** p<.05；*** p<.01。

进而，笔者借助于虚拟变量法做非工资性收入方程是否发生了结构性变动的邹检验，先进行 FGLS 回归，然后分别检验行业类型及其与人力资本水平、人均总资本、劳动效率水平和人均管理水平交乘项的联合显著性，方程 y4 和 y5 的检验结果 chi2(2)分别是 26.21 和 49.11，P 值均为 0.000 0，可以认为显著拒绝没有发生结构性变化的原假设，也即认为非工资性收入函数因行政垄断而发生了结构性变动，这足以说明行政垄断是造成非工资性收入差距的深层次原因了。

第四节　小　结

非工资性收入与工资收入相对应，指的是除工资之外的以货币或者实物形式发放或者提账以留备职工当期或者将来使用的各种收入，它与隐性收入、灰色收入、黑色收入有质的区别，其范围也小于工资外收入。本章通过研究代表性、典型性上市公司 2006—2012 年 385 份年报发现，以银行、航空运输、电力、石油和天然气开采、电信、铁路运输等 6 个行业为代表的行政垄断性行业的非工资性收入分别高出代表最低收入水平的纺织业 8.28、7.06、5.20、4.36、4.20、2.49 倍，分别高出代表平均收入水平的交通运输设备制造业 6.53、5.54、4.03、3.35、3.22、1.83 倍，优势极其明显，而且，非工资性收入在行政垄断性行业总收入中所占的比例远远大于竞争性行业相应的比例，6 年平均分别高出纺织业 14.63、6.37、17.25、11.84、12.34 和 12.22 个百分点，高出交运设备制造业 15.65、7.40、18.27、12.87、13.36 和 13.25 个百分点；行政垄断性行业的非工资性收入差距对于两种类型行业之间总收入差距的贡献度介于 36.34%－38.78%之间，同样是行业收入差距存在和扩大的重要影响部分。

究其原因，我们发现这种差距首先是源于其提取基数即工资性收入，其次是源于其提取比例，行政垄断性行业在这两方面都具有明显的优势，这又最终导致了行政垄断性行业与竞争性行业之间总收入的巨大差距。借助于明瑟方程和邹检验，我们验证了行政垄断是导致各行业之间非工资性收入巨大差距的深层次原因，它对非工资性收入方程的影响程度在75%左右。

进一步，我们可以推论：行政垄断性行业非工资性收入方面的巨大优势，不但保证了其职工在职期间享受着更好的社会保险、住房公积金、员工福利、工会福利和教育培训等，而且保证了其在退休后能够享受更高的养老、医疗甚至住房待遇。显而易见，这种巨大差距对职工当前和今后的福利待遇都有着重大的影响，当前已经较大的收入流量差距终将积累成巨大的财富存量差距，而且必将产生代际影响，从而进一步刺激社会阶层固化，只不过是以较为隐蔽的方式存在、积累和发酵罢了。

第六章

两种类型行业社会保险缴纳和领取差距

尽管社会保险在缴纳阶段并不构成“收入”，而且，所缴纳的比例一般都遵从相应时期的国家法律规定，但由于其在“领取时”或者“使用时”与收入具有类似特征，而且现实中我们也发现不同行业之间确实存在差距，比如养老金、医疗报销额度，甚至生育保险各单位之间的报销额度也确实有所不同，所以，本研究将该部分问题也列入收入分配格局问题进行考察。作为非工资性收入的一部分，社会保险是一种为丧失劳动能力、暂时失去劳动岗位或因健康原因造成损失的人口提供收入或补偿的一种社会和经济制度。根据《中华人民共和国社会保险法》第二条的规定：国家建立基本养老保险、基本医疗保险、工伤保险、失业保险、生育保险等社会保险制度，保障公民在年老、疾病、工伤、失业、生育等情况下依法从国家和社会获得物质帮助的权利。

作为国民收入再分配的重要构成部分，社会保险在其发放阶段会形成各行业在职和退休人员的一部分收入，甚至，养老保险成为企事业单位员工退休后的主要收入来源。笔者实际调研也发现，社会保险在其缴纳和领取阶段都存在着显著的行业差距，尤其是在养老保险的领取中更是明显，这与仇雨临（2013）的观点不同，而这最终间接形成和拉大了行业间的实际收入分配差距。因此，本章主要探讨社会普遍关注的“基本养老保险”缴纳和领取的差距，而对于“基本医疗、工伤、失业和生育保险”等争议较小的险种则视具体情况进行简要探讨。其中，工伤保险由于行业差别失去探讨价值①；失业保险和生育保险均由单位缴纳，生育保险职工个人不缴纳，失业保险城镇企业事业单位招用的农民合同制工人也不缴纳②。

第一节　两种类型行业养老保险缴纳和领取的差距

近年来，不少企业抱怨所承担的社保缴费负担过重——尤其是缴纳的养老保险比重过高，而对于企业年金这种可选择、非强制的补充养老保险，很多企业就更没有动力去缴纳，以至于缴纳补充养老保险的多数是垄断性企业，而竞争性行业中的企业尤其是中小民营企业很少为职工缴纳补充养老保险。在中国经济发展面临增速下行的新常态下，企业“过重”的养老保险缴纳势必导致企业成本高企，进而影响企业可持续的生产和投资，不利于社会就业和稳定。为“减轻企业负担”，缓解当前新旧动能转化的严峻压力，自 2016 年 5 月 1 日起中国政府就部分下调了企业承担的各项社会保险的缴纳比例，其中，养老保险的份额下降至 19%至 20%之间。问题是，企业为员工未来的养老支付的养老保险“负担过重”对所有行业都“不好”吗？为解答此问题，首先，需要了解现行中国养老保险（含补充养老保险，下同）的征缴政策；其次，需要研究对比不同类型行业“缴纳”养老保险数额的差距情况；第三，应探讨养老保险行业“缴纳”的差额与“发放”政策之间是否具有想当然的对应关系。

---

① 根据《社会保险法》第三十四条的规定：国家根据不同行业的工伤风险程度确定行业的差别费率，并根据使用工伤保险基金、工伤发生率等情况在每个行业内确定费率档次。行业差别费率和行业内费率档次由国务院社会保险行政部门制定，报国务院批准后公布施行。

② 根据《失业保险条例》（国务院令第 258 号）第六条对失业保险费缴纳的规定：城镇企业事业单位按照本单位工资总额的百分之二缴纳失业保险费。城镇企业事业单位职工按照本人工资的百分之一缴纳失业保险费。城镇企业事业单位招用的农民合同制工人本人不缴纳失业保险费。近年来，为降低企业成本，增强企业活力，根据 2016 年人力资源社会保障部与财政部发出的《关于阶段性降低社会保险费率的通知》，经国务院同意，从 2016 年 5 月 1 日起，失业保险总费率在 2015 年已降低 1 个百分点基础上可以阶段性降至 1%－1.5%，其中个人费率不超过 0.5%，降低费率的期限暂按两年执行。根据《企业职工生育保险试行办法》第六条规定：用人单位按照本单位职工工资总额的一定比例缴纳生育保险费，缴费比例一般不超过 0.5%，具体缴费比例由各统筹地区根据当地实际情况测算后提出，报省、自治区、直辖市批准后实施。超过工资总额 0.5%的，应当报人力资源社会保障部备案。但是，2019 年 3 月 25 日印发的《国务院办公厅关于全面推进生育保险和职工基本医疗保险合并实施的意见》，表明合并后将无法单独研究该险种缴纳和领取情况。

一、样本选取原则与数据来源

(一)会计科目的选取依据

根据中国2007年开始实施的《企业会计准则》,上市公司自2007年开始,应在其财务报表附注中披露其缴纳的社会保险及其细目情况。当然,实际调查发现,个别上市公司或者个别年份并没有提供该项目的细目,即没有明确公布医疗保险、养老保险、工伤保险、生育保险、失业保险这5项保险的具体缴纳数额,在做行业平均时,对此不予统计。本书相关养老保险数据全部来自上市公司年报财务报表附注“应付职工薪酬”项目的“本期减少”栏。这里的“本期减少”是企业所在会计年度该项目的实际变动额——缴纳额,而杨波(2013)在做相关测算时,使用的是“本期增加”额。但是,本书认为,“本期增加”是所在会计年度“应当”提取的缴纳额,而“本期减少”则是所在会计年度实际的支付额——包括以前年度应支付而未支付的额度,因为:期末数=期初数+本期增加—本期减少。这一点可以通过“国电电力”2007年年报第88页财务报表附注21使用“本年支付”而没有使用“本期减少”来佐证,以及“中国联通”“广深铁路”“中国国航”“南方航空”“华电国际”等上市公司2007年年报的会计操作实录使用的均是“本年支付”,此后,改用“本年减少”,可见,使用“本年减少”作为当年支付额更为恰当和准确。

(二)养老负担差距对比行业的选取

为判断行业间支付养老保险负担差距的价值,需要缴纳养老保险高与低两种行业进行鲜明对比,众所周知,行政垄断性行业收入水平相对较高(林峰,2014年),相应的其缴纳养老保险的数额就高,而其对比对象需要在众多与之相匹配以资对比的行业中选取。首先,考虑到国内行业众多,详细数据无法全部获取,只能抽样对比;其次,考虑到养老支付是按照企业员工工资的一定比例提取,在抽样选取时,选取一个收入水平位于全部行业中位数水平的和一个位于全部行业较低水平的,据此,前者选择交通运输设备制造业,后者选择纺织业,这二者在中国属于一般竞争性行业,各方面都与行政垄断性行业对比鲜明。

据此,再依据国民经济行业分类(GB/T 4754-2011)中3位数分类,整理得到2007—2015年电力、电信、石油、航空运输、铁路运输等5个行政垄断性行业67家A股上市公司,以及交通运输设备制造业27家上市公司,纺织业9家上市公司，共计 927 个观测对象，总计 8 343 个数据。上市公司财务制度相对健全，数据可靠性高，资产、员工、业务水平等都具有一定规模，因此，从上市公司样本中求取行业平均水平具有相对可靠的代表性和可信度。

二、实证测算与分析

为恰当观察对比两种类型行业养老总支付的负担情况，本书将各行业内部企业的数据进行行业内平均化（各企业之间平均），然后对比行业间的差距情况。这里的“人均养老总支付”指的是各行业每年为个人支付的包括养老保险、补充养老保险（含企业年金，可能缴纳也可能未缴纳）等在内的总金额；“营管总成本”指的是行业营业成本和管理费用的和。由于在会计报表中，员工成本一般分为两部分，管理人员的工资薪金、福利、社会保险、住房公积金等一般计入“管理费用”，而一般员工的对应项目则一般计入“营业成本”，因此，使用“养老总支付占行业营管总成本的比重”表示各行业的“养老总负担”情况。

（一）“人均养老总支付”行政垄断性行业高出纺织业的情况

作为低收入水平行业的代表，纺织业负担的“人均养老总支付”2007—2015 年间均远远低于五大行政垄断性行业，详见表 6－1 所示。

表 6－1　　行政垄断性行业“人均养老总支付”高出纺织业的情况　　单位：倍

年份	2007	2008	2009	2010	2011	2012	2013	2014	2015	平均
电力业	37.61	16.02	4.14	3.94	3.52	3.67	3.58	3.14	3.61	8.80
航空运输业	43.71	17.82	3.33	3.57	2.87	3.68	3.06	2.86	2.88	9.31
铁路运输业	24.03	11.39	3.07	3.06	2.37	2.68	2.64	2.45	2.72	6.05
石油开采业	39.98	18.35	4.17	3.88	3.57	4.06	4.07	4.15	4.37	9.62
电信业	33.09	16.18	3.57	3.29	3.35	3.49	3.45	2.82	2.99	8.03
平均	35.69	15.95	3.66	3.55	3.14	3.52	3.36	3.08	3.31	8.36

根据表 6－1 可见，石油业“人均养老总支付”高出纺织业最多，9 年平均高出 9.62 倍；铁路运输业高出最少，但也有 6.05 倍。深入调研发现，两种类型行业养老支付差距如此之大，达到 8.36 倍，主要是 2007 和 2008 年两个年度纺织业养老支付过少，在此后的 2009—2015 年差距就趋于平稳，位于 3—4 倍左右的区间，但仍然说明纺织业为职工支付的养老费用过少。

(二)"人均养老总支付"行政垄断性行业高出交运设备制造业的情况

作为中等收入水平行业的代表,交通运输设备制造业负担的"人均养老总支付"2007—2015 年间也均低于五大行政垄断性行业,详见表 6-2 所示。

表 6-2　行政垄断性行业"人均养老总支付"高出交通运输设备制造业的情况　单位:倍

年份	2007	2008	2009	2010	2011	2012	2013	2014	2015	平均
电力业	2.55	1.69	0.84	1.00	1.79	1.74	2.43	2.28	2.22	1.84
航空运输业	3.11	1.97	0.55	0.85	1.39	1.75	2.04	2.06	1.72	1.71
铁路运输业	1.30	0.96	0.45	0.65	1.08	1.16	1.72	1.73	1.61	1.18
石油开采业	2.76	2.05	0.84	0.98	1.82	1.97	2.79	3.09	2.76	2.12
电信业	2.13	1.71	0.63	0.74	1.68	1.64	2.33	2.02	1.79	1.63
平均	2.37	1.68	0.66	0.84	1.55	1.65	2.26	2.24	2.02	1.70

根据表 6-2 可见,石油业"人均养老总支付"高出交运设备制造业最多,9 年平均高出 2.12 倍;铁路运输业高出的最少,但也有 1.18 倍。两种类型行业养老支付差距总平均 1.7 倍,其中,2009 年,养老支付差距曾经一度缩小,降低至 0.66 倍,但是此后再度扩大到 2 倍以上。行政垄断性行业的负担"更重",但也是明显"优势"。同样,差距比较大的年份出现在 2007 和 2008 年两个年度,当时中国经济过热,行政垄断性行业的受益程度明显高于纺织业和交运设备制造业,进一步可以反推行政垄断性行业的工资收入必定更高。

(三)"养老总支付占营管总成本的比重"行政垄断性行业高出纺织业的情况

就"养老总支付占营管总成本的比重"看,不是所有行政垄断性行业都比纺织业高。将两种类型行业各自占比进行比较,平均差距仅为 0.58 个百分点,并不大。很显然,纺织业相对是轻资本行业,营管成本相对较低,而五大行政垄断性行业则是重资本行业,营管成本规模比较巨大。详见表 6-3 所示。

表 6-3　行政垄断性行业"养老总支付占营管总成本的比重"高出纺织业的情况

单位:百分点

年份	2007	2008	2009	2010	2011	2012	2013	2014	2015	平均
电力业	0.78	0.47	−0.21	−0.16	−0.16	−0.19	−0.22	−0.39	−0.25	−0.04
航空运输业	1.10	0.83	0.09	0.30	0.21	0.39	0.22	0.12	0.13	0.38
铁路运输业	2.29	2.20	1.97	2.77	2.64	2.87	2.86	3.01	3.22	2.65

续表

年份	2007	2008	2009	2010	2011	2012	2013	2014	2015	平均
石油开采业	0.44	0.25	—0.44	—0.46	—0.53	—0.63	—0.78	—1.02	—0.89	—0.45
电信业	0.96	1.07	0.16	0.31	0.45	0.31	0.09	—0.08	0.12	0.38
平均	1.12	0.97	0.31	0.55	0.52	0.55	0.44	0.33	0.47	0.58

根据表 6－3 可见，电力和石油开采业的养老支付占比在 2009 年以后的年份均低于纺织业，平均差距分别为—0.04 和—0.45 个百分点；铁路运输业是最高的，平均比纺织业高 2.65 个百分点；航空运输业和电信业平均比纺织业高 0.38 个百分点；各年平均差距除 2007 年外，都在 1 个百分点之下，2007 年最高，2009 年最低。

(四)“养老总支付占营管总成本的比重”行政垄断性行业高出交运设备制造业的情况

与交运设备制造业相比，五大行政垄断性行业的“养老总支付”占比都比较高，这意味着交通运输设备制造业的养老负担相对纺织业较低。将两种类型行业各自占比进行比较，平均差距仅为 1.25 个百分点，详见表 6－4 所示。

表 6－4　行政垄断性行业养老总支付占营管总成本的比重高出交运设备业的情况

单位：百分点

年份	2007	2008	2009	2010	2011	2012	2013	2014	2015	平均
电力业	0.73	0.51	0.60	0.56	0.45	0.51	0.63	0.74	0.99	0.63
航空运输业	1.05	0.87	0.90	1.02	0.81	1.09	1.07	1.25	1.37	1.05
铁路运输业	2.24	2.24	2.78	3.49	3.25	3.56	3.71	4.15	4.45	3.32
石油开采业	0.39	0.28	0.37	0.26	0.08	0.06	0.07	0.11	0.34	0.22
电信业	0.91	1.11	0.97	1.03	1.05	1.01	0.94	1.06	1.35	1.05
平均	1.07	1.00	1.12	1.27	1.13	1.25	1.28	1.46	1.70	1.25

差距最大的是铁路运输业，比交运设备制造业平均高 3.32 个百分点；差距最小的是石油开采业，平均高 0.22 个百分点。就各年的情况来看，2008 年差距最小，两种类型差距仅为 1 个百分点，2015 年最高，相差 1.7 个百分点。

三、小结

养老保险缴纳“负担过重”是一个伪命题，是否“过重”需根据企业发展能力是否受到严重影响为标准进行客观判断。统计对比表明：行政垄断性行业所代表的强势行业为职工缴纳了更高数额的养老保险，但在领取养老金时，各行业之间由基本养老保险所对应的退休金部分相差并不大，主要差别在于补充养老保险所对应的部分。简言之，基本养老保险缴得少的行业领取的并不少多少，而缴得多的行业领取的并不多多少，行业间总退休金的差别来源于补充养老保险是否缴纳及其高低。这意味着基本养老保险制度发挥了"劫富济贫"的社会保障功能，使得收入水平相对弱势的行业（如本书抽样的一般竞争性行业）获益，而使行政垄断这种强势行业"受损"。

第二节　两种类型行业基本医疗保险缴纳差距

基本医疗保险所具有的社会统筹功能使得该险种在理论上并不会影响并拉大收入差距，但是，与基本养老保险一样，有实力的行业会为职工额外缴纳补充医疗保险——这类似于上一节所研究的补充养老保险所引致的拉大收入差距的效果，甚至，实践中有很多单位会给已经使用过医疗保险的员工进行"二次报销"，这显然也构成了一种形式的"收入"。因此，本节仅对两种类型行业缴纳医疗保险的实际情况进行统计比较分析，对于医药费报销阶段的情况由于数据的实际困难无法进行研究。

一、数据的来源说明①

本书统计的医疗保险数据来源于"应付职工薪酬"项下的"医疗保险费"或"基本医疗保险费"以及"补充医疗保险费"。与上一节数据来源保持一致，年份

① 由于年报披露的细分数据不全，仅提取样本企业中已经披露的数据，其中，电信行业仅中国联通；石油开采行业仅中国石油，而且没有披露 2008 年数据；航空运输业中的中国国航、南方航空均没有披露 2007 和 2008 年数据；电力行业中长江电力、长源电力、涪陵电力、广州发展、国投电力、哈投股份、闽东电力、三峡水利、穗恒运、通宝能源、豫能控股、粤电力 A、漳泽电力没有披露 2007、2008 年数据，天富热电、郴电国际、桂冠电力没有披露 2007 年数据，广安爱众没有披露 2007—2010 年数据，惠天热电没有披露 2014、2015、2016 年数据，黔源电力、吉电股份没有披露 2008 年数据，宁波热电没有披露 2007—2013 年数据，深圳能源 2007—2010 年数据异常，不纳入统计；交通运输设备制造业中的江铃汽车、中通客车、力帆股份没有披露 2007—2013 年数据，长安汽车没有披露 2007—2012 年数据，中国重汽、宇通客车、广船国际、中航飞机、上海机电、航空动力没有披露 2007、2008 年数据，金龙汽车没有披露 2007—2016 年数据，中国船舶、中路股份没有披露 2007 年数据，长城汽车没披露 2007—2010 年数据；纺织业中欣龙股份没有披露 2007—2013 年数据，江苏阳光缺少 2007 年数据，鲁泰 A 缺少 2007、2008 年数据，维科精华仅有 2009、2017 和 2018 年数据。

更新至2018年，整理得到2007—2018年电力、电信、石油、航空运输、铁路运输等5个行政垄断性行业67家A股上市公司，以及交通运输设备制造业27家上市公司，纺织业9家上市公司，共103家公司，搜集到1 236份年报、2 472个数据。其中，上市公司中未披露医疗保险缴纳情况和因上市较晚而没有年报公告等的情况在脚注中进行了说明，仅对存在的年份进行了统计处理。

二、数据的比较分析

经过比较分析，我们发现不同类型行业人均缴纳医疗保险的数量确实存在较大的差距。

（一）各行业缴纳医疗保险情况

根据2007—2018年平均数据，石油开采行业人均缴纳医疗保险额最高，为1.04万元，纺织行业最低，为0.29万元，详见表6-5所示。

表6-5　各行业缴纳医疗保险人均总额一览　单位：万元

年份	2007	2008	2009	2010	2011	2012	2013	2014	2015	2016	2017	2018	平均
电信业	0.18	0.35	0.39	0.45	0.51	0.58	0.62	0.67	0.73	0.74	0.78	0.89	0.57
石油开采业	0.41	/	0.55	0.61	0.82	0.99	1.15	1.25	1.31	1.38	1.38	1.54	1.04
铁路运输业	0.26	0.27	0.26	0.29	0.38	0.47	0.57	0.68	0.70	0.78	0.80	0.87	0.53
航空运输业	0.24	0.26	0.40	0.49	0.80	0.70	0.76	0.72	0.94	1.04	1.00	1.07	0.70
电力业	0.31	0.48	0.43	0.55	0.67	0.75	0.79	0.92	0.92	0.98	1.23	1.12	0.76
交运设备制造业	0.23	0.29	0.41	0.42	0.41	0.54	0.53	0.56	0.62	0.56	0.61	0.62	0.48
纺织业	0.03	0.08	0.10	0.12	0.13	0.15	0.16	0.19	0.21	0.78	0.24	0.26	0.29

整体而言，2007—2018年间所调研的7个行业医疗保险缴纳额都是逐年稳步增加的，其中，航空运输业在2012、2014和2017年出现下降，电力行业在2018年出现下降，交运设备制造业在2011、2013和2016年出现下降。纺织行业2016年数据异常，是因为众和股份在2014年改名凯瑞德之后，员工人数由2015年的1 032锐减为2016年的58人，而医疗保险缴纳额由2015年的18.85万元暴增至796.32万元，而2017年又锐减至17.57万元，显著异常，为此，按照与职工人数一致的原则，将2016年医疗保险额匀至2014和2015年。

（二）两种类型行业缴纳医疗保险的差距分析

行政垄断性行业与竞争性行业在收入方面差距巨大，作为工资收入一定比例的医疗保险缴纳额相应地也存在着较大的差距，整体而言，前者高于后者。

1. 典型行政垄断性行业与交运设备制造业医疗保险缴纳差距

2007—2018 年整体而言，行政垄断性行业高于交运设备制造业缴纳额。电信业、石油开采业、铁路运输业、航空运输业和电力业人均缴纳医疗保险数额分别高出交运设备制造业 18.93%、115.54%、9.35%、45.79%和 58.11%，高出最多的是石油开采业，最低的是铁路运输业，详见表 6－6 所示。

表 6－6　　各行业人均缴纳额高出交运设备制造业比率　　单位：%

年份	2007	2008	2009	2010	2011	2012	2013	2014	2015	2016	2017	2018	平均
电信业	−21.01	24.32	−6.37	7.27	22.58	8.31	17.18	18.89	16.95	32.79	28.89	44.06	18.93
石油开采业	79.90	/	34.13	46.22	99.82	85.32	119.15	122.89	111.14	148.90	128.07	150.53	115.54
铁路运输业	12.69	−4.27	−36.72	−31.76	−9.04	−13.14	8.66	20.79	12.98	41.06	31.49	40.98	9.35
航空运输业	6.23	−7.48	−1.68	17.88	94.14	30.54	45.04	28.09	51.40	86.30	64.42	72.95	45.79
电力业	35.85	66.74	5.58	31.11	61.65	40.74	49.46	63.91	48.36	75.77	102.12	81.16	58.11

具体而言，石油开采业和电力业的医疗保险缴纳 2007—2018 年一直高于交运设备制造业，其他行业偶有若干年份的缴纳额低于交运设备制造业，其中，电信业出现在 2007 和 2009 年 2 个年份，铁路运输业出现在 2008—2012 年 5 个年份，航空运输业出现在 2008 年和 2009 年 2 个年份。高出最多的是石油开采业 2018 年 150.53%，最低的是铁路运输业 2009 年−36.72%。

2. 典型行政垄断性行业与纺织业医疗保险缴纳差距

整体而言，与交运设备制造业相比，纺织业缴纳医疗保险数额更少。2007—2018 年电信业、石油开采业、铁路运输业、航空运输业和电力业人均缴纳医疗保险数额分别高出纺织业 180.46%、408.29%、157.86%、243.8%和 272.86%，高出最多的仍是石油开采业，最低的仍是铁路运输业，详见表 6－7 所示。

表 6－7　　各行业人均缴纳额高出纺织业比率　　单位：%

年份	2007	2008	2009	2010	2011	2012	2013	2014	2015	2016	2017	2018	平均
电信业	548.32	332.51	286.07	272.29	302.64	275.40	287.68	314.99	303.21	−5.18	226.22	242.72	180.48
石油开采业	1 376.54	/	453.07	407.47	556.36	542.32	625.08	678.01	627.92	77.72	477.22	496.01	408.29
铁路运输业	824.90	233.07	160.94	136.82	198.77	201.06	259.49	321.64	289.51	0.72	232.80	235.39	157.86
航空运输业	771.89	221.89	305.41	309.10	537.69	352.46	379.89	347.09	421.97	33.02	316.15	311.44	243.80
电力业	1 014.98	480.10	335.34	355.03	430.97	387.79	394.51	472.14	411.49	25.50	411.56	330.96	272.86

其中，因纺织业样本凯瑞德 2016 年数据异常，纺织业 2016 年也相应异常，不做具体比较。除去 2016 年特殊异常情况，最高值是石油开采业 2007 年，高

出纺织业 1 376.54%，最低值是铁路运输业 2010 年 136.82%。

（三）补充医疗保险缴纳情况

交运设备制造业和纺织业虽然也有发现“补充医疗保险”记录，但数额相对较小。纺织业仅华孚色纺 2015 年有 1.85 万元的记录；交运设备制造业有力帆股份、中国船舶、哈飞股份、中航飞机、广船国际、一汽轿车 6 家企业缴纳补充医疗保险。行政垄断性行业中的电力行业有 12 家企业发现了缴纳补充医疗保险的情况，其他行政垄断性行业并未发现。

三、小结

根据上述各行业缴纳医疗保险的情况，整体而言，交运设备制造业和纺织业缴纳额较少，行政垄断性行业相对较多，这与研究假设一致。

第七章

两种类型行业间收入分配格局优化的数量标准推算

具体到收入分配的具体差距问题，人们首先应对各类型行业收入的多少、不同人群之间差距的大小、收入差距的连续性等问题有一个比较客观公正的正确认识；其次，最好有一个合适的差距标准和衡量标准；最后，还应建立一个有效的监督、反馈、评价和纠正机制。目前，相关研究非常有限，本章拟采用类推的办法，就收入格局优化的数量标准进行一次推算尝试。

本章的研究设计是：第一步，利用代表性竞争性行业的实际收入数据推导出明瑟方程，然后将行政垄断性行业各项相关自变量数据代入，推算得到行政垄断性行业的“理论收入”；第二步，将测得的行政垄断性行业“理论收入”与竞争性行业的实际收入进行比较，得到这两种类型行业间的“理论收入差距”；第三步，测算出两种类型行业间的“实际收入差距”，那么，前述“理论收入差距”与“实际收入差距”之间的差距即为“不合理收入差距”。

第一节　数据说明

以非行政垄断性其他行业 NAMO(non-administrative monopoly but others owned)作为参照样本，以其 2007—2012 年的各项数据为基础推算竞争性行业企业的明瑟方程。为保证短面板数据的有效性，依据前述原则，我们将非行政垄断性其他行业的数据整理出来，通过增大样本容量来弥补面板时期较短的不足。在非行政垄断性其他行业共计 55 个行业中，剔除没有代表性上市公司的行业后剩余 39 个行业，以总资产排名前三的“民营”上市公司作为代表性企业(这意味着经济大省、强省的样本较多,是在市场竞争比较充分条件下产生的实力较强的民营企业,保证了是"强强比较"而不是简单的强弱比较),同时考虑地域代表性和上市年限,再加上已有的纺织业 8 家和交通运输设备制造业 8 家民营企业,总计 41 个行业,119 家上市公司(对于个别上市公司可能出现的亏损年度数据,尊重会计报表),共计 4 998 个数据,再加上推算理论收入时使用的 37 家行政垄断性上市公司的数据,最后获得 7 488 个有效数据。在进行回归分析时,均使用"城镇居民 1978 年定基消费价格指数"进行消胀处理,数据的基本描述见表 7－1。

表 7－1　非行政垄断性其他行业上市公司的数据情况(未消胀)　金额单位:万元

变量	变量符号	观察值	平均值	标准差	最小值	最大值
人均总收入	W	714	7.03	12.35	0.02	141.28
人力资本水平	X_1	714	13.52	1.36	7.62	16.61
人均总资本	X_2	714	238.74	422.51	8.26	4 362.22
劳动效率	X_3	714	128.50	377.64	0.00	8 950.15
人均管理费用	X_4	714	6.31	7.11	0.06	90.63
人均营业成本	X_5	714	103.01	320.67	0.00	7 497.65
人均净利润	X_6	714	9.58	36.44	－39.29	854.69
毛利润率(%)	X_7	714	8.47	93.41	0.00	1 295.58

注:41 个行业具体上市公司名称、代码和地域(个别行业限于样本,无法区分地域)情况是:

1. 畜牧业:福成五丰(600965,河北)、罗牛山(000735,海南)、民和股份(002234,山东);
2. 食品制造业:西王食品(000639,山东)、伊利股份(600887,内蒙古)、三全食品(002216,河南);
3. 家具制造业:宜华木业(600978,广东)、梅花伞(002174,福建);
4. 文教体育用品制造业:广博股份(002103,浙江);
5. 渔业:千足珍珠(002173)、太湖股份(600257)、好当家(600467);
6. 橡胶制品业:中鼎股份(000887,安徽)、三士力(002224,浙江)、S 佳通(600182,黑龙江);
7. 物业管理:银润投资(000526,福建)、金科股份(000656,重庆)、天轮股份(000711,黑龙江);
8. 住宿业:零七股份(000007,广东)、万好万家(600576,浙江);
9. 软件业:新大陆(000997,福建)、软控股份(002073,山东)、用友软件(600588,北京);
10. 仓储业:怡亚通(002183,广东)、澳洋顺昌(002245,江苏)、瑞茂通(600180,山东);
11. 土木建筑业:中南建设(000961,江苏)、龙元建设(600491,浙江)、科达股份(600986,

山东）；

12. 其他制造业：东方金钰（600086，湖北）、紫江企业（600210，上海）；

13. 专用设备制造业：三一重工（600031，湖南）、龙净环保（600388，福建）、科达机电（600499，广东）；

14. 有色金属采选业：兴业矿业（000426，内蒙古）、东方锆业（002176，广东）、西部资源（600139，四川）；

15. 黑色金属矿采选业：华联矿业（600882），仅一家；

16. 食品加工业：新希望（000876，四川）、双汇发展（000895，河南）、东陵粮油（000893，广东）；

17. 饮料制造业：兰州黄河（000929，甘肃）、啤酒花（600090，新疆）、维维股份（600300，江苏）；

18. 纺织服装：雅戈尔（600177，浙江）、鄂尔多斯（600295，内蒙古）、红豆股份（600400，江苏）；

19. 皮革、毛皮、羽绒及制品：瑞贝卡（600439，河南）、海欣股份（600851，上海）；

20. 木材加工：大亚科技（000910，江苏）、兔宝宝（002043，浙江）、国栋建设（600321，四川）；

21. 造纸及纸制品业：华泰股份（600308，山东）、景兴纸业（002067，浙江）、合兴包装（002228，福建）；

22. 印刷业：陕西金叶（000812，陕西）、东港股份（002117，山东）、界龙实业（600836，上海）；

23. 化学原料及化学制品制造业：红太阳（000525，江苏）、远兴能源（000683，内蒙古）、浙江龙盛（600352）；

24. 医药制造业：恒瑞医药（600276，江苏）、康美药业（60051 8，广东）、三普药业（600869，青海）；

25. 化学纤维制造业：湖北金环（000584）、华峰氨纶（002064，浙江）、澳洋科技（002172，江苏）；

26. 塑料制品业：胜利股份（000407，山东）、金发科技（600143，广东）、凯乐科技（600260，湖北）；

27. 非金属矿物制品：西水股份（600291，内蒙古）、金晶科技（600586，山东）、华新水泥（600801，湖北）；

28. 有色金属及压延：南山铝业（600219，山东）、宏达股份（600331，四川）、东阳光铝（600673，广东）；

29. 金属制品业：法尔胜（000890，江苏）、杭钢萧构（600477，浙江）、精工钢构（600496，安徽）；

30. 房地产中介服务：海印股份（000861，广东）；

31. 房地产开发与经营：泛海建设（000046，广东）、新湖中宝（600208，浙江）、世茂股份（600823，上海）；

32. 零售业：苏宁云商（002024，江苏）、豫园商城（600655，上海）、百大集团（600865，浙江）；

33. 批发业：渤海物流（000889，河北）；

34. 建筑安装业：金螳螂（002081，江苏）、帝龙新材（002247，浙江）；

35. 仪器、仪表业：金马股份（000980，湖南）、大族激光（002008，广东）、宁波韵升（600366，浙江）；

36. 电器机械业：美的电器（000527，广东）、特变电工（600089，新疆）、中科英华（600110，吉林）；

37. 通用设备制造业：江淮动力（000816，江苏）、盾安环境（002011，浙江）、圆支承（002147，安徽）；

38. 计算机制造业：七喜控股（002027，广东）、实达集团（600734，福建）；

39. 通信设备制造业：中兴通讯（000063，广东）、亨通光电（600487，江苏）、大恒科技（600288，北京）；

40. 纺织业：见第四章第一节；

41. 交通运输设备制造业：见第四章第一节。

第二节 基本模型与变量设定

本部分借鉴前述非工资性收入方程的研究经验，结合本研究的特点，建立待估职工人均总收入方程：

$$\log W_{it}^{E} = u_i + \beta_{it} \sum_{i=1}^{119} X_{it} + \varepsilon_{it}$$

仍采用对数—水平值形式，对数默认以 10 为底，其中，W_{it} 是具体上市公司的职工总收入（消胀），i 是竞争性行业第 i 个公司，并且 $i=1,2,3,\cdots,119$，t 是各年，并且 $t=2007,2008,\cdots,2012$，β_{it} 是各自变量系数，ε 是残差项，具体变量的含义与第五章基本相同，见表 7－2。

设定 $W_I^{\sim}$ 为推算行业收入的中间值，经“反消胀”处理后，设定 W_I^E 是“理论收入”，那么，$W_I^E = W_I^{\sim} \times InflationIndex$，而 W_I 则是实际行业收入，由于

$$\log W_I^{\sim} = u_i + \beta_{it} \sum X_I + \varepsilon_{it}$$

因此，行业“理论收入”W_I^E 的方程就是：

$$W_I^E = (10^{u_i + \beta_{it} \sum X_I + \varepsilon_{it}}) \times InflationIndex = (10^{\log W_I^{\sim}}) \times InflationIndex$$

其中，使用了对数函数的反函数方程。

表 7－2　　行业职工收入方程的变量目录

变量名称	变量符号	变量的经济学含义	计算方法
因变量： 人均总收入	W	公司人均年总收入的对数	支付给职工以及为职工支付的现金与职工总数的比值
自变量： 人力资本水平	X_1	反映受教育程度对工作能力的影响	各教育程度在职员工数与相应赋值乘积的和除以总员工数
人均总资本	X_2	反映资本规模的影响	公司总资本除以公司总员工数
劳动效率	X_3	反映效率工资的影响	公司总营业收入除以总员工数
人均管理费用	X_4	反映管理水平的影响	公司总管理费用除以总员工数
人均营业成本	X_5	反映营业成本的影响	公司总营业成本除以总员工数
人均利润	X_6	反映最终盈利与否的影响	公司税后总利润额除以员工总数
毛利润率	X_7	反映投入产出的总体情况	公司营业收入除以营业成本

再次运用 STATA10 软件，采用上述整理获得的面板数据，对人均收入与各影响因素之间的关系进行计量运算与检验。为避免各解释变量之间的多重共线性，本书测算了模型假设中多元回归方程所涉及的解释变量的膨胀因子 Estat vif，对于造成严重多重共线性的解释变量进行剔除（确保膨胀因子的均值和各值都小于 2），发现人均总资本和人均营业成本与其他变量之间存在多重共线性，而毛利润率变量与其他变量量纲不统一，最后保留的变量有人力资本水平、劳动效率、人均管理费用和人均利润。

模型假定“人均总收入与各变量之间具有线性关系”，这符合会计准则和企业工资发放的基本常识，因为一般情况下，职工的工资等收入都与学历高低直接相关，这就是人力资本水平的影响；都与现金流的存在性和稳定性及其大小相关，这就是劳动效率的影响；都与管理费用相关，因为在会计报表中，管理费用包含部分员工费用，而且是在税前扣除的项目；而最后的利润更是企业追求的重要甚至主要的经营目标，即使行政垄断性企业也有绩效考核规定，而且，作为税后剩余项目，它必然会与人均总收入呈现此消彼长的负向变化关系。最后，对于面板数据分别使用固定效应模型和随机效应模型进行回归估计，然后进行豪斯曼检验，检验结果 Prob＞chi2＝0. 228 6，接受原假设，适用于随机效应模型。

第三节 测算结果

一、竞争性行业人均总收入拟合方程

按照上述方法进行测算并检验，具体测算结果见图 7－1 所示。

```
Random-effects GLS regression                   Number of obs      =       714
Group variable: company                            Number of groups   =       119

R-sq:  within  = 0.4407                            Obs per group: min =         6
       between = 0.3377                                           avg =       6.0
       overall = 0.3698                                           max =         6

Random effects u_i ~ Gaussian                      Wald chi2( 5)      =    541.63
corr(u_i, X)       = 0 (assumed)                 Prob > chi2        =    0.0000

                             (Std. Err. adjusted for   119 clusters in company)
------------------------------------------------------------------------------
             |               Robust
        logw |      Coef.   Std. Err.      z    P>|z|     [95% Conf. Interval]
-------------+----------------------------------------------------------------
          x1 |   .0325352   .0107048     3.04   0.002     .0115541    .0535163
          x3 |   .0022272   .0007143     3.12   0.002     .0008271    .0036273
          x4 |   .1328764   .0245535     5.41   0.000     .0847525    .1810003
          x6 |   -.021801   .0073661    -2.96   0.003    -.0362382   -.0073637
       _cons |  -.6672651   .1439155    -4.64   0.000    -.9493342    -.385196
-------------+----------------------------------------------------------------
     sigma_u |  .18683343
     sigma_e |  .14328196
         rho |  .62967109   (fraction of variance due to u_i)
------------------------------------------------------------------------------
```

图 7－1　竞争性行业收入方程估计

由图 7－1 可见，各解释变量和常数项的 P 值均小于 0.005，这意味着各变量系数和常数项均通过了检验，尽管拟合优度较低，但是作为推算使用的参考指标，应是有效的，可用的。那么，估计的职工总收入方程即为：

$$\log W_I^E = 0.0325352X_1 + 0.0022272X_3 + 0.1328764X_4 - 0.021801X_6 - 0.6672651$$

显然，人均总收入与人力资本水平、劳动效率和人均管理费用呈现正向关系，而与人均利润呈现负相关系，符合研究预期。

二、"理论收入"及其与实际收入间的"理论差距"——"合理化差距"测算

将整理所得的行政垄断性行业相关数据代入上述方程，得到该行业"理论收入"，然后将之与其自身实际收入和竞争性行业实际收入进行比较，即得到

“理论差距”，即“合理化差距”。需要特别说明的是，行政垄断性行业的营业收入是在其“价格规制或者进入规制”等垄断前提之下获得的收入，这直接影响劳动效率和利润的测算，这意味着测算得到的“理论收入”其实就是行政垄断性行业获得的“理论垄断收入”。总体来看，该收入差距比值呈现出缩小的趋势，具体结果见表 7－3 所示。

表 7－3　　行政垄断性行业“理论收入”与各参照系实际收入的比值

行业	年份	行政垄断性行业人均理论收入（万元）	行政垄断性行业人均实际收入（万元）	与其自身实际收入的比值（%）	与交运设备制造业实际收入的比值（%）	与纺织业实际收入的比值（%）	与 41 个竞争性行业实际收入的比值（%）
电信业	2007	7.37[注]	15.75	46.78	197.94	268.33	139.41
	2008	5.47	9.86	55.46	122.01	160.53	96.81
	2009	5.49	10.20	53.82	132.28	184.49	89.41
	2010	6.12	10.88	56.27	117.08	159.73	92.46
	2011	6.72	12.24	54.84	119.90	142.99	85.14
	2012	7.15	13.03	54.86	111.83	140.04	85.86
	平均	6.38	11.99	53.67	133.51	176.02	98.18
航空运输业	2007	4.56	15.55	29.34	122.62	166.23	86.37
	2008	5.81	19.05	30.47	129.60	170.52	102.83
	2009	4.45	18.51	24.03	107.16	149.45	72.43
	2010	4.29	24.43	17.57	82.08	111.99	64.83
	2011	4.76	30.13	15.79	84.94	101.29	60.31
	2012	5.76	30.08	19.16	90.17	112.92	69.23
	平均	4.94	22.96	22.73	102.76	135.40	76.00

续表

行业	年份	行政垄断性行业人均理论收入（万元）	行政垄断性行业人均实际收入（万元）	与其自身实际收入的比值（%）	与交运设备制造业实际收入的比值（%）	与纺织业实际收入的比值（%）	与41个竞争性行业实际收入的比值（%）
电力业	2007	4.19	11.72	35.75	112.63	152.69	79.33
	2008	6.01	11.23	53.49	134.05	176.38	106.37
	2009	4.98	11.38	43.78	120.04	167.41	81.14
	2010	5.66	12.34	45.87	108.29	147.74	85.52
	2011	6.18	13.43	46.02	110.38	131.64	78.38
	2012	6.09	14.66	41.56	95.30	119.35	73.18
	平均	5.52	12.46	44.41	113.45	149.20	83.99
石油业	2007	5.88	9.11	64.58	158.05	214.25	111.31
	2008	7.16	11.39	62.84	159.78	210.23	126.78
	2009	6.97	10.54	66.14	167.95	234.23	113.52
	2010	8.26	12.26	67.44	158.06	215.64	124.83
	2011	10.27	14.90	68.92	183.34	218.65	130.19
	2012	11.59	17.48	66.31	181.36	227.12	139.25
	平均	8.36	12.61	66.04	168.09	220.02	124.32
铁路运输业	2007	3.21	5.98	53.69	86.27	116.95	60.76
	2008	3.44	6.68	51.57	76.86	101.13	60.99
	2009	3.69	7.39	49.87	88.83	123.89	60.04
	2010	3.61	7.84	46.03	69.04	94.19	54.53
	2011	3.76	8.94	42.00	67.06	79.97	47.62
	2012	4.03	11.56	34.87	63.09	79.01	48.44
	平均	3.62	8.07	46.34	75.19	99.19	55.40

续表

行业	年份	行政垄断性行业人均理论收入（万元）	行政垄断性行业人均实际收入（万元）	与其自身实际收入的比值（%）	与交运设备制造业实际收入的比值（%）	与纺织业实际收入的比值（%）	与41个竞争性行业实际收入的比值（%）
行政垄断性行业平均	2007	5.04	11.62	43.38	135.50	183.69	95.44
	2008	5.58	11.64	47.90	124.46	163.76	98.76
	2009	5.12	11.60	44.08	123.25	171.89	83.31
	2010	5.59	13.55	41.25	106.91	145.86	84.43
	2011	6.34	15.93	39.78	113.13	134.91	80.33
	2012	6.93	17.36	39.89	108.35	135.69	83.19
	平均	5.76	13.62	42.71	118.60	155.97	87.58

注：1. 各类型行业数值取自代表性上市公司的均值；电信业仅中国联通一家，且2007年员工人数与2008年相差非常大，导致人均收入大幅增加，但是同时其他各项人均指标也大幅增加；

2. 行政垄断性行业平均值为上述代表性5个行业的平均；

3. 各数据均取自相应代表性上市公司的年报。

所对比的三个参照系的年均实际总收入情况如表7-4所示。

表7-4　三个参照系职工年均实际总收入情况　单位：万元

年份	交运设备制造业	纺织业	41个竞争性行业
2007	3.72	2.74	5.28
2008	4.48	3.40	5.65
2009	4.15	2.98	6.14
2010	5.23	3.83	6.62
2011	5.60	4.70	7.89
2012	6.39	5.10	8.32
平均	4.93	3.79	6.65

注：交运设备制造业代表的是全国平均收入水平行业，纺织业代表的是全国最低收入水平行业，具体说明见本书非工资性收入部分。

（一）行政垄断性行业平均“理论收入”与其自身实际收入的比较情况

根据表7-3，6年平均来看，5个行政垄断性行业平均“理论收入”仅占其实际平均总收入的42.71%，其中，2011年是各个行政垄断性行业收入超发额最多的年份，理论收入仅占实际收入的39.78%；2008年理论收入占实际收入的47.9%，是相对超发额最小的年份。比值均小于1的情况意味着，该类型行业均出现了收入超发的现象；换言之，理论收入超出实际收入－57.29%，最高是2008年的－52.1%，最低是2011年的－60.22%①；该负数数值即为“不合理差距”。

(二)各行政垄断性行业“理论收入”与其自身实际收入的比较情况

通过表7-3数据可见，样本中5个行政垄断性行业的“理论收入”占其实际总收入的比例都远远小于1，这意味着，该类型行业的实际收入都远远大于“理论收入”，也就是实际中均超发了收入。平均来看，航空运输业的理论收入仅占其实际收入的22.73%，在5个行政垄断性行业中是最小的，这意味着它是相对超发额最大的行业，其中，超发额最大的是2011年的15.79%；石油业的理论收入占实际收入的66.04%，是5个行政垄断性行业中最大的，这意味着它是相对超发额最小的行业，其中，超发额最小的是2011年的68.92%。显然，比值越小，说明超发得越多，而比值越大，说明超发得相对越少。

具体各行业理论收入与其自身实际收入比较的情况是：

电信业6年平均为53.67%，最大值是2010年的56.27%，最小值是2007年的46.78%；换言之，电信业6年平均理论收入高出自身实际收入－46.33%，2010年高出自身最多，为－43.73%，2007年高出自身最少，为－53.22%。

航空运输业6年平均为22.73%，最大值是2008年的30.47%，最小值是2011年的15.79%；换言之，航空运输业6年平均理论收入高出自身实际收入－77.27%，2008年高出自身最多，为－69.53%，2011年高出自身最少，为－84.21%。

电力业6年平均为44.41%，最大值是2008年的53.49%，最小值是2007年的35.75%；换言之，电力业6年平均理论收入高出自身实际收入－55.59%，2008年高出自身最多，为－46.51%，2007年高出自身最少，为－64.25%。

石油业6年平均为66.04%，最大值是2011年的68.92%，最小值是2008年的62.84%；换言之，石油业6年平均理论收入高出自身实际收入－33.94%，

① 前述内容是以实际收入作为被比较对象，若更换被比较对象，即以理论收入作为被比较对象，就是实际收入6年平均高出理论收入136.26%，最高是2011年的151.41%，最低是2008年的108.78%。为前后比较的统一性，本部分均是以实际收入作为被比较对象，下同。

2011 年高出自身最多，为−31.08%，2008 年高出自身最少，为−37.16%。

铁路运输业 6 年平均为 46.34%，最大值是 2007 年的 53.69%，最小值是 2012 年的 34.87%；换言之，铁路运输业 6 年平均理论收入高出自身实际收入−53.66%，2007 年高出自身最多，为−46.31%，2012 年高出自身最少，为−65.13%。

(三)行政垄断性行业“理论收入”与交运设备制造业实际收入的对比情况

就平均情况来看，历年行政垄断性行业的平均理论收入均高于交运设备制造业，6 年平均比值为 118.6%，最高值是 2007 年的 135.5%，最低值是 2010 年的 106.91%；换言之，在理论上，行政垄断行业的人均总收入“应该”高出交运设备制造业 6.91%−35.5%，平均为 18.6%。其中，对比发现，铁路运输业“应该”低于交运设备制造业；而石油业是“应”高出交运设备制造业收入最大的；航空运输业与交运设备制造业的收入“应该”相差不大。分行业对比分析的情况是：

电信业各年的理论收入与交运设备制造业实际收入的比值均大于 1，6 年平均为 133.51%，最高是 2007 年的 197.94%，最低是 2012 年的 111.83%，这意味着该行业的收入确“应”高于后者；换言之，电信业的收入“应”高出交运设备制造业 11.83%−97.94%，平均“应”高出 33.51%。

航空运输业各年的理论收入与交运设备制造业实际收入的比值有 3 年大于 1，3 年小于 1，6 年平均为 102.76%，最高的是 2008 年的 129.6%，最低是 2010 年的 82.08%，这意味着这两个行业的收入“应”相差不大；换言之，航空运输业的收入“应”高出交运设备制造业−17.92%−29.6%，前者平均“应”高出后者 2.76%。

电力业各年的理论收入与交运设备制造业实际收入的比值仅有 1 年小于 1，6 年平均为 113.45%，最高是 2008 年的 134.05%，最低是 2012 年的 95.3%，这意味着该行业的收入总体上确“应”高于后者；换言之，电力业的收入“应”高出交运设备制造业−4.7%−34.05%，平均“应”高出 13.45%。

石油业各年的理论收入与交运设备制造业实际收入的比值均大于 1，而且是 5 个行政垄断性行业中最大的，6 年平均为 168.09%，最高是 2011 年的 183.34%，最低是 2007 年的 158.06%，这意味着该行业的收入确“应”高于后者；换言之，石油业的收入“应”高出交运设备制造业 58.06%−83.34%，平均“应”高出 68.09%。

铁路运输业各年的理论收入与交运设备制造业实际收入的比值均小于 1,6 年平均为 75.19%,最高是 2009 年的 88.83%,最低是 2012 年的 63.09%,这意味着该行业的收入确“应”“低于”后者;换言之,铁路运输业的收入“应”高出交运设备制造业－36.91%——11.17%,平均“应”高出－24.81%。

(四)行政垄断性行业“理论收入”与纺织业实际收入的对比情况

平均来看,历年行政垄断性行业的平均理论收入均高于纺织业,6 年平均比值为 155.97%,最高值是 2007 年的 183.69%,最低值是 2011 年的 134.91%;换言之,在理论上,行政垄断性行业的人均总收入也“应”高出纺织业 34.91%—83.69%,平均为 55.97%。其中,对比发现,铁路运输业与纺织业的收入“应该”相差不大;石油业“应该”是高出纺织业最多的。分行业对比分析的情况是:

电信业各年的理论收入与纺织业实际收入的比值均大于 1,6 年平均为 176.02%,最高是 2007 年的 268.33%,最低是 2012 年的 140.04%,这意味着该行业的收入确“应”高于后者;换言之,电信业的收入“应”高出纺织业 40.04%—168.33%,平均应高出 76.02%。

航空运输业各年的理论收入与纺织业实际收入的比值均大于 1,6 年平均为 135.4%,最高的是 2008 年的 170.52%,最低是 2011 年的 101.29%,这意味着前者确“应”高于后者;换言之,航空运输业的收入“应”高出纺织业 1.29%—70.52%,前者平均最多“应”高出后者 35.4%。

电力业各年的理论收入与纺织业实际收入的比值也均大于 1,6 年平均为 149.2%,最高是 2008 年的 176.38%,最低是 2012 年的 119.35%,这意味着该行业的收入确“应”高于后者;换言之,电力业的收入“应”高出纺织业 19.35%—76.38%,平均“应”高出 49.2%。

石油业各年的理论收入与纺织业实际收入的比值均大于 2,是 5 个行政垄断性行业中最大的,6 年平均为 220.02%,最高是 2009 年的 234.23%,最低是 2008 年的 210.23%,这意味着该行业的收入确“应”高于后者;换言之,石油业的收入“应”高出纺织业业 110.23%—134.23%,平均“应”高出 120.02%。

铁路运输业各年的理论收入与纺织业实际收入的比值有三年大于 1,三年小于 1,6 年平均为 99.19%,最高是 2009 年的 123.89%,最低是 2012 年的 79.01%,这意味着这两个行业的收入“应该”相差不大;换言之,铁路运输业的收入“应”高于纺织业－20.99%—23.89%,平均仅“应”高出－0.81%。

(五)行政垄断性行业“理论收入”与 41 个竞争性行业实际收入均值的对比情况

显然，考虑到这 41 个行业在市场经济条件下的代表性，与 41 个竞争性行业均值的对比最具有代表性、说服力和一般性意义。对比发现，行政垄断性行业的实际收入“应该”低于 41 个竞争性行业收入均值。

综合来看，历年行政垄断性行业的理论收入均低于 41 个竞争性行业的平均值，6 年平均比值为 87.58%，最高值是 2008 年的 98.76%，最低值是 2011 年的 80.33%，这意味着，前者“应该”低于后者；换言之，在理论上，行政垄断性行业的人均总收入“应该”高出 41 个竞争性行业均值－19.67%－－1.24%，平均高于后者－12.42%。其中，对比发现，仅仅石油业“应该”高出 41 个竞争性行业均值。

分行业对比分析的情况是：

电信业各年的理论收入与 41 个竞争性行业实际收入均值的比值仅 2007 年 1 年大于 1，其他年份均小于 1，6 年平均为 98.18%，最高是 2007 年的 139.41%，最低是 2011 年的 85.14%，这意味着该行业的收入确“应”低于后者；换言之，电信业的收入“应”高出后者－14.86%－39.41%，平均“应”高出后者－1.82%。

航空运输业各年的理论收入与后者的比值也是仅有 1 年大于 1，其他 5 个年份均小于 1，6 年平均为 76%，最高的是 2008 年的 102.83%，最低是 2011 年的 60.31%，这意味着前者确“应”低于后者；换言之，航空运输业的收入“应”高于后者－39.69%－2.83%，前者平均“应”高出后者－24%。

电力业各年的理论收入与后者的比值也仅有 2008 年 1 年大于 1，其他均小于 1，6 年平均为 83.99%，最高是 2008 年的 106.37%，最低是 2012 年的 73.18%，这意味着该行业的收入确“应”低于后者；换言之，电力业的收入“应”高于后者－26.82－6.37%，平均“应”高出后者－16.01%。

石油业各年的理论收入与后者的比值均大于 1，而且仍旧是 5 个行政垄断性行业中最大的，6 年平均为 124.32%，最高是 2012 年的 139.25%，最低是 2007 年的 111.31%，这意味着该行业的收入确“应”高于后者；换言之，石油业的收入“应”高出后者 11.31%－39.25%，平均“应”高出 24.32%。

铁路运输业各年的理论收入与后者的比值均小于 1，是 5 个行政垄断性行业中最小的，6 年平均仅为 55.4%，最高是 2008 年的 60.99%，最低是 2011 年的 47.62%，这意味着铁路运输行业的收入“应该”低于后者很多；换言之，铁路运输业的收入“应”高于后者－52.38%——－39.01%，平均“应”高出后者－44.6%。

三、行政垄断性行业“实际收入”与各参照系实际收入的对比情况

具体的行政垄断性行业“实际收入”与各参照系实际收入的比值和高出率即“实际差距”情况见表 7－5 所示。

表 7－5 行政垄断性行业“实际收入”与各参照系实际收入的比值和“高出率”情况 单位：%

行业	年份	与参照系实际收入的比值			高出参照系实际的比率		
		交运设备制造业	纺织业	41 个竞争性行业	交运设备制造业	纺织业	41 个竞争性行业
电信业	2007	423.18	573.66	298.05	323.18	473.66	198.05
	2008	219.99	289.46	174.56	119.99	189.46	74.56
	2009	245.77	342.77	166.13	145.77	242.77	66.13
	2010	208.07	283.86	164.32	108.07	183.86	64.32
	2011	218.62	260.72	155.24	118.62	160.72	55.24
	2012	203.83	255.26	156.51	103.83	155.26	56.51
	平均	243.32	316.16	180.33	143.32	216.16	80.33
航空运输业	2007	417.99	566.63	294.40	317.99	466.63	194.40
	2008	425.30	559.59	337.47	325.30	459.59	237.47
	2009	445.93	621.91	301.42	345.93	521.91	201.42
	2010	467.26	637.46	369.01	367.26	537.46	269.01
	2011	537.87	641.45	381.93	437.87	541.45	281.93
	2012	470.59	589.33	361.34	370.59	489.33	261.34
	平均	465.80	605.26	345.22	365.80	505.26	245.22

续表

行业	年份	与参照系实际收入的比值			高出参照系实际的比率		
		交运设备制造业	纺织业	41 个竞争性行业	交运设备制造业	纺织业	41 个竞争性行业
电力业	2007	315.10	427.15	221.93	215.10	327.15	121.93
	2008	250.63	329.76	198.87	150.63	229.76	98.87
	2009	274.17	382.36	185.32	174.17	282.36	85.32
	2010	236.09	322.09	186.45	136.09	222.09	86.45
	2011	239.84	286.03	170.31	139.84	186.03	70.31
	2012	229.30	287.16	176.07	129.30	187.16	76.07
	平均	252.82	328.52	187.37	152.82	228.52	87.37
石油业	2007	244.71	331.73	172.35	144.71	231.73	72.35
	2008	254.28	334.57	201.77	154.28	234.57	101.77
	2009	253.95	354.17	171.65	153.95	254.17	71.65
	2010	234.38	319.76	185.10	134.38	219.76	85.10
	2011	266.04	317.27	188.91	166.04	217.27	88.91
	2012	273.49	342.50	210.00	173.49	242.50	110.00
	平均	255.89	332.50	189.65	155.89	232.50	89.65
铁路运输业	2007	160.68	217.82	113.17	60.68	117.82	13.17
	2008	149.04	196.10	118.26	49.04	96.10	18.26
	2009	178.11	248.40	120.39	78.11	148.40	20.39
	2010	149.99	204.63	118.46	49.99	104.63	18.46
	2011	159.65	190.40	113.37	59.65	90.40	13.37
	2012	180.91	226.56	138.91	80.91	126.56	38.91
	平均	163.65	212.65	121.29	63.65%	112.65	21.29

续表

行业	年份	与参照系实际收入的比值			高出参照系实际的比率		
		交运设备制造业	纺织业	41个竞争性行业	交运设备制造业	纺织业	41个竞争性行业
行政垄断性行业平均	2007	312.33	423.40	219.98	212.33	323.40	119.98
	2008	259.85	341.90	206.19	159.85	241.90	106.19
	2009	279.59	389.92	188.98	179.59	289.92	88.98
	2010	259.16	353.56	204.67	159.16	253.56	104.67
	2011	284.41	339.17	201.95	184.41	239.17	101.95
	2012	271.63	340.16	208.56	171.63	240.16	108.56
	平均	276.30	359.02	204.77	176.30	259.02	104.77

(一)行政垄断性行业"实际收入"与交运设备制造业实际收入的对比情况

根据表7-5数据,对比分析可见,行政垄断性行业的实际收入都大于交运设备制造业,5个行政垄断性行业实际收入与交运设备制造业实际收入之比平均为276.3%,前者平均高出后者176.3%;2007年最高,比值为312.33%,前者高出后者212.33%;2010年最低,比值为259.16%,但也高出后者159.16%。这个结果与前面的行政垄断性行业"理论收入"与该对应实际收入的比值和高出率相比,分别高出157.7个百分点和159.35个百分点,高出很多。分行业对比的情况是:

电信业的实际收入与交运设备制造业的实际收入之比平均为243.32%,平均高出后者143.32%;2007年最高,比值为423.18%,高出后者323.18%;2012年最低,比值为203.83%,高出后者103.83%。

航空运输业的实际收入是高出交运设备制造业最多的。平均比值为465.8%,平均高出后者365.8%;2011年最高,比值为537.87%,高出后者437.87%;2007年最低,比值为417.99%,高出后者317.99%。

电力业的实际收入与后者的平均比值为252.82%,平均高出后者152.82%;2007年最高,比值为315.1%,高出后者215.1%;2012年最低,比值为229.3%,高出后者129.3%。

石油业的实际收入与后者的平均比值为255.89%,平均高出后者155.89%,2012年最高,比值为273.49%,高出后者173.49%;2010年最低,比值为234.38%，高出后者134.38%。

铁路运输业的实际收入是高出交运设备制造业最少的。平均比值为163.65%，平均高出后者63.65%；2012年最高，比值为180.91%，高出后者80.91%；2008年最低，比值为149.04%，高出后者49.04%。

（二）行政垄断性行业“实际收入”与纺织业实际收入的对比情况

对比分析表7-5数据可见，行政垄断性行业的实际收入都大于纺织业，5个行政垄断性行业实际收入与纺织业实际收入之比平均为359.02%，前者平均高出后者259.02%；2007年最高，比值为423.4%，前者高出后者323.4%；2011年最低，比值为339.17%，但也高出后者239.17%。这个结果与前面的行政垄断性行业“理论收入”与该对应实际收入的比值和高出率相比，分别高出203.05个百分点和207.06个百分点，高出更多。分行业对比的情况是：

电信业的实际收入与纺织业的实际收入之比平均为316.16%，平均高出后者216.16%；2007年最高，比值为573.66%，高出后者473.66%；2012年最低，比值为255.26%，高出后者155.26%。

航空运输业的实际收入是高出纺织业最多的。平均比值为605.26%，平均高出后者505.26%；2011年最高，比值为641.45%，高出后者541.45%；2008年最低，比值为559.59%，高出后者459.59%。

电力业的实际收入与后者的平均比值为328.52%，平均高出后者228.52%；2007年最高，比值为427.15%，高出后者327.15%；2011年最低，比值为286.03%，高出后者186.03%。

石油业的实际收入与后者的平均比值为332.5%，平均高出后者232.5%；2009年最高，比值为354.17%，高出后者254.17%；2011年最低，比值为317.17%，高出后者217.17%。

铁路运输业的实际收入是高出后者最少的。平均比值为212.65%，平均高出后者112.65%；2009年最高，比值为248.4%，高出后者148.4%；2011年最低，比值为190.4%，高出后者90.4%。

（三）行政垄断行业“实际收入”与41个竞争性行业实际收入的对比情况

根据表7-5数据，总体对比分析可见，行政垄断性行业的实际收入都大于41个竞争性行业实际收入的均值，两种类型行业平均比值为204.77%，前者高出后者104.77%；2007年最高，比值为219.98%，高出后者119.98%；2009年最低，比值为 188.98%，但也高出后者 88.98%。而前面的分析我们已经发现，理论上，行政垄断性行业的收入“应该”低于后者，但是，实际结果分别高出行政垄断性行业“理论收入”与对应实际收入的比值和高出率 117.2 个百分点和 118.1 个百分点。其中，航空运输业实际收入高出 41 个竞争性行业实际收入均值最多，石油业其次，其后依次是电力业和电信业，铁路运输业最小。分行业对比的情况是：

电信业的实际收入平均高出 41 个竞争性行业均值 80.33%，比值为 180.33%；2007 年最高[①]，高出后者 198.05%，比值为 298.05%；2011 年最低，但也高出后者 55.24%，比值为 155.24%。

航空运输业的实际收入平均高出 41 个竞争性行业均值 245.22%，比值为 345.22%；2011 年最高，高出后者 281.93%，比值为 381.93%；2007 年最低，但也高出后者 194.4%，比值为 294.4%。

电力业的实际收入平均高出 41 个竞争性行业均值 87.37%，比值为 187.37%；2007 年最高，高出后者 121.93%，比值为 221.93%；2011 年最低，但也高出后者 70.31%，比值为 170.31%。

石油业的实际收入平均高出 41 个竞争性行业均值 89.65%，比值为 189.65%；2012 年最高，高出后者 110%，比值为 210%；2009 年最低，但也高出后者 71.65%，比值为 171.65%。

铁路运输业的实际收入平均高出 41 个竞争性行业均值 21.29%，比值为 121.29%；2012 年最高，高出后者 38.91%，比值为 138.91%；2007 年最低，但也高出后者 13.17%，比值为 113.17%。

四、金融行业未被纳入研究的原因

需要说明的是，由于金融行业作为服务行业，其自身业务模式迥异于生产性行业，体现在其会计报表中的对应情况就是：在其“营业支出”科目中没有单独列示“营业成本”，其主要的“营业支出”项目是其“业务及管理费”，包含员工费用（成本）、物业及设备支出、摊销费、审计费以及其他业务费等，这部分在其“利润表”中所占份额最大；而一般其他行业尤其是生产制造性行业企业的“营

① 对比分析 2007 和 2008 年中国联通的年报，2007 年中国联通的职工总数统计仅有 48 162 人，而 2008 年陡然涨至 204 354 人，变化非常异常。故而在具体测算时，2007 年使用了该公司在香港 H 股上市公司年报中的职工总数 117 120 人，测算发现，与其他年份相比，该收入值仍异常大，特此说明。

业支出”项目一般都有较大比例的“营业成本”，笔者测算对比的结果表明，一般性行业企业的“营业成本”项目所占“营业支出”科目的比例远远超过“管理费用”，显然，金融类上市公司利润表中的“业务及管理费”是区别于其他行业上市公司利润表中的“管理费用”的，在金融类上市公司中，“业务及管理费用”是营业支出中占比最大的部分，而其他行业的“管理费用”则相对小得多。因此，上述估计方程并不适用于金融行业人均收入的测算，最后的推算结果也表明了这一点，那就是，测得的金融行业“理论收入”远远超过实际收入，这意味着金融行业的人均实际总收入被压低了，这显然不符合实际情况。因此，该行业最后未被纳入本部分的研究，其他学者如卢锐(2007)、张正堂(2007)、鲁海帆(2007)、李维安等(2010)、胥佚萱(2010)、陈东华等(2010)、陆正飞(2012)等在做相关研究时，也是由于金融类行业企业的数据结构区别于一般行业，为避免影响研究结论，均对金融类上市公司的样本和数据进行了剔除处理。

第四节　两种类型行业间的不合理差距

假定竞争性行业所得到的收入是在市场经济条件下获得的“合理”的收入，那么，将上述行政垄断性行业与竞争性行业的“理论差距”与“实际差距”相比较，即后者减去前者(这样测算所得均为正数，便于比较)，就得到“不合理差距”。为简化表格和避免可能的混淆起见，这里仅对比“比值”与“比值”之间的差距，而对于“高出率”与“高出率”之间的差距由于其实质相同，不再详细测算对比，详见表 7－6 所示。

表 7－6　　行政垄断性行业与竞争性行业“不合理差距”情况对比表　　单位：%

	年份	与交运设备制造业	与纺织业	与 41 个竞争性行业平均
电信业	2007	225.24	305.33	158.64
	2008	97.99	128.92	77.75
	2009	113.49	158.28	76.71
	2010	90.99	124.13	71.85
	2011	98.72	117.73	70.10
	2012	92.01	115.22	70.64
	平均	109.81	140.14	82.14

续表

	年份	与交运设备制造业	与纺织业	与41个竞争性行业平均
航空运输业	2007	295.36	400.40	208.03
	2008	295.70	389.08	234.64
	2009	338.78	472.47	228.99
	2010	385.17	525.48	304.19
	2011	452.93	540.15	321.62
	2012	380.42	476.41	292.10
	平均	363.04	469.87	269.22
电力业	2007	202.47	274.46	142.60
	2008	116.58	153.39	92.50
	2009	154.13	214.96	104.18
	2010	127.80	174.35	100.93
	2011	129.46	154.38	91.92
	2012	134.00	167.81	102.89
	平均	139.37	179.32	103.39
石油业	2007	86.66	117.48	61.04
	2008	94.50	124.34	74.98
	2009	86.00	119.94	58.13
	2010	76.32	104.12	60.27
	2011	82.70	98.62	58.72
	2012	92.13	115.38	70.74
	平均	87.80	112.48	65.33
铁路运输业	2007	74.41	100.87	52.41
	2008	72.17	94.96	57.27
	2009	89.28	124.52	60.35
	2010	80.95	110.44	63.93
	2011	92.59	110.42	65.75
	2012	117.82	147.55	90.47
	平均	88.46	113.46	65.89

续表

	年份	与交运设备制造业	与纺织业	与41个竞争性行业平均
行政垄断性行业平均	2007	176.83	239.71	124.54
	2008	135.39	178.14	107.43
	2009	156.34	218.03	105.67
	2010	152.25	207.70	120.23
	2011	171.28	204.26	121.62
	2012	163.28	204.48	125.37
	平均	157.70	203.05	117.20

注：由于前面已经对比分析了行政垄断性行业实际收入与其“理论收入”之间的“不合理差距”，因此表中不再包含这部分内容。

一、行政垄断性行业与交运设备制造业之间的“不合理差距”情况

6年平均来看，5个行政垄断性行业平均收入与交运设备制造业的“不合理差距”为157.7%；最高是2007年的176.83%，最低是2008年的135.39%。其中，航空运输业的“不合理差距”最高，石油业最低。分行业对比的情况是：

电信业与交运设备制造业的“不合理差距”平均为109.81%，最高是2007年的225.24%，最低是2010年的90.99%。

航空运输业与交运设备制造业的“不合理差距”平均为363.04%，最高是2011年的452.93%，最低是2007年的295.36%。

电力业与交运设备制造业的“不合理差距”平均为139.37%，最高是2007年的202.47%，最低是2008年的116.58%。

石油业与交运设备制造业的“不合理差距”平均为87.8%，最高是2008年的94.5%，最低是2011年的82.7%。

铁路运输业与交运设备制造业的“不合理差距”平均为88.46%，最高是2012年的117.82%，最低是2008年的72.17%。

二、行政垄断性行业与纺织业之间的“不合理差距”情况

6年平均来看，5个行政垄断性行业平均收入与纺织业的“不合理差距”为203.05%；最高是2007年的239.71%，最低是2008年的178.14%。仍是航空运输业的“不合理差距”最高，石油业最低。分行业对比的情况是：

电信业与纺织业的“不合理差距”平均为 140.14%，最高是 2007 年的 305.33%，最低是 2012 年的 115.22%。

航空运输业与纺织业的“不合理差距”平均为 469.87%，最高是 2011 年的 540.15%，最低是 2008 年的 389.08%。

电力业与纺织业的“不合理差距”平均为 179.32%，最高是 2007 年的 214.96%，最低是 2008 年的 153.39%。

石油业与纺织业的“不合理差距”平均为 112.48%，最高是 2008 年的 124.34%，最低是 2011 年的 98.62%。

铁路运输业与纺织业的“不合理差距”平均为 113.46%，最高是 2012 年的 147.55%，最低是 2008 年的 94.96%。

三、行政垄断性行业与 41 个竞争性行业之间的“不合理差距”情况

6 年平均来看，5 个行政垄断性行业平均收入与 41 个竞争性行业平均的“不合理差距”为 117.2%；最高是 2012 年的 125.37%，最低是 2009 年的 105.67%。仍是航空运输业的“不合理差距”最高，石油业最低。分行业对比的情况是：

电信业与 41 个竞争性行业平均的“不合理差距”平均为 82.14%，最高是 2007 年的 158.64%，最低是 2011 年的 70.1%。

航空运输业与 41 个竞争性行业平均的“不合理差距”平均为 269.22%，最高是 2011 年的 321.62%，最低是 2008 年的 208.03%。

电力业与 41 个竞争性行业平均的“不合理差距”平均为 103.39%，最高是 2007 年的 142.6%，最低是 2011 年的 91.92%。

石油业与 41 个竞争性行业平均的“不合理差距”平均为 65.33%，最高是 2008 年的 74.98%，最低是 2009 年的 58.13%。

铁路运输业与 41 个竞争性行业平均的“不合理差距”平均为 65.89%，最高是 2012 年的 90.47%，最低是 2007 年的 52.41%。

第五节 小 结

本章采用中国上市公司中 41 个竞争性行业具体的微观数据，设计出适合于本研究的明瑟方程，估计出了竞争性行业职工收入决定因素的方程，然后将

行政垄断性行业的相关数据代入进行测算，推算得到了在现有条件下行政垄断性行业“应该”获得的职工“理论收入”，并将之分别与其自身、与交运设备制造业、与纺织业以及与41个竞争性行业的实际职工年均收入进行了详细的对比分析，得到了两种类型行业间收入的“理论差距”，即“合理差距”——比值分别为42.71%、118.6%、155.97%和87.58%，这也是收入差距调控的“理论目标”；以及行政垄断性行业实际收入与其本身及竞争性行业实际收入的差距即“实际差距”——比值分别为100%、276.3%、359.02%和204.77%。那么，“实际差距”与“理论差距”之间的差距就是“不合理差距”，分别为57.29%、157.7%、203.05%和117.2%。

总的结论是：“该高的，高得过多；该低的，反而高了”。具体而言，行政垄断性行业的“理论收入”均的确“应该”高出交运设备制造业和纺织业，但是，两种类型行业的“不合理差距”分别为157.7和203.05个百分点；行政垄断性行业的“理论收入”“应该”低于41个竞争性行业均值，但是，实际收入却均高于后者，“不合理差距”为117.2个百分点；而且，行政垄断性行业的实际收入远远高出其“理论收入”，平均高出136.62个百分点，不合理差距为57.29%。

当然，具体数量比值应该是动态变化的，而不是一成不变的。分行业详细分析结果是：

与其自身相比，6年平均“不合理差距”为57.29%。行政垄断性行业6年平均“理论收入”仅占其实际平均收入的42.71%，也就是现有行政垄断性行业的实际收入均远远超出其“理论收入”，这意味着该类型行业均出现了收入超发的现象。分行业对比发现，航空运输业是相对超发额最大的行业，石油业是相对超发额最小的行业。

与交通运输设备制造业实际收入相比，6年平均“不合理差距”为157.7%。行政垄断性行业“理论收入”与该行业实际收入比值为118.6%，也就是说行政垄断性行业6年平均“理论收入”均高于交运设备制造业，换言之，在理论上，行政垄断性行业的人均总收入“应该”高出交运设备制造业6.91%—35.5%，平均“应”高出16.95%。其中，铁路运输业“应该”低于交运设备制造业，石油业是“应”高出交运设备制造业收入最大的，而航空运输业与交运设备制造业的收入“应该”相差不大。

与纺织业相比，6年平均“不合理差距”为203.05%。行政垄断性行业“理论收入”与该行业实际收入比值为155.97%，也就是说行政垄断性行业6年平均“理论收入”均高于纺织业，换言之，在理论上，行政垄断性行业的人均总收入也“应该”高出纺织业 34.91%－83.69%，平均“应”高出 51.96%。其中，铁路运输业与纺织业的收入“应该”相差不大；而石油业“应该”是高出纺织业最多的。

与 41 个竞争性行业相比，6 年平均“不合理差距”为 117.2%。行政垄断性行业“理论收入”与该参照系实际收入 6 年平均比值为 87.58%，也就是行政垄断性行业 6 年平均“理论收入”均低于 41 个竞争性行业的平均值，这意味着行政垄断性行业的实际收入“应该”低于 41 个竞争性行业收入均值，其中，仅仅石油业“应该”高出 41 个竞争性行业均值。但是，实际收入数据对比的结果却是相反的，行政垄断性行业 6 年平均的实际收入都大于 41 个竞争性行业实际收入的均值，平均高出后者 104.77%，超过 1 倍以上。其中，航空运输业实际收入高出 41 个竞争性行业实际收入近乎 2.5 倍，铁路运输业高出的最少，但也有 21.29%。

第八章

两种类型行业间劳动力合理化流动机制的博弈分析[①]

经济学相关原理认为，若生产要素能够在各行业间自由配置，各行业将获得平均化的利润——劳动力这种要素也将获得平均化的工资，不会产生较大的行业收入差距问题，收入分配格局也就随之相应优化了。然而，在中国行业间收入差距却是客观存在的，而且差距较大（林峰，2014）。既然存在着巨大的行业收入差距，为何劳动力没有在各行业间顺工资趋向转移并将较高的收入差距平均化？

近年来，学界认为户籍制度、行政垄断性行业中的劳动力进入壁垒等因素是导致劳动力"逆工资趋向转移"的主要原因。蔡昉（2001）认为中国的劳动力迁移是制度变革的结果，受到一系列制度与政策因素变化的影响；而陈钊、陆铭和佐藤宏（2009）发现，除了教育、工龄、年龄、性别等可能表征劳动生产率的特征之外，社会关系网络、父亲的教育和政治身份以及城镇户籍这些并不表征生产率的因素反而也是有利于劳动者进入高收入行业的因素。刘小玄、曲玥（2008）进一步认为行政垄断、所有制类型和地区变量是行业或企业工资水平的重要决定因素，也是造成收入差异的主要原因，进一步认为它是阻碍劳动力流动的重要壁垒。约翰·奈特等（2011）、毛隽（2011）等也都认为现有制度是劳动力自由流动转移的壁垒与障碍，是政府制度供给剩余的集中体现。张展新（2004）提出了"劳动力市场产业分割"的概念，证实了产业分割与城乡分割、部门分割共存，它进一步分化了劳动人口，降低了流动劳动力特别是农村劳动力

---

① 本部分感谢《南方经济》杂志社匿审人尖锐、细致的评审意见，当然，文责自负。

进入城市垄断性产业的机会。许经勇和曾芬钮(2000)、聂盛(2004)也认为中国劳动力市场存在着行业分割的问题。王大鹏(2006)认为劳动力在垄断性行业和竞争性行业之间缺乏流动性，胡放之、殷恰(2010)认为竞争压力的缺乏导致垄断性行业成为一个相对封闭的系统，限制了劳动力在行业间的流动。陈钊、万广华和陆铭(2010)认为中国亟须打破劳动力市场进入壁垒和产品市场行业垄断，以控制行业收入差距，苏永照(2011)也认为巨大的行业间工资差异反映了中国严重的劳动力市场行政垄断行业分割。

本章将在户籍制度改革的历史背景下，剖析前后四个阶段劳动力、行业与政府之间的博弈过程，厘清新增和原有劳动力"逆工资趋向转移"的深层次内在机理。

第一节　基本假设及其说明

将全国97个细分行业剔除党政机关和事业单位，剩下的划分为两个类型：竞争性(65个)和行政垄断性(11个)行业。各参与者在各博弈阶段以一致的基本假设参与博弈。

一、三个参与者及其利益诉求，信息充分

本博弈涉及三个参与者：政府 I_G、行业企业 I_M 和劳动力 I_L。其中，政府分为两部分：一是相对独立的政府部门，二是与行政垄断性行业有着直接利益关系的政府部门；行业分为两种类型：竞争性行业和行政垄断性行业。

劳动力由三部分组成：其一是农村剩余劳动力(俗称农民工)；其二是城镇新增劳动力(含大中专毕业生)；其三是城镇已经就业劳动力(包含农民工和大学毕业生，以及其他城镇就业劳动力)，但是具有改变所从事行业的意愿。前两者的就业属于初次就业问题，面临行业选择；后者属于再择业，存在行业转移问题。

二、序贯博弈和嵌套博弈

参与者策略的选择有时间先后的顺序，是序贯博弈①；劳动力与行业企业间的博弈嵌套在政府②的政策博弈之中，是嵌套博弈③。

三、三个博弈阶段以及各方的博弈行动

依据中国户籍制度变革演进历史划分三个博弈阶段。

第一阶段：1949—1958 年④，劳动力自由转移阶段，行业之间的收入差别不大。

第二阶段：1958 年—1978 年⑤，严格控制劳动力转移阶段，行业间收入差别也不大。

在此阶段，社会主义改造完成，国民经济采取纯粹的计划管理体制，形成城乡二元体制和户籍制度。为避免前一阶段劳动力转移出现的“盲流”情况以及其他政策考虑，政府禁止劳动力自由转移，无论是农村还是城镇，劳动力的流动都受到严格的限制。农村劳动力被严格限制在人民公社范围内，主要从事农业劳动；而城镇劳动力完全由政府的劳动管理部门统一安排就业，劳动力的工作调动更是受到严格限制（Sylvie Démurger、Martin Fournier、李实等，2009）。

---

① 序贯博弈是指参与者选择策略有时间先后的博弈形式，每次博弈结构不同而且连续多次。一方在决策时，会考虑到另一方的反应行为，并在这种考虑基础上进行自己的当前决策。在序贯博弈中，首先作出策略选择和采取行动的博弈方可以占据有利地位，获得较多利益，其原因在于它造成了一种既成事实，而参与的另一方为使利润最大化，必须根据首先行动一方的策略来选择自己的策略，而且该模型表明信息较多的博弈方不一定能获得较多的收益。

② 刘精明(2006)认为中国的市场化改革不同于自由主义的市场化模式，中国的独特性在于从一开始就坚持以国家为主导的基本原则，改革时期群体之间利益关系的调整和变化，无处不渗透着国家力量的作用。刘精明：《市场化与国家规制——转型期城镇劳动力市场中的收入分配》，《中国社会科学》2006 年第 5 期。

③ 罗杰·麦凯恩(Roger A. McCain)认为在很多博弈中，参与者的行为看似不理性，但当人们意识到这个博弈只是更大博弈的一部分时，就能明白参与者的行为是理性的，并认为看似非理性的博弈其实都是嵌套(nested)在更大的博弈里面的，此时，针对大博弈所选择的最优反应就不是独立的小博弈的最优反应了，更极端的情况是小博弈可能作为子博弈嵌套在序贯博弈中。嵌套博弈(nested game)理论的基本观点是，人们的互动行为与决策并不是某个孤立博弈的结果，而是受到博弈所处的更大范围的关系与结构的影响，也就是说该博弈可能嵌套于某个更大的博弈之中，从而产生不同于单个博弈的均衡结果。

④ 《中华人民共和国户口登记条例》，http://www.npc.gov.cn/wxzl/gongbao/2000-12/10/content_5004332.htm，1958 年 1 月 9 日。

⑤ 《关于处理户口迁移规定》，http://news.qq.com/a/20090817/002116.htm，1977 年 11 月 1 日。

第三阶段:1978—2011 年[①],劳动力半自由转移阶段,收入差距逐年拉大直至悬殊。

随着改革开放逐渐引入市场机制,工业化和城市化的发展对劳动力产生了非常巨大的需求,而农村人口剧增和农村机械化程度的提升导致农村产生大量剩余劳动力。政府开始允许劳动力适当转移,但是对转移中的劳动力保留了如养老、医疗、教育等等诸多限制,因此是半自由转移。

不同行业企业对劳动力的需求差别较大,那些竞争性行业迫于竞争压力,采用市场规则聘用劳动力,在劳动力供给过剩的条件下,行业企业缺乏进一步提高和保持较高工资的经济动力,而垄断性行业由于没有竞争压力,其获取的高利润分享给了在位职工(史先诚,2007),从而导致了行业收入差距逐渐扩大,而行业分割限制了劳动力的自由转移。此时较高的收入优势自然会引致较大的就业供给,而行业分割的存在却部分缓解了就业供给压力,因为行业分割必然会导致就业供给的逆向选择。

四、博弈策略与劳动力供求情况

政府的行动策略是:根据既定的政策目标,制定是否允许劳动力转移的政策,“允许转移”“不允许转移”或者“有条件允许转移”;行业企业的行动策略是“接收”“不接收”或者“有条件接收”劳动力就业;劳动力的行动策略是“转移”“不转移”或者“有条件转移”。对政府而言,“条件”是其不同时期制定的规范或者引导劳动力转移的政策,或者是“裙带关系”;行业企业的“条件”是符合政府政策与否,或者“裙带关系”;劳动力的“条件”是符合政策与否,以及工资、工作环境和福利待遇、社会保障、社会文化环境,或者拥有“裙带关系”与否。

在政府、行业企业和劳动力组成的整个相互嵌套交织的博弈系统之中,显然,行业掌握主动权,而行业的代表则是政府,尤其是行政垄断性行业与政府的利益更为接近,政府的政策优先考虑的是他们的利益,而忽视劳动力的利益。在此背景下,劳动力在与行业之间的博弈过程中是非常被动的,具有从属性。

五、效用函数前后有别

劳动力在第一和第二阶段博弈的效用函数比较单一:

---

① 国务院办公厅:《关于积极稳妥推进户籍管理制度改革的通知》,http://www.gov.cn/zwgk/2012-02/23/content_2075082.htm。

$$u_L = f(x_1, x_2) = x_1 + x_2$$

其中，x_1 为工资，各行业之间差别不大；x_2 为"行业优势收益"，比如行业之间的差别因素。

x_2 在第一阶段忽略不计，因为在计划经济条件下，行业之间的工资待遇以及其他条件差别不大，则 $u_L = x_1$。

在博弈第三阶段，劳动力的效用函数被加入了除工资之外的不可忽视的多重其他要素：

$$u_L = f(x_1, x_2, \cdots, x_i, \cdots, x_n) = \overset{\Delta}{x}_1 + \sum x_i$$

其中，$\overset{\Delta}{x}_1$ 仍为工资，但是行业之间的工资差别已经比较严重；x_i 包括社会地位(情感价值)、工作环境、福利待遇、养老医疗等社会保障、稳定的价值，甚至包括子女教育等等因素。

这里我们将 $\sum x_i$ 定义为"行业优势收益"，在该阶段，与竞争性行业相比，这类优势在行政垄断性行业是客观存在的，在竞争性行业少数能够实现，大多数则比较难以实现。值得注意的是，"工作环境"这一因素并非全部是正值，比如电力、核燃料加工、石油开采、铁路运输业等行业的一线职工的工作环境伴随着辐射、偏远、野外等情况(当然竞争性行业也存在这些情况，但并不集中)，作为劳动力价值的合理补偿，必须保证 $\sum x_i > 0$ 才能保证这些行业在新中国成立后的创业之初具有吸引力，能够留住人才，而这个考虑也是客观历史现实。

第二节　数据说明与预处理

本书的数据来源分别是各年的《中国统计年鉴》《中国劳动统计年鉴》、各相关上市公司的年报等。

一、第一阶段博弈

新中国成立初期的收入分配制度比较复杂，收入制度历经改革，1955 年 8 月 31 日发布的《国务院关于国家机关工作人员全部实行工资制和改行货币工资制的命令》结束了历史遗留下来的供给制和工资制并存局面，确定了"工作调动，级随人走"的原则，这意味着同一级别的人员在行业之间转移时，收入也跟着进行了转移。继而，1956 年 6 月国务院通过《关于工资改革的决定》，着手工资制度改革。

(1)考虑到当时供给制、工资分[①]、工资制并存和改革演进的情况，设定行业间转移主要发生于城乡之间，而农村人口一般不涉及级别评定问题，但若顺利实现了转移，则收益大增，转移后设定为最低级别的 20 元(月收入)。

(2)设定行业企业的相对收益是劳动力收益的 1.2 倍[②]。

(3)政府的收益来源于利税上交，仅设定为行业企业收益的 55%(当时的规定)。

(4)若劳动力不转移，设定劳动力为维持生存和养育后代需要支付 2 元，而且各地相等；已经投资的行业企业亏损 10 元，没有投资则不亏损；政府均无法实现其政策目标，但维持政府和社会基本运转仍须支付 1 元。

二、第二阶段博弈

该阶段国民经济尽管有了很大的发展和进步，但是收入差距问题也并不显著，主要仍是城乡差距。依据相关数据[③]，在这 20 年中，收入增长率为 1.35 的 4 次幂，设定农村生活成本基本不变，农村劳动力顺利实现转移以后的月收入为

---

① 1952 年 7 月 1 日，政务院发出《关于颁发各级人民政府供给制人员津贴标准及工资制工作人员工资标准的通知》，走出工资改革的第一步。它把党政机关工作人员自上而下分为 29 级，工资随级别而定，不以当时尚不稳定的货币为结算单位，而以实物为基础进行折算，称为"折实单位"，又称"工资分"。http://news.china.com/zh_cn/history/all/11025807/20050919/12063996.html。1956 年 6 月，党中央、国务院根据当时国家的政治、经济状况，决定对机关事业单位的工资制度进行改革。国务院第 32 次全体会议作出了《关于工资改革的决定》(即〔1956〕国调周字第 53 号)。7 月 4 日，国务院以〔1956〕国议周字第 51 号公布了《关于工资改革中若干具体问题的规定》。这次工资改革，取消了工资分制度和物价津贴制度，实行了直接用货币规定工资标准的制度，即职务等级工资制。职务等级工资制的主要内容是行政管理人员的工资由高到低分为 30 个等级，330 个工资标准。一职分为数级，级间上下交叉。如 1 级为 560 元，30 级为 20 元。各级的工资标准根据各地的物价指数和生活水平确定。http://www.dysq.gov.cn/2009-1/7_135044.html。

② 设定依据："《评论家季刊》说：'资本逃避动乱和纷争，它的本性是胆怯的。这是真的，但还不是全部真理。资本害怕没有利润或利润太少，就像自然界害怕真空一样。一旦有适当的利润，资本就胆大起来。如果有 10%的利润，它就保证到处被使用；有 20%的利润，它就活跃起来；有 50%的利润，它就铤而走险；为了 100%的利润，它就敢践踏一切人间法律；有 300%的利润，它就敢犯任何罪行，甚至冒绞首的危险。如果动乱和纷争能带来利润，它就会鼓励动乱和纷争。走私和贩卖奴隶就是证明。'"(托·约·登宁《工联和罢工》1860 年伦敦版第 35、36 页)，转引自《马克思恩格斯全集》第二十三卷(第二十四章所谓原始积累第 6 节工业资本家的产生)第 829 页脚注 250。这里设定的 1.2 倍就是保证厂商能够"活跃"起来，仅为说明问题之需要，不考虑企业个数与劳动力个数的匹配问题。

③ 1957 年以后，根据国民经济的发展状况和改善职工生活的需要，国家多次调整了职工的工资。主要有 1963、1971、1977、1979 年 4 次 30%－40% 的升级。http://www.dysq.gov.cn/2009-1/7_135044.html。

66 元，相应的，行业企业和国家的相对收益也分别依据第一阶段的标准作调整。

三、第三阶段博弈

中国进行了举世瞩目的改革开放，依据国有企业改革演进的历史进程，以 1998 年国有企业进行"下岗分流、抓大放小"等战略性调整为分界点，将该阶段划分为两个时期，前一个时期是 1978—1998 年，剩下的 1999—2011 年为一个时期。

(一)1978—1998 年

1. 农村劳动力及与其对应的博弈参与方的收益数据设定

转移后的收益使用 1978—1998 年全国职工月平均工资 260 元(显然为偏高估计)；行业企业的相对收益仍为劳动力的 1.2 倍，政府的收益依据当时的《中华人民共和国私营企业所得税暂行条例》[①]设定为 35%。

而若未实现转移，则属于"富余"劳动力，因此谈不上什么收入，但是，养活自己和家人仍须支付成本，这里以 1999 年《中国统计年鉴》中 1998 年"农村居民消费价格指数(1985 年定基)"3.19 测算，设定为上一阶段的 3.2 倍；行业企业的投资成本依据 1999 年《中国统计年鉴》中 1998 年"固定资产投资(1991 年定基)价格指数"1.8 测算，设定为上一阶段的 1.8 倍；政府的支出以 1998 年财政支出比 1978 年财政支出增长 8.6 倍设定，为上一阶段的 8.6 倍。

2. 再择业者和城市新增就业者(含大学毕业生)及与其对应的博弈参与方的收益数据设定

在本阶段，对于城市新增就业者(含大学毕业生)来说，在这个阶段的就业选择存在两种可能：进入竞争性行业或者垄断性行业，那么，设定新增就业者能够实现就业，他们面临的收益组合与再择业者就会是相同的或者说是一致的。

依据 1990—1998 年《中国劳动统计年鉴》中竞争性行业平均收入数据，如果在竞争性行业就业，则劳动力的收益是 460 元，行业企业的收益是 552 元，政府的收益是 193 元。依据行政垄断性行业平均收入数据，如果在垄断性行业就业，则劳动力的直接收益是 670 元，行业企业的收益是 804 元，依据当时的税法

---

① 该法规已于 1994 年 1 月 1 日起废止。但是考虑到农民工集中在非公有制经济体中工作，那么，他们贡献给政府的税收就依据该税法第三条"私营企业所得税依照 35%的比例税率计算征收"的规定设定。

设政府的收益[①]是 442 元。考虑到垄断性行业可能获得的“行业优势收益”，则行政垄断性行业劳动力获得的收益就是 670＋ $\sum x_i$ ，其他博弈参与者的收益作相应处理。

(二)1999—2011 年

这一时期的数据设定原理同上一时期，仍把劳动力分为两部分来分析。

1. 农村劳动力及与其对应的博弈参与方的收益数据设定

在此时期，“农民工”逐渐实现了由“第一代农民工”向“第二代农民工”的转变，他们的思想观念有了较大的改变。在这一时期，尽管有部分农民工进入诸如石油开采、电力建设、铁路建设等行业，但是调查发现，他们多数是以临时工的身份进入的，而临时工与正式工的收入差别是很大的。总体而言，农民工能够进入行政垄断性行业的机会相对偏少，尤其是能够成为其“正式工”的机会更是稀少。

转移以后农民工的月收入设定为 1999—2011 年全国职工平均工资收入 1 756 元（显然为偏高估计）；行业企业的相对收益仍为农民工的 1.2 倍；政府的收益依据当时的《中华人民共和国企业所得税暂行条例》[②]，设定为行业企业相对收益的 33%。

同理，若未实现转移，仍属于“富余”劳动力，没有收入，但是，养活自己和家人仍须支付成本，这里以 2012 年《中国统计年鉴》中 2011 年“居民消费价格指数（1978 年定基）”5.7 测算，设定为第二阶段的 5.7 倍（显然是保守估计）；行业企业的投资成本依据 2012 年《中国经济统计年鉴》中 2011 年“固定资产投资价格指数（1991 年定基）”2.7 测算，设定为第二阶段的 2.7 倍；政府的支出以 2011 年财政支出为 1978 年财政支出的 97.4 倍设定，为第二阶段的 97.4 倍。

2. 再择业者和城市新增就业者（含大学毕业生）及与其对应的博弈参与方的收益数据设定

同理，设定该阶段各博弈参与方的收益数据，其中，政府的收益仍设定税率为 33%，行业企业的收益仍为劳动力的 1.2 倍。依据 1999—2012 年《中国劳动

---

① 依据《中华人民共和国国营企业所得税条例（草案）》（已于 1994 年 1 月 1 日起废止）第六条：“国营企业所得税的适用税率，按大中型、小型企业分别确定。大中型企业适用 55% 的固定比例税率；小型企业适用八级超额累进税率”的规定，设定政府收益为行业企业收益的 55%。

② 2008 年 1 月 1 日起施行的《中华人民共和国企业所得税法》第四条：企业所得税的税率为 25%。

统计年鉴》中细分行业平均收入数据，如果在竞争性行业就业，则劳动力的直接收益是 1 669 元，行业企业的收益是 2003 元，政府的收益是 661 元；如果在垄断性行业就业，则劳动力的直接收益是 3 135 元，行业企业的收益是 3 762 元，政府的收益是 1 241 元。考虑到垄断性行业可能获得的“行业优势收益”，则行政垄断性行业劳动力获得的收益就是 $3\,135+\sum x_i$，其他博弈参与者的收益作相应处理。

第三节　博弈过程

中国劳动力行业转移问题具有典型的二元经济特征，因此，首先需要分析农业与其他非农行业之间劳动力转移的问题，其次需要分析其他非农行业之间劳动力转移问题，在此前提背景之下，才能展开分析劳动力在垄断与竞争两种类型行业之间转移的问题。

一、第一阶段博弈

在此阶段，“吃国家粮”成为普通民众的一个理想目标。相较于农村，城市提供的生活条件更为优越；各行业之间收入差别不大，行业间进行劳动力转移的动力不足；受过高等教育的人很少，不存在大学生就业问题。国家开始的第一个五年计划主要就是工业化，各行业都需要大批劳动力，此时劳动力转移的政策非常宽松。政府、行业企业、劳动力的策略组合是(s_G, s_M, s_L)，相对应的收益组合为(u_G, u_M, u_L)，见表 8-1 所示。

表 8-1　　第一阶段劳动力转移博弈

政府	行业企业	劳动力：转移	劳动力：不转移
允许转移	接收	17.6,32,20	−1,−10,−2
	不接收	−1,−10,−2	−1,−10,−2

(1)在当时重建国民经济体系的历史背景下，如果劳动力不转移，已经投资的行业企业的收益将为−10，为维持基本运转政府亏损 1，劳动力损失 2。显然，劳动力不转移的策略收益组合(−1,−10,−2)是严格劣策略，均被剔除。

(2)纳什均衡对应的最优策略组合(s_G, s_M, s_L)是(政府允许转移，行业企业接受转移，劳动力转移），对应策略的收益组合（u_G，u_M，u_L）为（17.6，32，20）。此时，劳动力是顺工资趋向转移，即由收入较低的农村转移至收入较高的城镇，并从事各行各业。

二、第二阶段博弈

此阶段进入了比较纯粹的计划经济体制时期，劳动力和资本都不能够自由转移，完全按照国家计划进行调配，这意味着劳动力能否实现转移取决于是否拿到了国家计划指标——如农转非、升学、参军、调令等等，而劳动力一旦获得了转移的命令，行业企业就不能拒绝接受，这意味着将不会出现（政府计划指令允许转移，行业不接收，劳动力转移）的策略组合，见表 8-2 所示。

表 8-2　　第二阶段劳动力转移博弈

			劳动力	
	行业企业		转移	不转移
政府	有条件允许转移	接收	44,79,66	−1,−10,−2
		不接收	/	−1,−10,−2
	不允许转移	接收	−1,−10,−2	−1,−10,−2
		不接收	−1,−10,−2	−1,−10,−2

（1）在上面的基本子博弈中，劳动力“不转移”所对应的策略集均为严格劣策略，首先被剔除；政府不允许转移所对应的策略组合也是劣策略，被剔除。

值得注意的是，中国人口总数由 1952 年的 5.75 亿人增长到 1978 年的 9.63 亿人，这意味着不允许劳动力转移将导致大量隐性失业的存在。大量隐性失业的存在意味着资源的闲置与浪费，而政府作为公众利益的法定代表必须为此付出成本和代价——人民群众日益增长的物质文化生活的需要与落后的社会生产力的矛盾愈加尖锐，尤其是与同时代的欧、美、日等发达国家和地区经济、社会和技术水平的迅猛发展相比，成本和代价更为昂贵。那么，不能向收入高的地区和行业转移，就必然意味着劳动力在“逆工资趋向转移”——或者流滞于原地，不得不在收入较低的农村、地区或者行业就业。

（2）此阶段的子博弈完美均衡比较简单，最优策略组合是（政府计划指令允许转移，行业企业接收，劳动力转移），对应的收益组合是（44，79，66）。显然，这一结果增强了“吃国家粮”的诱惑力，也意味着顺工资趋向转移是有限的最佳选择。

三、第三阶段博弈

农民工、城市新增劳动力和再择业者根据自己的禀赋和就业目标的需求状况决定自己的行业选择，他们的策略组合是不同的，决定了他们的收益组合也有所区别。

（一）1978—1998 年

1. 农村劳动力及与其对应的博弈参与方的策略组合

尽管仍有户籍制度的羁绊，但是，农村率先进行的改革解放了农村生产力，大量农村富余劳动力纷纷涌向城市寻找生存和发展的机会，这符合刘易斯二元劳动力流动的相关理论。显然，对于农民工而言，进城务工就意味着实现了行业间转移。在这个时期，计划经济体制的影响仍在很大程度上存在着，农转非、调令、升学等“体制性”因素对于行业转移仍是具有决定性意义的因素，但是并非所有的农民工都能够得到这样的体制内转移机会，多数只是“体制外”转移。策略组合见表 8-3 所示。

表 8-3　　第三阶段 1978—1998 年农村劳动力转移博弈

<table>
<tr><td colspan="3"></td><td colspan="2">劳动力</td></tr>
<tr><td colspan="3">行业企业</td><td>转移</td><td>不转移</td></tr>
<tr><td rowspan="2">政府</td><td rowspan="2">有条件允许转移</td><td>接收</td><td>109,312,260</td><td>−8.6,−18,−6.4</td></tr>
<tr><td>不接收</td><td>−17.2,−18,−12.8</td><td>−8.6,−18,−6.4</td></tr>
</table>

改革开放后，在存在大量富余劳动力的历史背景下，如果劳动力不转移，已经投资或者潜在投资的行业企业的收益将为−18，政府为维持基本运转会损失 8.6，劳动力损失 6.4。显然，劳动力不转移的策略收益组合（−8.6，−18，−6.4）是严格劣策略，均被剔除。

若劳动力选择“转移”，而行业企业“不接收”，则劳动力在城镇寻找工作的成本（尤其是房租）将会上涨，设定为在农村生活的 1 倍，而政府为了维持社会稳定，需要加大投入，也假定上涨 1 倍，对应的收益策略组合为（−17.2，−20，−12.8）。

纳什均衡对应的最优策略组合（s_G, s_M, s_L）是（政府有条件允许转移，行业企业接收转移，劳动力转移），对应策略的收益组合（u_G, u_M, u_L）为（109，312，

260)。显然，对于农民工而言，顺工资趋向转移——从农村转移至城镇——是最佳选择，也是客观事实。

2. 再择业者和城市新增就业者（含大学毕业生）及与其对应博弈参与方的策略组合

在该阶段劳动力的效用函数变更为 $u_L=f(x_1,x_2,\cdots,x_i,\cdots x_n)=\overset{\triangle}{x}_1+\sum x_i$，行业之间收益差别的存在和扩大以及行业优势收益的存在，对劳动力的职业选择产生了直接影响。因无须考虑政府不允许劳动力转移和劳动力不就业的情况，博弈过程标准式的简化式如表 8-4 所示。

表 8-4　　第三阶段 1978—1998 年再择业者和城市新增劳动力就业选择博弈

<table>
<tr><td colspan="3"></td><td colspan="2">劳动力转移</td></tr>
<tr><td colspan="3">行业企业</td><td>垄断性行业</td><td>竞争性行业</td></tr>
<tr><td rowspan="2">政府</td><td rowspan="2">有“条件”允许转移</td><td>接收</td><td>$442+0.66\sum x_i,804+1.2\sum x_i,670+\sum x_i$</td><td>193,552,460</td></tr>
<tr><td>不接收</td><td>$-17.2,-18,-12.8$</td><td>$-17.2,-18,-12.8$</td></tr>
</table>

注：劳动力不就业对应的是严格劣策略，直接简化掉。仅考虑劳动力在两个类型行业之间选择的情况。

根据表 8-4 所示博弈标准式的简化式，对劳动力而言，行业类别收入差距就是 $670+\sum x_i-460$，化简得 $210+\sum x_i$，这就是两种类型行业之间的收入差距，其中 210 是直接的收入差距，而 $\sum x_i$ 则是垄断性行业特有的“行业优势收益”。对行业企业而言，行政垄断性行业比竞争性行业多获得的收益是 $1.2\times(210+\sum x_i)$，即 $252+1.2\sum x_i$；同理，对于政府而言，从行政垄断性行业多获得的收益是 $249+0.66\sum x_i$。

那么，只要 $\sum x_i>0$，纳什均衡对应的严格占优策略组合 (s_G,s_M,s_L) 是（政府有条件允许转移，垄断性行业企业接收转移，劳动力转移），对应策略的收益组合 (u_G,u_M,u_L) 为 $(442+0.66\sum x_i,804+1.2\sum x_i,670+\sum x_i)$，也即子博弈完美均衡。

可见，最后均衡的结果是政府从垄断性行业比竞争性行业多获得 $249+0.66\sum x_i$，垄断性行业多获得 $252+1.2\sum x_i$，而劳动力之间的直接收入差别

是 $210+\sum x_i$。这意味着，政府和垄断性行业之间的利益目标更为接近，容易结成利益联盟。

而劳动力意愿就业而行业企业不接收其转移所对应的收益组合为(－17.2，－18，－12.8)，显然也是严格劣策略，应被剔除。

问题是，既然在博弈三方中垄断性行业的收益更高，为什么没有出现劳动力大规模向该类型行业转移呢？既然没有顺利实现顺工资趋向转移，那么就意味着"逆工资趋向转移"再次出现，大量劳动力最终选择了收入不占优势的竞争性行业就业。在当时的历史条件下，政府"有条件"允许转移的"条件"可能是大学毕业生分配、复员军人转业安置、公开招聘考录或者裙带关系(如照顾子弟)等等。显然，不是所有的新增劳动力和再择业者能够符合该"条件"，而这个"条件"却是劳动力能否实现行业类型之间转移的决定性因素，也就决定了这种转移是顺工资趋向的还是逆工资趋向的。

(二)1999—2011 年

得益于改革红利和人口红利，政府获得了巨大的政绩，但是教育、医疗和其他社会保障政策没有及时跟上，出现了上学难①、看病难、养老难(甚至出现过即使交了养老金却不一定能够在就业地养老的情况②)，工会等劳工组织弱化，甚至沦为权力和资本的附庸，以至于最低工资③长年保持不变(主要在第三阶段前一时期)，城乡教育、医疗和养老甚至城市住房等问题日益突出，成为政府不得不着力解决的社会性问题，这意味着政府的开支将增大。

行业企业经过多年的奋斗，资本和管理经验都有了一定的积累，但是，低附加值时代已经结束，高附加值时代已经到来，产业转移和升级换代成为大势所趋。不幸的是，部分行业并未能实现产业转型升级，以往依靠简单劳动就能满

---

① 尤为突出的是农民工子弟上学要缴纳昂贵的择校费，而且只能回户籍地参加高考。

② 如大多数在广州工作的外地人参加社会性的养老保险是从 1998 年开始的，根据相关规定，要在广州退休，他们必须连续参保 15 年，也就是说要到 2013 年，但是，部分参保者因为在 2013 年前退休，因此不得不面临 10 年养老保险费白缴的窘境(邢力：《在广州工作的外地人养老金会白缴吗》，《理财周刊》2009 年 9 月 18 日)。但是，该问题现在已经通过相关法规的出台和实施得到逐步解决，2009 年 12 月 28 日通过的《城镇企业职工基本养老保险关系转移接续暂行办法》已于 2010 年 1 月 1 日起施行；2010 年 10 月 28 日通过的《中华人民共和国社会保险法》已于 2011 年 7 月 1 日起施行。

③ 最低工资标准：是指劳动者在法定工作时间或依法签订的劳动合同约定的工作时间内提供了正常劳动的前提下，用人单位依法应支付的最低劳动报酬。2003 年 12 月 30 日，中华人民共和国劳动和社会保障部第 7 次部务会议通过的《最低工资规定》已于 2004 年 3 月 1 日起施行。

足的订单机会却逐渐减少且不稳定,而复杂劳动能满足的订单他们又无力承接或者承接力不足,经济危机更是加剧了这种订单的不确定性,而由经济繁荣引致的需求旺盛已经导致原材料成本逐年提高,处于国际产业链低端的中国厂商无力与高端国外厂商讨价还价,这导致了竞争性行业企业的利润空间不断被压缩,更无法以更高的工资吸引教育水平已经普遍提高了的城乡劳动力——包括第二代农民工(一般指的是 80 后和 90 后农民工)。市场经济体制改革后,竞争性行业的进入壁垒也被降低或者取消,就业机会增加,对劳动力有了较大的需求,尤其是房地产热对应的城市化和城镇化造就了大量的创业机会和就业机会。

在农村,农业税费得到应有的减免[①],农民的可支配收入普遍得到提高,而此时农民工的家庭负担与第一代农民工相比多数已经大为减轻,部分第二代农民工自己的打工收入由自己全部支配,其消费能力增加了,最终他们对幸福的期望值就必然会增加;各地基本实现了免费的九年制义务教育,使得第二代农民工的教育水平获得了普遍较大的提升,而且对子女接受较好教育的投入和期望也增加了,但是,与第一代农民工相比,他们吃苦耐劳的能力和打拼精神却相对降低了。

而对于城市新增劳动力和再择业者(含大学毕业生)而言,目睹或者了解到 20 世纪 90 年代国有企业改革给职工带来的阵痛——如"下岗""减员增效"等等,其求职意愿更多地转向了国有企业尤其是国有垄断性行业企业,但是,并非所有人都能够获得实现转移的条件。

1. 农村劳动力及与其对应的博弈参与方的收益策略组合

劳动力不转移不但不能够为企业创造价值,也不能够为政府创造税收,而其自身的生存仍要消耗财富,因此,所对应的收益策略组合必然是严格劣策略。而只要他们实现了转移——即使未实现最理想的就业机会,也就为企业创造了价值,为社会创造了财富。具体收益策略组合的标准式如表 8 - 5 所示。

---

① 2005 年 12 月 29 日,十届全国人大常委会第十九次会议决定自 2006 年 1 月 1 日起废止一届全国人大常委会第九十六次会议于 1958 年 6 月 3 日通过的《农业税条例》。

表 8－5　　　　　　第三阶段 1999—2011 年农村劳动力转移博弈

			劳动力	
	行业企业		转移	不转移
政府	有条件允许转移	接收	696，2 108，1 756	－97.4，－27，－10.4
		不接收	－194.8，－27，－20.8	－97.4，－27，－10.4

注：仍假定，若劳动力选择“转移”而行业企业“不接收”，则劳动力在城镇生活的成本设定为农村的 1 倍，政府的维稳成本也假定上涨 1 倍。

同样，在上面 4 个基本子博弈中，劳动力“不转移”和行业企业“不接收”转移所对应的策略集均为严格劣策略，被剔除。其中，劳动力已经进入城镇后的收益策略组合是（－194.8，－27，－20.8），在城镇求职和生活的成本会上升，政府的维稳成本也会上升。

纳什均衡对应的最优策略组合（s_G，s_M，s_L）是（政府有条件允许转移，行业企业接收转移，劳动力转移），对应策略的收益组合（u_G，u_M，u_L）为（696，2 108，1 756）。显然，由于城乡差距的存在，农村劳动力主要还是顺工资趋向转移。

2. 再择业者和城市新增就业者（含大学毕业生）及与其对应博弈参与方的策略组合

在该阶段，两个类型行业之间各博弈参与方的收益差别继续存在和扩大化，仅就劳动力的直接收益而言，竞争性行业 1999—2011 年比 1978—1998 年增长了 2.6 倍，而垄断性行业增长了 3.7 倍，很显然，垄断性行业劳动力高收入的增速远远高于竞争性行业，由此导致垄断性行业劳动力直接收益比竞争性行业高出 87.8%，行业企业和政府由此获得的收益差距也必将进一步拉大，政府从垄断性行业比竞争性行业多获得 $580+0.4\sum x_i$，垄断性行业多获得 $1\,759+1.2\sum x_i$，而劳动力之间的直接收入差别是 $1\,466+\sum x_i$。很显然，这一均衡结果再次表明政府和垄断性行业之间的利益目标更为接近，更容易结成利益联盟。理性的政府既然能够从垄断性行业获得更多的收益，该行业得到政府的保护与支持也就符合经济学假设了。具体博弈的标准式见表 8－6 所示。

表 8-6　　第三阶段 1999—2011 年再择业者和城市新增劳动力就业选择博弈

<table>
<tr><td colspan="3"></td><td colspan="2">劳动力转移</td></tr>
<tr><td colspan="3">行业企业</td><td>垄断性行业</td><td>竞争性行业</td></tr>
<tr><td rowspan="2">政府</td><td rowspan="2">有“条件”允许转移</td><td>接收</td><td>$1\ 241+0.4\sum x_i, 3\ 762+1.2\sum x_i, 3\ 135+\sum x_i$</td><td>661,2 003,1 669</td></tr>
<tr><td>不接收</td><td>−194.8，−27，−20.8</td><td>−194.8，−27，−20.8</td></tr>
</table>

显然，只要 $\sum x_i > 0$，纳什均衡对应的严格占优策略组合 (s_G, s_M, s_L) 是(政府有条件允许转移，垄断性行业企业接收转移，劳动力转移)，对应策略的收益组合 (u_G, u_M, u_L) 为 $(1\ 241+0.4\sum x_i, 3\ 762+1.2\sum x_i, 3\ 135+\sum x_i)$，也即子博弈完美均衡(或称子博弈精炼纳什均衡 $SPNE$)。

同样，劳动力选择“转移”，而两种类型行业企业均不接收所对应的策略组合均为严格劣策略。

与上一时期相同，这一时期也是顺工资趋向转移与逆工资趋向转移并存，而共存的原因也是相同的。

四、劳动力转移必将增加全社会的财富

根据马克思主义政治经济学的剩余价值理论，只有劳动力才创造新的社会财富[①]，而根据阿尔弗雷德 · 马歇尔关于生产的第四要素——企业家才能的观点和约瑟夫 · 阿洛伊斯 · 熊彼特的企业家理论，厂商也是财富创造不可或缺的要素。那么，受益于政府的是否允许“转移”的政策，劳动力与行业企业的企业家才能结合起来就能够为全社会贡献巨大的财富，在当前假设下，这些新增财富就是各行业类型劳动力价值的 1.2 倍。那么，政府未来就应该把制约劳动力转移的制度性障碍全部清除掉，允许劳动力自由转移[②]。

① 众所周知的是，政府的收益是财富分配而不是创造的结果，其分配的标准、过程和结果会影响财富创造的效率和大小，而且，政府“改善”的成本以转移支付的形式分配给了厂商和劳动力，这部分当然也不是新财富的创造。

② 是相对自由，而不是绝对自由，因为毕竟行业有别，而且劳动力的劳动技能、经验和素质等等禀赋也是有差别的。

第四节　两种类型行业劳动力供求情况与影响劳动力转移的因素分析

根据供求定理,劳动力供给的增加会降低劳动力的价格,而反过来,劳动力价格的提高也会增加劳动力的供给。问题是,劳动力的供给与其需求并不一定成同比例变动,这就必然会产生供求缺口。更重要的是,供求定理存在的前提条件是充分竞争的市场经济体制和机制,而若不符合“市场经济”这一条件,供求定理发挥作用的机制可能就会扭曲变形。

一、两种类型行业劳动力供求分析

中国劳动力供求的总体状况是,1991—2011 年 20 年间,城镇登记失业人口由 1991 年的 352 万人,增长到 2011 年的 922 万人,年均增长 4.93%;城镇登记失业率由 1991 年的 2.3%,增加到 2011 年的 4.1%,尤其是在 2002 年之后,年均失业率都在 4.1%以上。当然,随着 2012 年底 15－59 岁劳动年龄人口首次出现下降[①],中国人口红利的“结束”,失业压力可能会有所缓解,但这仅仅意味着劳动力连年净增长的总体势头发生改变,并不等于劳动力供求失衡的问题立即可以得到缓解,尤其是“强势”行业(如行政机关、事业单位、垄断性行业企业等社会公认的行业或部门)的供求失衡问题没有根本改变,如 2005—2011 年间,劳动力转移进入竞争性行业的速度一直超过转移进入垄断性行业的速度,也就是“劳动力逆工资趋向流动”是客观存在的。Sylvie Démurger、Martin Fournier、李实等(2009)的研究与笔者的研究不同,他们发现竞争性部门的城镇就业人数急剧下降,而国有垄断性部门的就业状况则正好相反,这与当时国有企业的下岗分流不无关系。

进一步分析发现,1978 年之后的两个博弈阶段,行业间的收入差距不但一直存在,而且在逐渐拉大,尤其是行政垄断性行业的收入以及各方面的福利待遇处于明显优势,统计资料还表明这种优势还有逐年强化的趋势。根据劳动经济学理论,理性的新增和原有已经就业的劳动力必然会出现“顺工资趋向转移”的意愿和动机,这就会增加对行政垄断性行业劳动力的供给,从而,垄断性行业

---

① 国家统计局:《2012 年国民经济和社会发展统计公报》。http://www.stats.gov.cn/tjgb/ndtjgb/qgndtjgb/t20130221_402874525.htm。

的劳动力供求失衡现象只会加剧而不会缓解。问题是，既然劳动力总体上是供过于求的，对垄断性行业的供给必然也应该是过剩的，那为什么垄断性行业的劳动力一直享受着比竞争性行业高得多的收益呢？是供求定理出错了吗？显然不是，而是由于行政垄断导致的劳动力市场上的行业分割破坏了供求定理发挥作用的前提条件，行政垄断性行业的高收入不能根据供求定理和价值规律进行变动，王大鹏(2006)、胡放之和殷恰(2010)等的研究也为此提供了有力的佐证。

二、劳动力在两种类型行业之间转移的壁垒分析

毕竟，行政垄断性行业对劳动力的需求是有限的，尽管随着国民经济的发展，该类型行业也获得了较大的发展，对劳动力的需求也在增加，但是不可能满足所有有意愿实现行业转移的现实和潜在的供给。尤其是随着中国市场经济体制改革目标的确立和推进，公有制经济由 1978 年以前的一统天下，逐步收缩至占据国民经济命脉的七大行业以及其他一些重点行业领域，垄断性行业的数量随之直接减少，而且，雪上加霜的是，国有企业在 2000 年前后普遍进行了一次较大规模的"减员增效"，对原有和新增劳动力的绝对需求曾一度大幅缩减，尽管近年来有所上升，但仍远远赶不上新增劳动力增长的速度。

在这种全社会劳动力供求失衡的情况之下，行政垄断性行业劳动力的"进入壁垒"或许是必要的和必须的，强制要求他们接纳社会新增劳动力就业有违市场经济的基本规律。问题是，导致劳动力市场行业分割的行政垄断壁垒是否是市场经济所需要的呢？显然不是。那么，现在存在的进入壁垒如户籍、学历学位、专业、技能、体能、经历、经验等等，仅仅是影响劳动力在两种类型行业之间转移的直接因素和表面因素，根本原因则是行政垄断造成的劳动力市场行业分割所产生的不公平、不公正问题。

三、社会生产力发展水平和发展需要是劳动力能否实现转移的根本性原因

在新中国成立初期，国民经济的恢复和发展需要劳动力要素尽快实现合理配置，这就需要劳动力"自由"转移，这种转移的自由得到了《共同纲领》和 1954 年宪法的明确保护。但是，当大量劳动力的转移无法被相对落后的生产力所接

收时[①]，劳动力的盲目转移就成了“盲流”[②]，带来一系列社会问题。为了解决这一问题，政府连续出台多个限制农民进城的文件，直到 1958 年《中华人民共和国户口登记条例》出台，政府对人口流动的管理实现了“合法化、制度化”，这在事实上废弃了《共同纲领》和 1954 年宪法关于迁徙自由的规定，事实上就建立起了当前饱受诟病的户籍壁垒。

在博弈的第三阶段，中国面对生产力的发展水平远远落后于世界发达国家的客观现实，“不得不”调整了严格限制劳动力转移的政策，主要的就是 1978—2011 年出台的一系列有关户籍问题的政策，首先实现的就是城乡之间的“半自由”转移，其次是行业之间的转移。中国在此阶段所取得的经济和社会的巨大成就证明了劳动力转移对生产力发展的推动作用，当前的行业收入分配差距问题就是在行业收入差距不断拉大时，没能及时破除行政垄断造成的劳动力市场行业分割，阻碍了劳动力顺工资趋向流动。

第五节　小　结

根据前述子博弈完美均衡，笔者发现，在博弈的第一和第二阶段，行业收入差距主要体现在农业与其他非农行业之间，农村劳动力实现行业转移的意愿尽管很强烈，但是很快受到政策限制，农转非、升学、参军、计划调令等政策再加上第二阶段开始的户籍制度从根本上限制了劳动力转移的可能性。在这两个阶段所处的计划经济时代，非农行业之间的收入差别并不大，这意味着收入差距并非是促使劳动力在行业之间转移的动因，但是，值得注意的是，大量隐性失业的存在本身就意味着劳动力发生了“逆工资趋向转移”，显然这是由当时生产力不发达的历史条件所决定的。

在博弈的第三阶段，户籍制度问题尽管一直存在，但毕竟实现了由严格限制转移向“半自由”转移，此时，生产力的发展需要合理配置劳动力资源，首先表

① 城市人口膨胀带来的就业、食品、住宅等问题没有得到及时有效的解决。张玉林：《迁徙的自由是如何失去的——关于 1950 年代中期的农民流动与户籍制度》，http://www.usc.cuhk.edu.hk/PaperCollection/Details.aspx? id=2704。

② 盲流，即“盲目流动”“盲目流入”或“盲目外流”，指中国大陆农村迁徙和流动进入城市的人口。“盲流”一词来自 1953 年政务院《劝止农民盲目流入城市的指示》，以及在 1953 年至 1958 年间，中央政府及其有关职能部门发出的数个标题含有“盲目流入”和“盲目外流”的文件。http://zh.wikipedia.org/wiki/%E7%9B%B2%E6%B5%81。

现在农村富余劳动力(农民工)向城镇的转移,其次表现在原有和新增劳动力在行业之间尤其是竞争性行业和垄断性行业之间的转移。行业收入差距逐渐拉大,行政垄断性行业占据明显优势,在低收入行业就业和准备就业的劳动力作为理性的经济人必然表现出强烈的转移意愿,但是,转轨经济时期体制性因素的存在,决定了多数转移主要发生在"体制外",而向"体制内"的转移需要一系列"条件"——仍是前两个阶段的农转非、升学、参军或计划调令等,那么,不符合这些条件的转移就必然是"逆工资趋向转移"。行政垄断性行业作为体制的产物,其接收劳动力转移必然受到体制性"条件"的制约。如果这些"条件"的获得是公开、公平、公正的,劳动力在行业之间的转移就会是公平、公正的,即使产生并存在行业收入差距,这种差距也就应是公平的、合理的,问题是行政垄断所造成的劳动力市场行业分割本身就是不公平的。

虽然顺工资趋势转移是符合劳动经济学相关理论的合理现象,但是,逆工资趋势转移却未必是不合理的现象,因为,包含"行业优势收益"在内的综合收入差异只是决定劳动力在行业之间意愿转移的动因,但实现这种转移尚需一系列条件。如果劳动力自身的禀赋条件不符合行业进入壁垒,就不存在逆工资趋势转移的问题,这部分劳动力只能接受较低收入行业的就业——相对于其自身禀赋来说,这反而是顺工资趋势就业,是合理的。但是,对于那些自身劳动力禀赋条件与相关行政垄断性行业的需求条件相匹配的劳动力来说,如果实现了转移,那就是顺工资趋势转移;而如果没有实现转移,那就是逆工资趋势转移。

第九章

研究结论、政策建议与研究展望

第一节　研究结论

进入新时代，中国社会的主要矛盾已经转变为人民群众对美好生活的向往与不平衡不充分之间的矛盾，收入分配差距两极分化的迹象和趋势仍然是滋生一系列复杂而严重的社会问题的病灶，这种收入格局成为影响当前中国社会安定和谐的重要因素之一。笔者经长期慎重研究后认为，收入分配差距本身并不是问题的关键之所在，成为问题的问题之一是：产生这种收入差距的原因是什么以及是否公正合理？之二是：由于这种差距的客观和现实的巨大存在所产生的代际差距是否合理？继而，之三是：继续保持这种差距存在的条件是什么以及是否合理？之四是：什么样的差距是公正合理的？评判标准是什么？之五是：如何由“不合理”差距变革或过渡到“合理化”的差距？为了解决这些问题，本书从五个方面展开了深入研究，行政垄断因素及其衍生的占优市场势力成为解决上述问题的关键，基本结论是：

一、11 个行政垄断性行业对全国收入分配差距的贡献度介于 18.38%—19.35%，其行业组间泰尔指数呈现出先缩小后扩大的迹象和趋势，整体趋势是扩大的，这意味着行政垄断性行业扩大了与其他行业之间的收入差距

本书首先将中国 97 个行业按照行政力量和国有经济的影响力分成了 4 组，然后使用极值法和离差法测算得到各个分组的收入差距贡献度，总体差距

逐年扩大，而其中由 11 个行政垄断性行业代表组成的行业组贡献度在 18.38%—19.35%之间，与该行业组的份额相比，贡献度偏高；而非国有经济行业组的收入差距贡献度最低或者接近最低。该结论与依据泰尔指数测算的收入差距贡献度结果对比表明，中国行业收入差距呈现出先扩大后缩小的迹象和趋势；不但整体是缩小的，而且各行业组组内的收入差距也呈现出整体逐年缩小的迹象和趋势；此外，本书发现，中国行业收入差距的扩大主要是由行业组内差距扩大所致，整体呈现先扩大后缩小的趋势，贡献度均值为 94.86%，而行业组间差距并不大，贡献度均值仅为 5.14%，整体呈现先缩小后扩大的趋势；行政垄断性行业组组内差距并不大，而非行政垄断性国有行业组组内差距是最大的。总体分析结果表明，行政垄断性行业、国有经济占主导地位的行业和机关事业单位对中国行业收入分配差距的存在和扩大的综合贡献高于其他经济类型的行业。

二、两种类型行业内部收入差距的平行对比和交叉对比都非常显著，行政垄断因素会导致绝对收入差距加大，而相对收入差距缩小

本书引用相关上市公司年报数据，对比分析了典型代表性行政垄断性行业与竞争性行业各自内部以及它们之间的收入差距情况，发现各自内部的收入差距情况是：电信业内部的收入差距是最大的，“高管平均收入”高出员工 9.2 倍；其次是银行业 5.85 倍；航空运输业行业最小，仅有 2.79 倍；石油、电力、银行、电信四个行业尽管员工的报酬总额与高管相比仍有较大甚至很大的差距，但是职工收入的年增长率均超过了高管年收入的年增长率；形成鲜明对比的是，纺织业的职工在较低的收入增长基数之上其增长速度远低于高管收入的增长速度。两种类型行业之间收入差距的情况是：无论是相同层次的高管之间还是员工之间，行政垄断性行业都比竞争性行业拥有绝对优势；不同层次的行业高管与员工之间的收入差距更是触目惊心：银行业高管平均收入高出交通运输设备制造业员工 22.9 倍，高出纺织业员工 35.77 倍，电信业分别高出二者 19.51 和 30.56 倍。

借助于竞赛理论和行为理论，本书运用上市公司微观面板数据进行计量检验，发现本书的结果支持竞赛理论而不是行为理论；同时发现，总资产收益率对绝对收入差距和相对收入差距的影响都是最大的；更为重要的是，行业类型因素对绝对收入差距的影响都是正向的，而对相对收入差距的影响都是负向的，这说明行政垄断因素会导致绝对收入差距加大，而相对收入差距缩小，这一结

论也得到了进一步邹检验的支持；此外，本书还发现，能够影响高管层之间薪酬差距的因素相对较少，而能够影响高管与员工之间收入差距的因素较多，这在一定程度上显示了高管层的强势地位。

三、行政垄断性行业的非工资性收入优势非常明显；行政垄断对两种类型行业间总收入差距的贡献度介于36.34%至38.78%之间，对非工资性收入方程的影响程度在75%左右

本书通过研究代表性、典型性上市公司2006—2012年385份年报发现，6个代表性行政垄断性行业的非工资性收入分别高出最低收入水平代表纺织业8.28、7.06、5.20、4.36、4.20、2.49倍，分别高出平均收入水平代表交通运输设备制造业6.53、5.54、4.03、3.35、3.22、1.83倍，差距极其明显；而且，非工资性收入在行政垄断性行业总收入中所占的比例远远大于竞争性行业相应的比例；行政垄断性行业的非工资性收入差距对于两种类型行业之间总收入差距的贡献度介于36.34%－38.78%之间。进一步研究发现，该差距首先是源于其提取基数即工资性收入，其次是源于其提取比例，行政垄断性行业在这两方面都具有显著的优势，这又最终导致了两种类型行业间总收入的巨大差距。借助于明瑟方程和计量工具，我们验证了行政垄断是导致两种类型行业间非工资性收入巨大差距的深层次原因，行政垄断对非工资性收入方程的影响程度在75%左右，进而推定：这种隐性差距必将强化代际差距、强化社会阶层的固化。

四、两种类型行业间存在较大的“不合理差距”，行政垄断性行业“该高的，高得过多；该低的，反而高了”

总的结论是：行政垄断性行业的“理论收入”的确“应该”高出交运设备制造业和纺织业，但是，过高了，因为两种类型行业的实际收入比值分别高出理论比值157.7和203.05个百分点——这就是“不合理差距”；行政垄断性行业的“理论收入”“应该”低于41个竞争性行业均值，但是，反而高了——实际收入均高于后者，不合理差距为117.2个百分点；行政垄断性行业的实际收入都远远高出其自身“理论收入”，平均高出136.62个百分点，不合理差距为57.29%。当然，具体数量比值应该是动态变化的，而不是一成不变的。

第二节 政策建议

行政垄断性行业收入分配改革是中国整体收入分配改革的一个重要有机组成部分,可以预见,它一定是一项困难重重而又不得不推进的系统工程。客观地讲,该问题的解决,需要在保障国家稳定发展的前提下预先制定科学、合理、系统的改革方案,毕竟,该类型行业掌握的资源、所处的地位以及发挥的作用关系到整个国家的经济命脉,关系到国家能否实现健康、平稳和可持续长远发展。或言之,现有行政垄断性行业及其所形成的强大市场势力已经在某种程度上"绑架"了国家,而行业收入分配改革必然是对其既有利益触动最大的改革,即使是合情合理并且能为其所理解的改革,也必然是对其现有利益格局的重新调整、重新磨合甚至重新洗牌,阻力之大,可以预见。

中国收入分配改革的根本目标应服从于社会主义的本质,即:解放生产力,发展生产力,消灭剥削,消除两极分化,最终达到共同富裕。2013 年 11 月 12 日十八届三中全会通过的《中共中央关于全面深化改革若干重大问题的决定》明确要求:"国有资本继续控股经营的自然垄断行业,实行以政企分开、政资分开、特许经营、政府监管为主要内容的改革,根据不同行业特点实行网运分开、放开竞争性业务,推进公共资源配置市场化。进一步破除各种形式的行政垄断。"显然,行政垄断会继续作为新时期改革的重点目标和内容之一。

具体到政策建议上,对于微观分配制度和分配机制的设计应以提高效率为首要标准,而对于宏观分配制度和机制的设计则应以"公平"为首要标准,《中共中央关于全面深化改革若干重大问题的决定》也明确要求:"全面深化改革……以促进社会公平正义、增进人民福祉为出发点和落脚点……" 党的十九大报告明确要求:"坚持按劳分配原则,完善按要素分配的体制机制,促进收入分配更合理、更有序。"

一、明确申明将行政垄断性行业作为收入分配改革重点对象的原因

(一)应向行政垄断性行业的利益相关者申明,将之作为行业收入分配改革重点对象的法理基础就是其产权的国有经济属性

毫无疑问,行政垄断性行业产权的所有权归中国全体公民,尽管部分行政垄断性行业的部分资产和业务已经上市,成了"公众公司",但是,其主要股东尤

其是第一大股东作为全体公民所有权法定“代表人”和“代理人”的地位并没有发生实质性改变。它确实“享有”该产权的占有、支配、使用、收益和处分权，但这些产权都是相对的，而不是绝对的，因为后五种产权从属于所有权，该行业对后五种产权的拥有不能损害产权所有权人的利益。这是将该行业作为行业收入分配改革对象的法理基础。因为其所分配的内容是国有资源及其衍生收益，因此，产权的“所有者”有权知情、监督并提出合理的改革意见，且得到具体执行。

（二）行政垄断虽有“不得不”产生的历史渊源，但该历史条件已经不复存在

行政垄断的产生在中国与苏联一样，是一个内生的制度安排，始于 1953 年开始的第一个五年计划——其实就是重工业化，将中国由一个传统的农业国在尽快短的时间内变成工业化国家。众所周知，在当时的历史条件下，资本稀缺而单纯依靠积累不仅比较慢而且规模较小——何况农业国的剩余本来就少，能积累的新增财富自然也就少，显然不能满足迅速工业化的目标。此时，借鉴苏联当年的成功经验成为最优的选择。于是，实行了计划经济体制——短时间内集中力量办大事，历史实践证明其效果是非常显著的。这就是行政垄断产生的历史渊源，在具体执行中，不但政府控制了资源，而且控制了价格——抬高工业品的价格，人为压低农产品以及资本、原材料和劳动力的价格，而且，为了保障企业的利润，给予了企业垄断地位。林毅夫(2012)认为，包括中国在内的许多发展中国家都曾经在历史上的某个时期在宏观上扭曲价格信号、行政上计划配置资源、微观上剥夺企业自主权，以保证资源的最大动员以及剩余的最大化，并将之投资于政府要优先发展的资本密集型的重工业，这在当时的历史条件下“是最优的制度安排”。问题是，时移世易，在 21 世纪的今天，中国已经是世界上最大的外汇储备国——外汇不再短缺，已经是世界上最大的加工厂——第二大经济体，各种资源至少在形式上已经不再短缺，而且早在 1992 年党的十四大就已经明确要建立社会主义市场经济体系和体制，那么，显然，当年遗留下来的行政垄断已经过时，不合时宜，或者可以认为，其历史使命已经完成，因此，必须对其进行改革乃至取消。随之而来的问题是，行政垄断的“路径依赖”一旦形成，就会具有很强的顽固性，短期内强力消除必将遭到既得利益代表的尖锐反对，这也是改革的主要困难所在。

（三）必须再次申明的是：行政垄断是对社会财富的转移，而不是创造

该观点在学界已经成为一种共识，那就是行政垄断性行业仅凭借其超然的垄断地位，控制原材料价格、成品价格或者运输、销售渠道，获得了巨额的垄断利润，而且其内部有充足的经济刺激将之转化为内部职工的高额收入和福利。问题在于，这种超额利润并不是对社会财富的创造，而仅仅是把利润借助于垄断价格等机制从一部分公众手中转移至本部门或者本行业，社会财富总量并没有增加，而其产生的对其他社会公众激励的负的外部性反而会影响其他行业部门的劳动积极性，甚至影响社会稳定，从而最终减少社会财富的创造。

（四）“行政垄断”享有的收入分配优势违反了“按劳分配”基本原则，其实质是“按权力分配”

按劳分配是社会主义公有制的基本分配原则，这一点毋庸置疑，问题是行政垄断本身是一种“权力”垄断，那么，相对于其他经济类型，其享有的分配优势必然就成了“按权力分配”，违反了社会主义社会分配的基本原则。

二、调控行业间不合理收入分配差距的相关政策建议

行业之间的收入分配仍应坚持“效率优先、兼顾公平”的原则，前者是市场经济体制的内在要求和必然选择，收入水平理应与其贡献和价值相一致，而后者更是现代文明社会体现和保障其社会文明的通行做法。

（一）保障并实现行政垄断性行业收入分配领域的信息公开

行政垄断性行业的员工收入与国家公务人员一样，其来源都是公共资源，公众作为最终所有权人，有知情权，因此，其收入总额和结构理应适当向社会公众公开。行政垄断性行业尽管有薪酬管理的总量调控原则和水平调控原则，但其具体信息并未公开，应实现行业收入分配相关信息的深度、细致公开，使不公平性收入、灰色收入接受社会公众舆论和媒体的监督。欧美国家的成功经验表明，国有经济单位人员尤其是管理人员的收入公开是一个有效率的监督选项。

（二）保障各收入阶层的起点公平和过程公平

这是社会主义制度的基本原则，是文明社会和民主社会的基本要求，不能因为事业单位改革和行政垄断性行业改革遭遇到各种阻挠，我们就放弃了对公平的追求，比如在各级教育、医疗、社会保障等基本的公共服务供给领域应逐步实现平等配置，作为民意代表的政府有责任实现起点公平和过程公平。

（三）必须尽快取消造成不公平的各种制度障碍，建立健全对国有经济部门有效率的第三方监督制衡机制

比如垄断性行业中的可竞争性环节应尽快放开经营，取消税收对收入再分

配的逆向性和累退性规定，尽快试点开征财产税，以及国企红利上缴比例过低而导致其在与其他经济成分竞争中处于不公平的有利地位等，这些问题的解决仅靠国有经济单位的自发实现是不可能的，必须建立行之有效的第三方监督约束机制。

三、调控行政垄断性行业内部不合理收入分配差距的相关政策建议

行政垄断性行业内部应坚持“按劳分配为主，其他分配方式为辅”的收入分配方式。作为社会主义公有制经济的主要组成部分，该类型国有企业理应落实社会主义公有制的基本分配方式和基本分配原则，那么，“按劳分配”原则就应当继续作为其主要的分配原则；而在现代条件下，该类型行业上市后，其股权拥有者理应获得相对应的资本性收益，而专利和专业技能持有者、额外风险承担者等成分也应获得相对应的收入，这就是“其他分配方式为补充”存在的合法性。

（一）控制管理费用，提高管理效率

人均管理费用水平与收入差距显著正相关，这意味着管理费用中的一部分被用来增加管理人员（主要是高管层）的收入，从而拉大了收入差距。与之形成对比的是，管理效率对内部收入差距的影响却微乎其微，这意味着对管理人员的薪酬激励并不依赖于管理效率，反而可能会导致管理人员的道德风险——降低管理效率。

（二）行政垄断性行业应进一步提高其公司治理水平，控制并逐步缩小高管与员工之间的不合理收入差距

实证检验表明，两职合一、董事会独立性、监事会规模、内部人控制率和股权集中度等5个公司治理因素对高管与员工之间相对收入差距的影响都是负向的，而且，实现两职合一、提高董事会的独立性、提高内部人的控制率以及提高股权集中度都会导致相对收入差距的大幅缩小，从而有效达到缩小社会收入差距的目的，而这一点，更具有现实社会意义。那种单纯地要求对国企高管收入进行管制的观点可能不是有效解决问题的办法，徐光伟（2012）就发现政府薪酬管制的结果会导致国有企业高管“隐性”收益的增加，而且权力越大的管理者通过其掌握的权力寻租获取的隐性收益也越大，最麻烦的是高管的隐性收益显著地降低了公司价值。这意味着政府管制薪酬可能是以降低公司的绩效为代价的，有可能是得不偿失的。

(三)行政垄断性行业内部应建立健全有效的民主监督与制衡机制

中国垄断性国有企业一般是“金字塔式”的管理体制,一般职工处于最底层,而由于民主制度和机制的缺失和不健全,工会、职代会等群众组织形同虚设,即使底层职工能够发现明显的不公平、不公正也没有能力发声,而企业高层往往只需要把中层安排好,其过高的收入更是失去监督和钳制,甚至高层领导可能会出现层层包庇、贪污腐败的现象,给国有财产造成重大损失。因此,该类型国有企业应建立健全行之有效的民主监督和制衡机制,将国企领导业务之外的权力关进制度的笼子,保障企业内部公平,实现社会公平和正义。

四、调控行政垄断性行业不合理的非工资性收入差距的相关政策建议

非工资性收入是职工总收入的重要组成部分,实证研究表明,行政垄断性企业对该部分的发放明显高于竞争性企业,甚至高出法律法规相关规定的上限,因此,必须将之纳入工资总额管理,彰显社会公平。

(一)调整、落实行政垄断性企业的红利上缴比例,同时严控返还比例,在国民收入的初次分配和二次分配中坚持“公平”原则

行政垄断性行业较高的非工资性收入乃至总收入归根结底源于其行政垄断,而不是较高的市场竞争能力。非工资性收入的巨大差距使得竞争性企业处于不利地位,因为它必然会挫伤劳动者的积极性、引发不满情绪,从而影响社会安定和谐,这也与十八大报告的精神相违背。十八大报告提出:“建立公共资源出让收益合理共享机制。保证各种所有制经济依法平等使用生产要素、公平参与市场竞争、同等受到法律保护。”众所周知,行政垄断性行业所垄断的都是公共资源,理应将其超额收益适当征缴为公众所用,保障国民收入初次分配的公平性,以利于各种市场竞争主体公平参与市场竞争,而现在的问题则是其具体落实问题。扬汤止沸,莫若釜底抽薪,毕竟,行政垄断性企业依靠垄断得到的过高的利润率是其非工资性收入居高不下的基础,必须进一步适当提高该类型企业红利上缴比例。

甚至,在国民收入二次分配中,垄断利益集团通过各种方式将其上缴的红利实现了“返还”,如据财政部公布的 2012 年全国财政决算数据,该年度全国国有资本经营收入为 1 495.90 亿元,而除去教育、文化和社会保障等民生支出后,国有资本经营性支出即其返还额为 1 167.57 亿元,返还比例达 78.05%;中央国有资本经营性支出即返还比例更是高达 85.45%!

（二）对行政垄断性行业的工资总额、工资水平和非工资性收入施行三重调控

严格依法落实各项非工资性收入的法定提取比例，将其纳入工资总额管理范畴并进行考核和监督，实现当代公平，追求代际公平。非工资性收入由于其隐蔽性，往往不被一般社会公众所关注，行政垄断性企业在工资总额被管控的情况下，增加甚至超比例增加了非工资性支付。为加强企业工资分配的宏观调控，推进职工收入工资化、货币化、透明化，行政垄断性企业必须落实已有的《住房公积金管理条例》（国务院令第 262 号）、《中华人民共和国工会法》、《国务院关于大力推进职业教育改革与发展的决定》（国发〔2002〕16 号）、《财政部关于企业加强职工福利费财务管理的通知》（财企〔2009〕242 号）等既有相关法律法规的规定，对于有法不依的情况，一经查出，必须果断处理。

（三）进一步在行政垄断性行业的竞争性环节打破垄断，提高市场经济的比例和质量，从根源上提高市场竞争的公平性

社会主义公有制和国有企业的法律地位是宪法规定了的，社会主义市场经济也是宪法规定了的，这意味着我们单纯地“消灭”行政垄断搞纯粹的市场经济和原封不动地“保留”行政垄断搞高度集中的计划经济都是违宪的，这同时意味着完全的市场公平竞争在短期是难以实现的。但是，十八大报告认为：“经济体制改革的核心问题是处理好政府和市场的关系，必须更加尊重市场规律，更好地发挥政府作用。”《中共中央关于全面深化改革若干重大问题的决定》进一步明确：“建设统一开放、竞争有序的市场体系，是使市场在资源配置中起决定性作用的基础。”这里“决定性”作用比以往的“基础性作用”可谓向前迈进了实质性的一步，必须进一步在行政垄断性行业的竞争性环节打破垄断，如原材料采购、部分产品的销售、后勤保障服务等环节引入市场机制，提高市场经济的比例和质量等。

五、发挥养老保险等社会保险的收入再分配调控功能

（一）进一步去除行政垄断因素，使所有市场竞争主体公平参与市场竞争

尽管由于不合理的行政垄断带来的收入优势导致该类型行业在缴纳和领取基本养老保险方面“吃亏”了，但是，我们仍应继续消除中国经济体制中的行政垄断因素，营造公平合理的市场竞争环境。

（二）采取有效措施鼓励所有行业均为职工缴纳补充养老保险

当前，为职工缴纳补充养老保险的一般都是行政垄断性行业，很少有竞争

性行业，也就是前者“养老总支付”的“负担”更重——但是，这意味着该行业职工退休后的总体退休福利待遇必将会更高，也能更好地适应物价水平的持续上涨趋势。而竞争性行业职工不但在职期间的收入处于劣势，而且退休后的退休金也将处于劣势，这有违社会和谐与公平。因此，必须出台有效措施如税收抵免、税收优惠等，鼓励所有行业尤其是竞争性行业为职工适当缴纳企业年金等补充养老保险。

(三)养老保险费率可以根据整体经济发展状况适当调整，但更应保持基本稳定

养老保险缴纳数额依据员工收入水平而定，必然跟随企业效益优劣而自动调整变化，这就已经为企业的成本负担提供了弹性空间，而资本逐利的本性必然要极大限度地压缩成本，这必然危及退休职工的基本生活保障水平，何况社会物价总水平数十年来一直处于上升趋势。企业作为经济人，从成本收益的角度分析，理应实现利润最大化，但是，如果将没有实现利润最大化的原因片面归咎于养老保险的缴纳负担过重，这就显然背离了养老保险产生的初衷。当前降低养老保险缴纳比例，就意味着降低了广大职工退休后的生活保障水平和保障能力。

毕竟，对于全社会的稳定与和谐而言，养老保险不是单纯的经济问题，更是一个社会问题，甚至是一个政治问题，因此，解决养老保险“负担过重”问题的关键在于合理确定恰当比例，或者动态确定合理的比例，而不是因噎废食，甚至，保持基本养老保险费率的基本稳定才能保障未来支付的基本稳定和可持续。

六、破除行政垄断阻碍劳动力在两种类型行业间“自由”转移的障碍

如果劳动力能够实现市场经济条件下合理的“相对自由”转移，那么，将在一定程度上缓解由行政垄断造成的行业收入不合理的分配差距问题。

(一)控制行政垄断因素造成的不合理收入分配差距，降低行业转移意愿

在市场经济条件下，市场机制使用价格杠杆调节资源配置，而工资是劳动力的价格，理应由市场进行调节。那么，行业之间巨大的收入差距，就应对应着劳动力资源的顺工资趋向转移，但是，高收入行业所能提供的就业岗位终究是有限的，不可能满足所有的转移意愿。反过来，我们需要反思行政垄断性行业过高收入的合理性，垄断部门不仅具有更强的垄断性，而且具有国有企业独有的工资分配的特点，即职工分享利润的特点（Sylvie Démurger、Martin Fournier、李实等，2009)。其他国内相关研究的实证也已经证明它是不合理的，它来源于行政垄断造成的租金分享——行政垄断性行业凭借着国家赋予的垄断地位获得超额利润，这是垄断性行业与其他行业收入差距不断拉大的制度性根源，其实质是对社会财富的不公平、不合理转移，而不是新财富的创造，显然，它违反了社会主义按劳分配的原则，其后果是破坏了社会的公平、正义，降低社会的公信力，不利于社会的安定和谐。针对于此，我们就应该合理调节行政垄断性行业的过高收入，加强对垄断性行业垄断行为的规制，降低劳动力因行业之间不合理收入差距而在行业之间转移的意愿和诉求，缓解社会矛盾。

(二)确保行业间劳动力进入壁垒的公平、公正，破除阻碍劳动力合理转移的不合理壁垒，建立公开、公平、公正的劳动力转移制度和机制

刘小玄(2007)认为垄断控制下的市场化不成熟所导致的要素流动障碍等因素是中国收入差距的重要根源之一，而叶林祥、李实、罗楚亮(2011)进一步认为劳动力市场的非竞争性是租金共享产生的一个条件，因为如果不存在劳动力市场的进入壁垒，而且劳动力之间是完全竞争，那么以追求利润最大化为目标的企业就不会与职工分享租金。因此，如果能够打破由非市场经济力量所导致的部分垄断性行业劳动力市场的进入壁垒，就可能相应控制这些行业不合理的高收入，使得行业因素不再成为导致收入差距的重要因素(陈钊、陆铭和佐藤宏，2009)。中国当今改革的目标是建立社会主义市场经济体制，为实现此目标，我们应在保障国有经济控制力的既定前提下，不断破除不符合市场经济规律的制度、体制和做法，其中就包括调节垄断性行业不合理的过高收入，建立公开、公平、公正的劳动力转移制度。

当前，劳动力实现行业之间转移的一般途径——也就是穿越壁垒的途径——是公开招聘、定向招聘、私下招聘等等，无论大学毕业生的就业招聘还是复员军人的转业安置等都无非是通过公开招聘考录或者“裙带关系”私下招聘(如照顾子弟)等。在行政垄断这一客观存在没有改变的前提背景下，意愿转移的劳动力只要符合行业企业要求的条件，通过公开招聘实现转移就是公平、公正的一种方式，也是能够为社会公众所接受的劳动力转移方式，但是，在现实社会中，劳动力转移过程中依靠“拼爹”也就是拼关系的现象并非罕见，这种私下招聘方式必然滋生社会不满情绪，滋生和激化社会矛盾，而通过当前各种媒体的传播和发酵，必然危及社会的和谐安定和长远发展。

七、行政垄断性行业收入分配机制的合理化设计

根据前述研究，综合设计收入分配机制：

首先，需要在理论上明确行政垄断性行业收入分配应该参照的合理标准，它应该是基于劳动生产效率、受教育程度、工作年限、劳动复杂程度等因素，而不是依赖于行政垄断产生的租金耗散。

其次，在该类型行业收入分配机制改革的方向上，应该着眼于强化对行业综合成本的严格核算和科学监管，建立科学的国有资本预算制度和绩效考核制度，严格奖金、津贴、福利等的合规发放。

第三，科学、合理地完善行政垄断性行业管理层薪酬激励与股权激励制度，使其薪酬与行业企业的竞争性绩效相挂钩，建立收入的合理增长机制，同时更应注重股权激励。

第四，消除该类型行业劳动力进入、退出壁垒，通过不同类型行业间劳动力的自由流动缩小全社会行业间职工的收入差距。

显然，在可行性方面，后两者正是着力改革的重点。

第三节　不足之处与研究展望

本书针对行业收入分配不合理差距问题的焦点问题，即行政垄断性行业收入分配格局相关的五个重要问题，运用相关经济学、管理学理论和统计学、计量经济学等方法展开了深入的理论和实证研究，所获得的研究结论基本符合研究预期，但仍存在几个不足之处，如竞争性上市公司样本容量的有限性问题，行业间收入差距的合理化标准测算注重于定量测算而欠缺更加坚实的定性剖析等问题。此外，以下问题留待后续研究：

一、部分公众是否在思想上存在对收入分配差距“不合理”的认识和期望

我们应该认识到，市场机制本身就会产生差距，优胜劣汰是市场机制正常发挥作用的一种必然结果，强者更强、赢者通吃只是一种正常的社会现象。已经在市场竞争中占有优势资源的群体，他们的收入更有可能会越来越高，而相反，未能占有适当优势资源的群体其收入就必然萎缩，至少是相对萎缩，这就是市场规则在起作用，我们必须客观地接受它，而不是一味地批判，否则，就仍是

"平均主义"思想在作祟。我们所应该关注的是：那部分占据优势资源的个人或者集体是如何占据的？这种占据是否具有法理意义上而不是法律意义上的合法性？

预期收入差距的理想状态是既存的行业之间的收入差距被多数人所接受，多数人感觉其所获得收入的过程和结果都是平等的。问题是，这种认识本身就是一种动态的、多元的思想状态，这意味着它并不稳定，问题是应该稳定的是什么呢？这是否意味着应首先区别错误与正确的思想认识？那么判断正确与错误的标准又是什么呢？这种标准本身是否又是动态的呢？

换言之，我们是否对"合理"的收入差距有着不正确的期盼？个人对自己当前和今后劳动贡献的价值判断与组织对个人当前和今后劳动价值的判断为什么会存在脱节？而这二者与个人"真实"的价值贡献是否有出入？随之而来的问题是，如何让三者接轨？如果不能接轨，那么，其原因是个人的还是组织的？为什么？如何解决？

二、如何在国民收入分配改革整体框架下系统设计行业收入分配改革方案

收入分配作为社会系统中的一个关键环节，其自身由不合理向合理的变动必然存在风险，最后的平衡能否达成理想状态取决于多种因素的综合权衡。这也是收入分配改革的难点之一，因此，必须综合设计改革方案，慎重处理。

三、对代际收入分配差距问题的研究可否从行业间收入差距角度展开

多数学者在研究行业间收入差距的时候较少考虑由此产生的代际收入差距问题，但是，客观情况一定是：现有行业间的收入差距一定会造成或者加大代际的收入差距，因为至少会造成或者加大起点的不平等——不一定是不公平。一般学者对于代际收入差距问题建议征收遗产税来解决，问题是中国的《遗产税法》一直处于酝酿之中，种种阻力之下，未能出台。那么，对于行业之间不合理的收入分配差距，征收遗产税也应该是一种思路；通过公正合理的制度和机制设计以避免古今中外普遍存在的"拼爹"现象的存在、发生和蔓延，也应是一种思路。也就是说，代际收入差距问题的解决，或可有利于行业之间收入分配不合理差距问题的解决。

四、可否以及如何通过调整收入"增量"来影响"流量"和"存量"

本书主要研究的是收入的流量问题，较少涉及存量问题，而在具体的政策

实践中,“增量”的结构性变化也会影响现有的财富存量和收入流量问题。因此,是否展开对增量问题的结构性研究,并从此角度提出具有实践操作价值的政策建议?或许个人所得税制度本身已经对此进行了限制,但该税法是针对所有收入的,并不针对特定行业,针对性并不强。另一个问题就是增长率之间的差距,低收入者的收入增长速度达到或者超过高收入者就一定是公平的吗?林毅夫(2012)在对公平与效率的论述中,认为:“效率与公平的统一,就是在经济的快速增长过程中,穷人的收入增长速度要高于富人,这样才有望达到公平。”该观点值得商榷,因为有平均主义之嫌。

五、混合所有制改革对行业收入分配差距的影响

比如,员工持股是混合所有制的具体实现形式之一,直接结果就是财产持有量的数量变化,而高管持股将带来相应分红收益,随之行业内外的收入差距就会加速扩大,那么,对这部分数据进行挖掘并厘清其现状与动态变化也就成为必需。

在实施了混合所有制改革之后,持有股权的员工在薪资收入之外就多了一份财产性收入,相对于那些没能持有股权的员工而言必然就拉大了差距。进一步,我们发现这种新的差距不但在行业内部,而且在行业之间也会发生和存在,因为垄断性行业通过其垄断租金能够顺利地把行业利润转化给包括员工股东在内的全体股东。

探讨调控混合所有制改革带来的收入差距及其变化问题时,优化税收结构是一个思路,应更好地发挥税收对收入分配的调节作用。适当降低增值税、消费税的税率,顺应民众呼声,抓紧引入累进的财产税和遗产税。加快建立综合和分类相结合的个人所得税制度,提高个人所得税基本减除费用标准。建立全国统一的个人信用体系,鼓励勤劳守法致富,完善对高收入者个人所得税的征收、管理和处罚措施。

六、行政垄断性行业收入分配机制的优化改革

关于行政垄断性行业收入分配格局优化的机制设计问题,首先考虑的主要问题是收入差距合理化应该遵循什么具体标准的问题,本书依据的是市场经济条件下的公平竞争原则和效率优先、兼顾公平的原则,但问题是,这个标准是否单一?是否忽略了行政垄断性行业历史选择的必然性和客观性问题?是否当

时的历史条件只能如此选择，而具体市场化改革的过程本身也是一个历史的、复杂的、探索的过程？也就是说，现有的行政垄断性行业看似“不合理”的收入分配优势是否也存在合理性因素？如行业特性决定的偏远、艰苦、风险、代际损失等，应如何衡量、如何在代际弥补？如果存在合理性因素，那么，这种合理性究竟应有多大？应在多大程度上继续存在？应持续多长时间？相对于竞争性行业，行政垄断性行业获得了巨大的非合理性收入，那么，为了保持社会的公平与正义，对此行业的收入分配机制进行合理化改革就成为必要。

(一)行政垄断性行业高管层激励与约束的机制优化改革

中国的市场经济改革走到今天，坚持市场化改革方向的同时，还必须依法依规推进高管层的激励改革，毕竟，行政垄断借助了行政公权力，是不能按照单纯的市场机制进行激励的。目前，应大力鼓励企业创新激励方式，鼓励企业推进法律法规允许的股票期权、限制性股票、中长期业绩奖金这种类型的中长期激励约束机制，探索激励基金入股、技术入股、项目跟股、内部创业等新型激励方式。同时，应强化过程监控，严格落实信息披露、禁绝利益输送，依法严格落实激励的对象和范围、定价机制、业绩标准、收益控制、行权安排、退出机制等政策红线。

(二)行政垄断性行业员工层激励与约束的机制优化改革

在行政垄断性行业内部，收入分配涉及高管层与员工，相应的，员工激励与收入分配调控问题就涉及高级管理人员与普通员工两个层面，一个是高管层激励与约束问题，一个是普通员工的激励与约束问题收入。尽管一般的激励与约束理论研究的都是高管层的问题，但实际上，普通员工也存在激励与约束问题，只不过对他们的激励在于薪资收入的合理增长机制，而对他们的约束则相对简单，一般企业都有完善的员工薪资管理制度。

参考文献

安体富，蒋震. 对调整我国国民收入分配格局、提高居民分配份额的研究. 经济研究参考，2009(25).

安同良，施浩，Ludovico Alcorta. 中国制造业企业 R&D 行为模式的观测与实证. 经济研究，2006(2).

安烨，钟廷勇，朱欣悦. 制造业上市公司股权特征对公司绩效影响实证研究. 财经问题研究，2011(11).

白云涛，甘小文. 劳动力迁移的博弈分析. 企业经济，2006(8).

白重恩，钱震杰. 国民收入的要素分配：统计数据背后的故事. 经济研究，2009(3).

蔡昉，王美艳. "民工荒"现象的经济学分析——珠江三角洲调查研究. 广东社会科学，2005(2).

蔡昉. 劳动力流动、择业与自组织过程中的经济理性. 中国社会科学，1997(4).

蔡昉. 劳动力迁移的两个过程及其制度障碍. 社会学研究，2001(4).

曹廷求，杨秀丽，孙宇光. 股权结构与公司绩效：度量方法和内生性. 经济研究，2007(10).

陈炳才. 职工工资外收入的现状、问题及对策. 计划经济研究，1991(11).

陈东琪. 第二职业行为与收入制度——中国非工资收入问题研究. 财经科学，1994(2).

陈冬华，范从来，沈永建，等. 职工激励、工资刚性与企业绩效——基于国有非上市公司的经验证据. 经济研究，2010(7).

陈磊. 中国城镇居民收入的决定因素——基于收入结构的角度分析. 经济研究导刊，2011(21).

陈林，朱卫平. 创新、市场结构与行政进入壁垒——基于中国工业企业数据的熊彼特假说实证检验. 经济学季刊，2011(2).

陈林，朱卫平. 创新竞争与垄断内生——兼议中国反垄断法的根本性裁判准则. 中国工业经济，2011(6).

陈小悦，徐晓东. 股权结构、企业绩效与投资者利益保护. 经济研究，2001(11).

陈彦玲. 隐性收入支撑了我国的消费早熟. 经济研究，1990(2).

陈宇峰，贵斌威，陈启清.技术偏向与中国劳动收入份额的再考察.经济研究，2013(6).

陈宇海.街头务工的进城农民——以福州市为例的调查思考.青年研究，2005(10).

陈钊，陆铭，佐藤宏.谁进入了高收入行业？——关系、户籍与生产率的作用.经济研究，2009(10).

陈钊，万广华，陆铭.行业间不平等：日益重要的城镇收入差距成因——基于回归方程的分解.中国社会科学，2010(3).

陈震.高管层级差报酬的成因和后果.南方经济，2006(3).

谌新民，刘善敏.上市公司经营者报酬结构性差异的实证研究.经济研究，2003(8).

程恩富，董宇坤.大力发展公有资本为主体的混合所有制经济.政治经济学评论，2015(10).

程名望，史清华.农村剩余劳动力转移的一个不完全信息静态博弈模型与实证分析.经济评论，2009(2).

崔荃.家庭背景、教育资源配置与收入分配差距.上海：复旦大学，2010.

邓曲恒.城镇居民与流动人口的收入差异——基于 Oaxaca-Blinder 和 Quantile 方法的分解.中国人口科学，2007(2).

丁启军.行政垄断行业高利润来源研究——高效率，还是垄断定价?.产业经济研究，2010(5).

杜辉.行业合理收入差距的界定和测算方法.大连干部学刊，2008(7).

伏帅，龚志民.中国行业收入差距的成因及其经济增长效应.山西财经大学学报，2008(12).

傅吉奎.行业收入差距初探.南京政治学院学报，1997(2).

傅娟.中国垄断行业的高收入及其原因：基于整个收入分布的经验研究.世界经济，2008(7).

傅元海，叶祥松，王展祥.制造业结构优化的技术进步路径选择——基于动态面板的经验分析.中国工业经济，2014(9).

宫希魁.论我国经济中的隐性现象.学习与探索，1992(2).

郭娜，祁怀锦.中国行业收入差距的度量及其对经济增长的效应分析.中央财经大学学报，2010(3).

国家发改委社会发展研究所课题组.我国国民收入分配格局研究.经济研究参考，2012(21).

国家计委宏观经济研究院课题组.中国城镇居民收入差距适度性分析.宏观经济研究，2002(6).

过勇，胡鞍钢.行政垄断、寻租与腐败.经济社会体制比较，2003(2).

韩建雨.中国居民收入差距的利弊评价与政策思考.长春：东北师范大学，2011.

郝阳，龚六堂. 国有、民营混合参股与公司绩效改进. 经济研究，2017(3).

何伟. 对收入分配机制的认识. 经济纵横，1997(10)：8—11.

贺宇. 农村剩余劳动力转移中政府间利益博弈探析. 改革与战略，2007(10).

胡静波，李立. 我国垄断行业收入分配存在的问题与对策. 经济纵横，2002(11).

黄珺，蒋颖歌，田彬. 金融业上市公司高管薪酬影响因素的实证研究. 经济问题探索，2010(5).

黄泰岩，王检贵. 居民收入差距测量指标体系的选择. 当代经济研究，2000(9).

惠宁，郭淑娟. 行业垄断与行业收入差距研究. 山西财经大学学报，2012(8).

简新华，张建伟. 从"民工潮"到"民工荒"——农村剩余劳动力有效转移的制度分析. 人口研究，2005(2).

金玉国，张伟，康君. 市场化进程中的行业工资决定假说及其数量检验. 数量经济技术经济研究，2003(5).

李明桂.《歌达纲领批判》中的分配理论及其当代价值，苏州：苏州大学，2012：167.

李强. 影响中国城乡流动人口的推力与拉力因素分析. 中国社会科学，2003(1).

李实，赵人伟. 收入差距还会继续扩大吗?. 中国改革，2006(7).

李实. 中国经济转轨中劳动力流动模型. 经济研究，1997(1).

李实. 中国农村劳动力流动与收入增长和分配. 中国社会科学，1999(2).

李维安，刘绪光，陈靖涵. 经理才能、公司治理与契约参照点——中国上市公司高管薪酬决定因素的理论与实证分析. 南开管理评论，2013(2).

李晓宁，邱长溶. 转轨时期中国行业工资差距的实证研究. 山西财经大学学报，2007(6).

李晓宁. 关于行业工资差距与行业垄断的研究. 经济问题，2007(7).

李旭超，周亚细，吴燕丽. 中国工业部门细分行业收入差距研究——基于工业企业数据的实证分析. 知识经济，2011(7).

李永兵，袁博，骆品亮. 混合所有制、业务创新与绩效表现——基于我国上市银行的实证研究. 上海经济研究，2015(10).

李珍，王向红. 减轻企业社会保险负担与提高企业竞争力. 经济评论，1999(5).

林峰. 勒纳指数存在"悖论"吗——基于中国民航运输业市场势力的测度. 财经科学，2013(8).

林峰. 内陆地区劳动力逆工资趋向流动的博弈分析. 西北农林科技大学学报，2014(4).

林宏，陈广汉. 居民收入差距测量的方法和指标. 统计与预测，2003(6).

林金淑. 关于合理调整中国收入分配关系的研究. 北京：中国铁道科学研究院，2012.

林俊清，黄祖辉，孙永祥. 高管团队内薪酬差距、公司绩效和治理结构. 经济研究，2003(4).

林毅夫. 解读中国经济. 北京：北京大学出版社，2012.

林治芬,孟达思.企业养老保险负担地区差异及其制度完善.中国社会保障,2012(8).

刘承礼.30年来中国收入分配原则改革的回顾与前瞻——一项基于公平与效率双重标准的历史研究.经济理论与经济管理,2008(9).

刘尔铎.城市劳动力市场结构性短缺与民工荒.人口学刊,2006(1).

刘根荣.风险、能力、成本三重约束下中国农村剩余劳动力的流动机制.当代财经,2006(11).

刘钧.社会保险缴费水平的确定:理论与实证分析.财经研究,2004(2).

刘俊霞.论资源分配与收入分配的关系.中南财经政法大学学报,2004(5).

刘林平,万向东,张永宏.制度短缺与劳工短缺——"民工荒"问题研究.中国工业经济,2006(8).

刘倩.农村劳动力迁移的人力资本集聚效应研究.西北农林科技大学学报(社会科学版),2012(5).

刘芍佳,孙霈,刘乃全.终极产权论、股权结构及公司绩效.经济研究,2003(4).

刘小刚.高管内部薪酬差距对公司绩效影响的实证研究.中国管理信息化,2010(12).

刘小玄,李利英.企业产权变革的效率分析.中国社会科学,2005(2).

刘小玄,曲玥.工资差异的比较及其决定因素.中国劳动经济学,2007(1).

刘渝琳,蒲勇健.劳动力价格与劳动力素质的博弈分析.中国软科学,2004(2).

刘媛媛,黄卓,谢德逊,等.中国上市公司股权结构与公司绩效实证研究.经济与管理研究,2011(2).

刘振涛.我国企业承担社会保险缴费负担的承受能力探讨.现代国企研究,2016(12).

卢锐.管理层权力、薪酬差距与绩效.南方经济,2007(7).

鲁海帆.高管团队内薪酬差距、风险与公司业绩——基于锦标赛理论的实证研究.经济管理,2011(12).

鲁海帆.高管团队内薪酬差距、合作需求与多元化战略 .管理科学,2007(4).

陆正飞,王雄元,张鹏.国有企业支付了更高的职工工资吗?.经济研究,2012(3).

吕康银,王文静.我国行业间工资差异的测度与分解.求索,2008(7).

马俊帮,叶世衍.工资外收入差距过大的不合理性.劳动理论与实践,1996(6).

马连福,王丽丽,张琦.混合所有制的优序选择:市场的逻辑.中国工业经济,2015(7).

马双,孟宪瑞,甘犁.养老保险企业缴费对员工工资、就业的影响分析.经济学季刊,2014(3).

毛隽.中国农村劳动力转移研究——基于制度变迁视角.上海:复旦大学,2011.

毛增余.斯蒂格利茨与转轨经济学.政治经济学评论,2005(2).

梅爱冰,潘胜文.我国垄断行业职工工资外收入状况分析.湖北社会科学,2011(4).

聂辉华,谭松涛,王宇锋.创新、企业规模和市场竞争:基于中国企业层面的面板数据分析. 世界经济,2008(7).

聂盛. 我国经济转型期间的劳动力市场分割:从所有制分割到行业分割. 当代经济科学,2004(6).

欧瑞秋,李捷瑜,李广众,等. 部分民营化与国有企业定位. 世界经济,2014(5).

潘胜文. 规制垄断行业收入分配行为的对策. 经济纵横,2009(7).

庞凤喜,刘畅,米冰. 减税与减负:企业负担的类型与成因. 税务研究,2016(12).

逄锦聚,洪银兴,林岗,等. 政治经济学. 北京:高等教育出版社,2009.

彭爽,叶晓东. 论 1978 年以来中国国民收入分配格局的演变、现状与调整对策. 经济评论,2008(2).

齐兰. 中国工资外收入非正常增长问题的研究. 中央财政金融学院学报,1990(1).

仇雨临. 员工福利管理. 上海:复旦大学出版社,2010.

任红艳. 中国城镇居民收入差距适度性研究. 北京:首都经济贸易大学,2006.

任力,倪玲. 中国低碳产业上市公司股权结构与经营绩效研究. 当代经济研究,2014(5).

任重,周云波. 垄断对我国行业收入差距的影响到底有多大?. 经济理论与经济管理,2009(4).

沈时伯. 浅谈隐性收入差距. 商业现代化,2005(9).

史先诚. 行业间工资差异和垄断租金分享. 上海财经大学学报,2007(4).

收入分配研究课题组. 我国行业收入差距扩大的实证分析与规范路径. 南昌大学学报,2010(5).

宋德舜. 国有控股、最高决策者激励与公司绩效. 中国工业经济,2004(3).

苏永照. 我国劳动力市场行政分割研究. 厦门:暨南大学,2011.

孙浩进. 中国收入分配公平的制度变迁. 长春:吉林大学,2009.

孙敬水,黄媛媛. 行业收入差距适度性测度研究——以浙江为例. 中国工业经济,2012(2).

孙菊生,李小俊. 上市公司股权结构与经营绩效关系的实证分析. 当代财经,2006(1).

孙永祥,黄祖辉. 上市公司的股权结构与绩效. 经济研究,1999(12).

Sylvie Démurger,Martin Fournier,李实,等. 中国经济转型中城镇劳动力市场分割问题——不同部门职工工资收入差距的分析. 世界经济,2009(3).

汤谷良,戴骑. 国有上市公司部分民营化的经济后果——基于"武昌鱼"的案例分析. 会计研究,2006(9).

唐跃军,左晶晶. 所有权性质、大股东治理与公司创新. 金融研究,2014(6).

田利辉. 国有股权对上市公司绩效影响的 U 型曲线和政府股东两手论. 经济研究,2005(10).

田园. 政府主导和推进下农业转移人口市民化问题探究. 西北农林科技大学学报(社会

科学版),2013(3).

田原,林玳玳,高毅蓉.对垄断性国有企业进行工资调控的几个视角.生产力研究,2008(7).

万广华.不平等的度量与分解.经济学(季刊),2008(10).

汪贵浦.垄断行业收入与再分配:市场势力的新视角.北京:经济科学出版社,2011.

汪小勤,田振刚.论我国城乡人口迁移中的不确定性及其影响.中国农村经济,2001(7).

王大鹏.我国劳动力市场行业分割问题研究.现代管理科学,2006(11).

王国辉,李荣彬.中国企业养老保险缴费压力及其影响因素研究?——基于不同类型企业的比较分析.社会保障研究,2016(2).

王洪亮,刘志彪,孙文华,等.中国居民获取收入的机会是否公平:基于收入流动性的微观计量.世界经济,2012(1).

王会宗.中国铁路运输业引入竞争的效应及措施分析——基于国外铁路运输业的实践.经济与管理研究,2014(1).

王京,罗福凯.混合所有制、决策权配置与企业技术创新.研究与发展管理,2017(2).

王俊祥.我国面临劳动力短缺的现实挑战.城市规划通讯,2006(19).

王美艳.城市劳动力市场上的就业机会与工资差异——外来劳动力就业与报酬研究.中国社会科学,2005(5).

王倩.对我国国有垄断企业高薪酬问题的探究.价格与理论实践,2012(12).

王少国,王镇.中国城乡收入差距适度水平的经济效益分析.南开经济研究,2009(6).

王小鲁.灰色收入与发展陷阱.北京:中信出版社,2012.

王亚玲,平海永.锦标赛理论在我国上市公司的适用性.浙江金融,2005(5).

王永乐,吴继忠.中华文化背景下薪酬差距对我国企业绩效的影响——兼对锦标赛理论和行为理论适用对象的确认.当代财经,2010(9).

王玉燕,林汉川,吕臣.全球价值链嵌入的技术进步效应——来自中国工业面板数据的经验研究.中国工业经济,2014(9).

王增文,邓大松.基金缺口、缴费比率与财政负担能力:基于对社会保障主体的缴费能力研究.中国软科学,2009(10).

王湛,张红伟.利润破坏模型在国有垄断行业的应用.财经科学,2012(2).

王忠,李彩燕.中国行业间工资差距变化及趋势研究——基于微观数据的分析视角.财经问题研究,2011(8).

危丽,杨先斌.农村劳动力转移的博弈分析——对托达罗模型在我国的适用性研究.经济问题,2005(9).

魏刚.高级管理层激励与上市公司经营绩效.经济研究,2000(3).

魏礼群.中国经济体制改革30年回顾与展望.北京:人民出版社,2008.

吴敬琏. 当代中国经济改革教程. 上海：上海远东出版社，2010.

吴靖烨. 中国垄断行业高收入的现状、原因和影响的博弈分析. 北方经济，2010(12).

吴淑琨. 股权结构与公司绩效的U型关系研究——1997～2000年上市公司的实证研究. 中国工业经济，2002(1).

吴延兵. R&D存量、知识函数与生产效率. 经济学(季刊)，2006(4).

吴延兵. 不同所有制企业技术创新能力考察. 产业经济研究，2014(2).

吴延兵. 国有企业双重效率损失研究. 经济研究，2012(3).

吴延兵. 市场结构、产权结构与R&D——中国制造业的实证分析. 统计研究，2007(5).

吴延兵. 中国哪种所有制类型企业最具创新性?. 世界经济，2012(6).

夏华. 泰尔指数及其在我国行业收入差距中的应用. 生产力研究，2007(7).

邢春冰. 经济转型与不同所有制部门的工资决定——从"下海"到"下岗". 管理世界，2007(6).

胥佚萱. 企业内部薪酬差距、经营业绩与公司治理——来自中国上市公司的经验证据. 山西财经大学学报，2010(7).

徐光伟. 政府管制下的国有企业高管激励机制研究. 重庆：重庆大学，2012.

徐静. 高管层权力强度、其他大股东制衡和在职消费. 软科学，2013(4).

徐舒. 不规则数据下居民收入的分解与估计. 管理世界，2010(9).

徐舒. 技术进步、教育收益与收入不平等. 经济研究，2010(9).

许成安，汪淑珍，陈婷. 人才资本投资与东西部收入介配差距形成机制探析. 财政研究，2007(12).

许经勇，曾芬钮. 竞争性的劳动力市场与劳动力市场分割. 当代财经，2000(8).

许志涛，丁少群. 各地区不同所有制企业社会保险缴费能力比较研究. 保险研究，2014(4).

[英]亚瑟·赛斯尔·庇古(Arthur Cecil Pigou). 福利经济学. 何玉长，丁晓钦译. 上海：上海财经大学出版社，2009.

闫威，杨金兰. 锦标赛理论研究综述. 华东经济管理，2010(8).

严海宁，汪红梅. 国有企业利润来源解析：行政垄断抑或技术创新. 改革，2009(11).

杨波. 企业社会保险费财务负担的测量——基于上市公司数据的研究. 江西财经大学学报，2013(1).

杨波. 企业社会保险费财务负担和拖欠程度研究. 武汉金融，2016(11).

杨立学. 论工资外收入的调节与管理. 财政研究，1997(10).

杨其静，郑楠. 地方领导晋升竞争是标尺赛、锦标赛还是资格赛. 世界经济，2013(12).

杨伟民. 垄断行业高利润大多转为高工资福利. 扬子晚报，转引自新浪网，http://finance.sina.com.cn/g/20091104/12016922156.shtml，2009-11-4.

杨蔚.劳动力价格的市场博弈机制.学术论坛,2007(10).

杨云彦,陈金永.转型劳动力市场的分层与竞争——结合武汉的实证分析.中国社会科学,2000(5).

姚芳,姚萍,孙岩林.我国行业间工资合理比例关系研究.山西财经大学学报,2004(6).

姚洋,章奇.中国工业企业技术效率分析.经济研究,2001(10).

叶林祥,李实,罗楚亮.行业垄断、所有制与企业工资收入差距——基于第一次全国经济普查企业数据的实证研究.管理世界,2011(4).

叶林祥,李实,罗楚亮.效率工资、租金分享与企业工资收入差距——基于第一次全国经济普查工业企业数据的实证研究.财经研究,2011(3).

尹恒,龚六堂,邹恒甫.当代收入分配理论的新发展.经济研究,2002(8).

尹志超,甘黎.香烟、美酒和收入.经济研究,2010(10).

于良春,于华阳.我国转轨经济中垄断性行业收入分配制度改革研究.理论学刊,2007(9).

昱华.从四方面入手破解收入分配难题.中国证券报,2010-6-12.

约翰　奈特,邓曲恒,李实.中国的民工荒与农村剩余劳动力.管理世界,2011(11).

岳昌君,吴淑姣.人力资本的外部性与行业收入差异.北京大学教育评论,2005(10).

岳希明,李实、史泰丽.垄断行业高收入问题探讨.中国社会科学,2010(3).

张晨宇,樊青芹.内部薪酬差距与企业绩效的关系:锦标赛理论、行为理论之争.财会月刊,2012(6).

张红军.中国上市公司股权结构与公司绩效的理论及实证分析.经济科学,2000(4).

张淼.非工资收入是上海城市居民收入差距拉大的主要原因.江苏统计,1994(7).

张伟,于良春.混合寡头厂商的合作研发及反垄断控制研究.中国工业经济,2014(5).

张秀峰,陈光华,杨国梁,等.企业所有权性质影响产学研合作创新绩效了吗?.科学学研究,2015(6).

张亚连,李来儿,程柯力.股权结构对公司业绩的影响研究——基于我国20家上市公司的经验证据.经济问题,2014(8).

张原,陈建奇.非工资性收入分配:国有部门收入调控的新视角.中国工业经济,2007(8).

张原,陈建奇.人力资本还是行业特征:中国行业间工资回报差异的成因分析.世界经济,2008(5).

张原.中国行业垄断的收入分配效应.经济评论,2011(4).

张展新.劳动力市场的产业分割与劳动人口流动.中国人口科学,2004(2).

张正堂,李欣.高层管理团队核心成员薪酬差距与企业绩效的关系.经济管理,2007(2).

张正堂.高层管理团队协作需要、薪酬差距和企业绩效:竞赛理论的视角.南开经济评论,2007(2).

张正堂.企业内部薪酬差距对组织未来绩效影响的实证研究.会计研究,2008(9).

章铮,谭琴.论劳动力密集型制造业的就业效应——兼论民工荒.中国工业经济,2005(7).

赵世勇,陈其广.产权改革模式与企业技术效率——基于中国制造业改制企业数据的实证研究.经济研究,2007(11).

郑功成.收入分配改革与财富合理分配.中共中央党校学报,2010(10).

周黎安,罗凯.企业规模与创新:来自中国省级水平的经验证据.经济学(季刊),2005(3).

周其仁.机会与能力——中国农村劳动力的就业和流动.管理世界,1997(5).

周耀东,余晖.国有垄断边界、控制力和绩效关系研究.中国工业经济,2012(6).

朱平芳,徐伟民.政府的科技激励政策对大中型工业企业R&D投入及其专利产出的影响.经济研究,2003(6).

邹乐群,陈迪平.论加强我国国有垄断企业工资外收入的管理.财经理论与实践,2000(3).

左春文.关于工资外收入的看法和建议.计划经济研究,1989(10).

Abode J. ,Kramarz F. and Margolis D. ,"High Wage Workers and High Wage Firms". *Econometrica* ,vol. 67,No. 2,1999,p. 251—333.

Alan B. Krueger and Lawrence H. Summers,"Efficiency Wages and the Inter-industry Wage Structure". *Econometrica* Vol. 56,No. 2,1988,P. 259—293.

Ang J S, Hauser S, Lauterbach B,"Contestability and Pay Differential in the Executive Suites". *European Financial Management* ,Vol. 4,No. 3,1998,p. 335—360.

Burgess S. ,Lane J. and Stevens D. ,"Job Flows,Worker Flows and Churning". *Journal of Labor Economics* ,vol. 18,No. 3,2000,p. 473—502.

Conyon M J,Peck S I,Sadler G V,"Corporate Tournaments and Executive Compensation:Evidence from the U. K". *Strategic MangementJournal* , Vol. 22,No. 8,2001,p. 805—815.

Cowell F. A. ,"On the Structure of Additive Inequality Measures". *The Review of Economic Studies* ,Vol. 47,No. 3,1980,p. 521—531.

Cowherd,Douglas M. ;Levine,David I,"Product Quality and Pay Equity Between Lower-Level Employees and Top Management: An Investigation of Distributive Justice Theory" . *Administrative Science Quarterly* ,No. 2,1992,p. 302—320.

David F. ,Erik J. "What Accounts for Intra-industry Wage Differentials? Results from a Survey of Establishments". *Journal of Economic Issues* ,March 2008.

Davis J S. and J. Haltiwanger, "Gross Job Creation, Gross Job Destruction, and Employment Reallocation", *The Quarterly Journal of Economics*, vol. 107, No. 3, 1992, p. 819—863.

Edward P. Lazear, Sherwin Rosen, "Rank-order Tournaments as Optimal Labor Contracts". *Journal of Political Economy*, no. 5, 1981, p. 841—864.

Fare, R., Grosskopf, S., & Lovell, C. A. K., 1994. Production Frontiers, Cambridge: Cambridge University Press.

Francois Bourguignon, "Decomposable Income Inequality Measures". *Econometrica*, Vol. 47, No. 4, 1979, p. 901—920.

Grossman S. J. &Hart O. D. Takeover Bids, the Free-rider Problem and the Theory of the Corporation[J]. The Bell Journal of Economics, 1980, 11(1): 42—64.

Henderson, Andrew D.; Fredrickson, James W, "Top Management Team Coordination Needs and the CEO Pay Gap: A Competitive Test of Economic and Behavioral Views". *Academy of Management Journal*, No. 1, 2001, p. 96—117.

Jacob Mincer, *Schooling, Experience, and Earnings*. New York: Columbia University Press, 1974.

Jensen M. C. & Meckling W. H. Theory of the Firm_ Managerial Behavior, Agency Costs and Ownership Structure[J]. Journal of Financial Economics, 1976, 3(4): 305—360.

Jerald Greenberg, "A Taxonomy of Organizational Justice Theories". *Academy of Management Review*, No. 1, 1987, p. 9—22.

Katz, L. F. and L. H. Summers, "Can Inter Industry Wage Differentials Justify Strategic Trade Policy", in Feenstra R. (ed.), *Trade Policies for International Competitiveness*, University of Chicago Press, Chicago, 1989.

Laffont, Jean-Jacques, *Regulation and Development*. Cambridge: Cambridge University Press, 2005.

Lazear E. P. and K. L. Shaw, "The Structure of Wages", *An internal Comparison*, NBER, Chicago: The University of Chicago Press, 2008, p. 461.

Leonard J. S, "Executive Pay and Firm Performance". *Industrial and Labor Relations Review*, Vol. 43, No. 3, 1990, p. 13—29.

Leventhal GS, Karuza J & Fry WR, "Beyond fairness: A Theory of Allocation Preferences". *Justice and Social Interaction: Experimental and Theoretical Contributions from Psychological Research*, New York: Springer-Verlag, 1980, p. 167—218.

Lin, C.; Lin, P; Song, F. Property Rights Protection and Corporate R&D: Evidence from China[J]. Journal of Development Economics, 2009, 93(1), PP: 49—62.

Lucas, R. E, "On Efficiency and Distribution". *The Economic Journal* , vol. 102 , no. 411, March 1992, P. 233—247.

Pagano M. , Roell A. The Choice of Stock Ownership Structure: Agency Cost, Monitoring, and The Decision to Go Public[J]. The Quarterly Journal of Economics, 1998, 113(1): 187—225.

Rosen, Sherwin, "Prizes and Incentives in Elimination Tournaments". American Economic Review, No. 4, 1986, p. 701—715.

Sappington, D, & J. E. Stiglitz. Privatization, Information and Incentives[J]. Journal of policy Analysis and Management, 1987, 6(4): 567—585.

Shorrocks R. , "The Class of Additively Decomposable Inequality Measures". *Econometrica* , Vol. 48, No. 3, 1980, p. 613—625.

Theil H. . *Economics and Information Theory*. Amsterdam: North Holland Publishing Company, 1967.

Thomas A. Pugel. Profitability, "Concentration and the Interindustry Variation in Wages". *The Review of Economics and Statistics* , Vol. 62, No. 2, 1980, P. 248—253.

Xu Erming, Zhang Han. 2008. "The Impact of State Shares on Corporate Innovation Strategy and Performance in China", Asia Pacific Journal of Management, Vol. 25, Issue 3. pp. 473—487.

后　记

博士毕业后，本人继续在山东青年政治学院从事经济学领域的教学和研究工作。随着党的十九大的召开，我们已经迈步进入了新时代，中国经济发展也取得了更加巨大的成就，而收入分配问题一直为党和政府所关注。近期又结合《中共中央关于制定国民经济和社会发展第十四个五年规划和二〇三五年远景目标的建议》(2020 年 10 月 29 日)对收入分配问题的阐述，我重新取出当年的毕业论文，根据当今形势的发展和演变，对一些重要问题有了进一步的反思和研究，对部分章节涉及的数据进行了更新以便反映新变化、新趋势，又增加了两章内容，最后形成了本书稿。本书较本人原博士论文主要做了以下三方面重要修改：

一、提出了一个新观点

与国内外现有其他研究不同，本书提出了以下一个新的观点：行政垄断因素间接导致了行业间社会保险缴纳和领取的差距。

有别于其他学者认为社会保险并不导致收入差距的观点，首先，本书探讨了企业社会保险的收支政策和规则；之后，抽样对比了行政垄断性行业和竞争性行业两种类型行业缴纳社会保险的相关数据，证实了行业间社会保险缴纳和领取差距的存在；然后，进一步发现前者的“负担”普遍高于后者，这根源于其行政垄断带来的收入水平优势；最后，发现行政垄断是市场化竞争中不合理的存在，这种不合理一定程度上将被社会保险制度本身所具有的“劫富济贫”社会保障功能所冲销，劣势行业员工反而因此能有所获益。

二、采用了一个新的研究方法

为更好地实现研究目的，本书增加了博弈论分析法。

缩小两种类型行业间的收入分配差距问题可以通过劳动力在行业间的自由流动来实现，这就需要使用博弈论分析方法来分析劳动力流动的机制以及影响其流动的障碍，如序贯博弈和嵌套博弈等模型。

三、研究范围进一步细化到社会保险的缴纳和领取

为实现研究的完整性、系统性，本书的研究范围向内进行了细化：把收入分配的研究对象细化到社会保险的缴纳和领取。

收入分配文献一般不探讨社会保险的缴纳和领取导致的差距，但这方面确实存在行业差距，这就需要向内细化研究内容，厘清各项社会保险缴纳和领取的政策、数额及其差距。